Südtirol
mit dem Wohnmobil

Willkommen auf dem Campingplatz »Rosengarten« im Herzen der Dolomiten

Udo Bernhart · Herbert Taschler

SÜDTIROL MIT DEM WOHNMOBIL

Die schönsten Routen zwischen dem Vinschgau und den Dolomiten

BRUCKMANN

INHALT

Gastfreundschaft findet man überall in Südtirol.

WILLKOMMEN IN SÜDTIROL

Südtirol ist ein ideales Reiseziel für Naturliebhaber, Sportbegeisterte und Ruhesuchende, für Kulturinteressierte und Genießer. Die nördlichste Provinz Italiens ist ein attraktiver Lebensraum. Der Vielfalt im Land sind keine Grenzen gesetzt: 380 Kilometer Radwege, 1200 Kilometer Skipisten, 350 Dreitausender, 800 Burgen, Schlösser und Ansitze, 300 Sonnentage im Jahr und nicht zuletzt 211 Musikkapellen laden ein.

Kloster Neustift

Das im Jahre 1142 von Bischof Hartmann von Brixen gegründete Augustiner-Chorherrenstift Neustift liegt inmitten von Weinbergen und gilt als die größte Klosteranlage in ganz Tirol. Ein besonderes Juwel stellt die 1778 im Rokokostil errichtete Stiftsbibliothek dar.

Wahrzeichen der Dolomiten

»Die Dolomiten sind zwar nicht die höchsten, wohl aber die schönsten Berge der Welt«, ist Südtirols Bergsteigerlegende Reinhold Messner überzeugt. Die weltberühmten Drei Zinnen im Herzen des UNESCO-Welterbes setzen dem Ganzen die Krone auf.

Die schönsten Gärten Italiens

Die Gärten von Schloss Trauttmansdorff in Meran erstrecken sich über eine Fläche von 12 Hektar, mit einem Höhenunterschied von 100 Metern. Das eröffnet spektakuläre Ausblicke auf die über 80 Gartenlandschaften, die umliegende Bergwelt und die Stadt Meran.

Der Mann aus dem Eis

Ötzi, die berühmte 5300 Jahre alte Gletschermumie aus der Kupferzeit, hat im Bozener Ötzi-Museum seine Heimat gefunden. Die Dauerausstellung im Südtiroler Archäologie-museum widmet sich ganz dem Mann aus dem Eis.

Südtirols kleinste Stadt

Glurns, die kleinste Stadt der südlichen Alpen, ist ein Ort voller Überraschungen und voll von kleinen, historischen Kostbarkeiten. Das Städtchen im Vinschgau hat sich im Lauf der Jahrhunderte kaum verändert und bis in unsere Tage seinen mittelalterlichen Charakter und Charme bewahrt.

Knödel und Spaghetti

Südtirol ist ein Land für Genießer. Hier haben zwei Kochkulturen zueinandergefunden: die italienische Leichtigkeit mit Pasta und Fisch, Polenta und Gnocchi und die Tiroler Bodenständigkeit mit Knödeln, Krapfen und geräuchertem Speck.

Apfelgeschichten

50 Prozent der italienischen Apfelernte und 10 Prozent der europäischen Apfelernte stammen aus Südtirol. Mit ungefähr 20 Prozent der exportierten Menge haben Deutsche den größten Appetit auf Südtirols Äpfel. Aber nicht nur sie. Sogar im arabischen und nordafrikanischen Raum kommt man in den Genuss von Südtiroler Äpfeln.

Der wärmste See der Alpen

Kaltern ist Heimat des Kalterer Sees und des Kalterersee. Im einen schwimmt man, den anderen trinkt man. Der eine ist der wärmste Badesee der Alpen, der andere der autochthone Südtiroler Rotwein, der leicht gekühlt am besten schmeckt.

Der Waltherplatz im Zentrum von Bozen mit dem Denkmal des Minnesängers Walther von der Vogelweide und dem Bozner Dom

UNTERWEGS IN SÜDTIROL

Ein abwechslungsreiches Paradies mit alpin-mediterranem Flair

UNTERWEGS IN SÜDTIROL

Südtirol lädt ein zu spannenden Wochenendreisen, zu Kurztrips und längeren Entdeckungstouren. Da, wo alpine Traditionen und mediterrane Leichtigkeit aufeinandertreffen, gibt es hinter jeder Ecke etwas Neues zu entdecken: Naturschauspiele und Perlen der Kunst, altes Brauchtum und innovative Projekte und Geschichten, Genuss pur und gesellige Gemütlichkeit …

DREI SPRACHEN – DREI KULTUREN

530 000 Menschen leben in Südtirol – gerade mal so viele wie in einer mittelgroßen deutschen Stadt. 69,4 Prozent gehören der deutschen Sprachgruppe an, 26,1 Prozent der italienischen und 4,5 Prozent der ladinischen. 98 Prozent der Italienerinnen und Italiener leben in den Städten, 72 Prozent der deutschsprachigen Bevölkerung lebt auf dem Land. 60 Prozent der Fläche Südtirols liegen über 1600 Meter Meereshöhe, 40 Prozent des Landes stehen unter Naturschutz. 350 Berggipfel sind höher als 3000 Meter. Der Ortler mit seinen 3905 Metern ragt am weitesten in den Himmel. Nur knappe sechs Prozent beträgt die besiedelbare Fläche des Landes.
Jeder zehnte Apfel in Europa und jeder dritte in Italien wächst in Südtirol. Südtirols Weine genießen weit über die Grenzen des Landes hinaus einen ausgezeichneten Ruf – von Südtirols alpin-mediterraner Küchentradition ganz zu schweigen. 380 Kilometer Radwege, 1200 Kilometer Skipisten, 800 Burgen, Schlösser und Ansitze, 300 Sonnentage im Jahr, 211 Musikkapellen … der Vielfalt im Land sind keine Grenzen gesetzt.

Sonnenaufgang am 2625 Meter hohen Mutegg über dem Ultental

DIE SCHÖNSTEN BERGE DER WELT

Die Dolomiten sind weltweit das schönste Bauwerk der Natur. Das hat schon der Franzose Le Corbusier befunden, der große Architekt und Planer des vergangenen Jahrhunderts. Für Reinhold Messner, den vermutlich bekanntesten Südtiroler, sind die »Dolomiten zwar nicht die höchsten, wohl aber die schönsten Berge der Welt«. Und die UNESCO hat die Dolomiten 2009 in die Liste der schönsten Landschaften der Welt aufgenommen – und damit die Besonderheit und Einzigartigkeit dieser einmaligen Gebirgslandschaft hervorgehoben und bestätigt.

»Ötzi, Kalterer See oder noch besser Kalterersee-Auslese, Strudel und Speck, Dolomiten, die Drei Zinnen und die Kastelruther Spatzen. Und natürlich noch Reinhold Messner und Markus Lanz.« Auf die Frage, was Gäste an Südtirol besonders schätzen, fallen den meisten, die in Südtirol Urlaub machen, kulinarische Hochgenüsse, reizvolle Landschaften und außergewöhnliche Persönlichkeiten ein. Südtirol ist aber weit mehr. Südtirol ist vielfältig und abwechslungsreich, die Menschen genauso wie Natur und Landschaft.

Für die Dolomiten braucht es Körpereinsatz, Lust auf Erlebnisse und auf genussvolle Überraschungen. 85 Prozent der Landesfläche liegen höher als 1000 Meter über dem Meer. Und 300 Sonnentage sind eine Einladung, die Natur aktiv zu erleben: vom Frühlingsspaziergang am Kalterer See über die Wanderung auf der Seiser Alm bis zur Klettertour in den Dolomitengipfeln. «Dolomiti Superski« ist mit insgesamt 1220 Pistenkilometern und 460 Berg- und Liftanlagen das größte Skikarussell der Welt. Und die »Maratona dles Dolomites« ist europaweit als Königin der Radmarathons bekannt.

Der romantische Weiler Maria Saalen

ATEMBERAUBENDE AUSBLICKE

Ein Urlaub in den Dolomiten verspricht sportliche Herausforderung, atemberaubende Ausblicke und kulinarische Höhepunkte. Im Sommer locken zahlreiche Kletterrouten und Wanderwege, im Winter Skipisten und Loipen. Wer es sportlich mag, kann in den Dolomiten die Vielfalt für sich entdecken: vom Paragliding über eine Skiabfahrt bis hin zur Wandertour. Wer sich im Urlaub der Kultur widmen will, kann das im UNESCO-Weltnaturerbe ebenfalls: Der Kulturführer Culturonda Dolomythos lotst zu kulturhistorischen, geologischen und sagenhaften Schauplätzen. Und wer Lust auf Lifestyle und Unterhaltung hat, der kann bei den vielen Events so richtig eintauchen ins gesellschaftliche Leben der Dolomitentäler.

KULINARISCHE HÖHEPUNKTE

Südtirol ist ein Land für Genießer. Hier haben zwei Kochkulturen zueinandergefunden: die italienische Leichtigkeit mit Pasta und Fisch, Pizza, Polenta und Gnocchi und die Tiroler Bodenständigkeit mit Knödeln und Krapfen und geräuchertem Speck. Knödel und Spaghetti haben es zu einer beeindruckenden Koexistenz geschafft, sorgen für spannende Kombinationen und Abwechslung. Die moderne Südtiroler Küche ist ehrlich und bodenständig. Das Verspielte aus dem Süden hat ihr nur gutgetan. Wohl kaum eine andere Küche in Europa ist so vielseitig wie die Küche Südtirols. Südtirols Spitzenköche erweitern das Naturerlebnis Dolomiten um eine genussvolle alpin-mediterrane Komponente: kreativ, regional verwurzelt und mit experimentierfreudigem Weitblick. Dazu dann noch einen erfrischend-anregenden Südtiroler Spitzenwein im Glas. Was braucht es mehr, um wunschlos glücklich zu sein?

Burkhard Bacher in seinem Restaurant

MIT DEM WOHNMOBIL IN SÜDTIROL

Unterwegs mit dem Wohnmobil, dem Motorrad oder mit Fahrrad und Zelt – ein solcher Urlaub zählt für viele Reisende zu den schönsten, spannendsten und abenteuerlichsten Urlaubsformen. Freiheit und Naturerlebnis stehen dabei im Mittelpunkt. Wohnmobiltouristen und Campingurlauber können frei von irgendwelchen Zwängen individuell entscheiden, wie lange sie sich an einem Ort aufhalten und welche Freizeitaktivitäten auf dem Tagesprogramm stehen. Camperurlaub lebt davon, dass man sein Wohnmobil dort parkt, wo es einem gerade gefällt – im erlaubten Rahmen natürlich. Das gilt sowohl für die einen, die meinen, dass man mit einem voll ausgestatteten Wohnmobil nicht auf einen Campingplatz fahren muss, als auch für all die anderen, die einen Campingplatz bevorzugen und sich über einen Wohnmobilstellplatz mit all dem nötigen Komfort freuen.
Das Südtiroler Angebot an gut ausgestatteten und einladenden Camping- und Stellplätzen ist groß. Die Gegend ist voll schöner Orte, die dazu einladen, das Land kreuz und quer zu bereisen und sich an immer neuen, unbekannten Plätzen niederzulassen.

FÜNF ROUTEN DURCH SÜDTIROL

Wir laden zu fünf besonderen Routen und zu besonders schönen Plätzen durch und in Südtirol ein:
Tour 1 geht durch das Wipptal und das Eisacktal vom Brenner nach Bozen – einmal abseits der viel befahrenen Brenner-Autobahn A22. Kleine, schmucke Städte wie Sterzing, Brixen und Klausen laden zum Besuch. Auch die Seitentäler und Hochplateaus über dem Tal haben einiges zu bieten.

Schloss Englar in Eppan Berg über der Südtiroler Weinstraße

Tour 2 führt durch das Pustertal von Brixen bis nach Sexten. Sanfte Wiesen, Wälder und sonnendurchflutete Hochplateaus kennzeichnen das untere Pustertal. Das Hochpustertal ist für die schroffen Spitzen der Dolomiten bekannt: allen voran natürlich die weltberühmten Drei Zinnen.
Tour 3 lädt direkt ins Weltnaturerbe Dolomiten und führt durch das ladinische Gadertal, über drei Dolomitenpässe und durch drei italienische Provinzen rund um das Sellamassiv und den Rosengarten.
Tour 4 entführt auf die Südtiroler Weinstraße zu einer Reise von Nals über Kaltern und Tramin nach Salurn und auf der anderen Talseite über Bozen wieder zurück nach Terlan. 16 Weindörfer säumen die insgesamt 150 Kilometer lange Weinstraße und bereichern sie mit ihrem individuellen Charme vergangener Tage und modernem Zeitgeist.
Tour 5 schließlich geht durch den Vinschgau – von Meran zum Reschenpass. Die Kurstadt Meran begeistert mit alpin-mediterraner Atmosphäre und urbanem Flair. Der Vinschgau ist geprägt von einer großen kulturellen Vielfalt und ist reich an kunst- und kulturhistorisch bedeutsamen Sehenswürdigkeiten.
Urlaub machen kann man in Südtirol das ganze Jahr über, zu jeder Jahreszeit – man wird wohl kaum enttäuscht. 300 Sonnentage sind fast schon eine Wettergarantie. Und wenn es wirklich einmal nicht ganz so schön ist, dann lockt ein großes Angebot an Kunst und Kultur, gelebtem Brauchtum und zahllosen Sehenswürdigkeiten.
Reisen im Wohnmobil ermöglichen es, Land und Leute intensiver und langsamer zu erkunden. Dieser Reiseführer ist für alle gedacht, die etwas mehr von Südtirol sehen, erleben und genießen wollen. Viel Spaß und Genuss auf Ihrer Entdeckungsreise wünschen

Herbert Taschler & Udo Bernhart

DIE ROUTEN

Südtirol heißt Gastfreundschaft, Naturerleben, Kunstgenuss und Gaumenfreude – seien Sie neugierig auf seine unermessliche Vielfalt!

Versunkener
Grauner Kirchturm
im Reschensee

Brenner: ein ruhiger Ort, an dem heute alle vorbeifahren

1

DURCH DAS WIPPTAL UND DAS EISACKTAL

Vom Brenner nach Bozen

Auf dem Weg in den Italienurlaub rauscht man im Normalfall über die Brennerautobahn rasch in Richtung Süden – und verpasst dabei sehenswerte Ziele entlang der Strecke. Wir nehmen uns für den Weg durch Wipp- und Eisacktal nach Bozen Zeit und fahren am Brenner von der A22 ab. Auf der Staatsstraße SS12 locken nicht nur die schmucken Städte Sterzing, Brixen und Klausen. Auch die Seitentäler und Hochplateaus haben einiges zu bieten.

Der Brenner, Europas wichtigster Nord-Süd-Alpenübergang, präsentiert sich häufig etwas unwirtlich und kalt. Daran ist nicht nur das Klima auf dem 1370 Meter hohen Pass schuld. Das gleichnamige Grenzdorf zwischen Österreich und Italien wirkt etwas dekadent und hat seit dem Inkrafttreten des Schengener Abkommens am 1. Januar 1995 wichtige Aufgaben verloren.

Brennergrenze: Das innovative Plessi-Museum

AM BRENNERPASS

In der ehemaligen Zollstation am Brennerpass befindet sich seit 2013 das **Plessi-Museum**, ein innovatives Bauwerk, das Museum, Kongresszentrum und Autobahnrestaurant in einem ist. Hier legen wir auch gleich den ersten Stopp ein, denn in einer Dauerausstellung werden die Kunstwerke von Fabrizio Plessi, einem der bekanntesten italienischen Künstler gezeigt.

Das vom Ingenieur Carlo Costa entworfene Gebäude und von der Brennerautobahn AG verwirklichte Projekt setzt neue Akzente in der Gegend. Es ist das erste Museumsgelände entlang der italienischen Autobahnen – für die Verantwortlichen »ein Symbol der Verbindung zwischen dem Mittelmeerraum und Mitteleuropa«. Das Museum erstreckt sich über eine Fläche von etwa 13 000 Quadratmetern und gleicht der Form nach einer Vitrine aus Kristall, die von einer großflächigen Abdeckung überragt wird. Für Carlo Costa »ein Gesamtraum aus Tönen und Bildern, eine überdachte Piazza, eine moderne Agora der Sinne, die den Genuss der Werke von Fabrizio Plessi zu einer sowohl ästhetischen als auch sozialen und ökologischen Erfahrung werden lässt«.

Ausgestellt sind Videos, Zeichnungen und Installationen von Plessi sowie die große, begehbare Installation, die der Künstler im Jahr 2000 als grenzüberschreitendes Projekt der Europaregion Tirol für die Expo Hannover geschaffen hat. Die Skulptur vereint eine Darstellung der drei Länder Trentino, Südtirol und Tirol und ist wie eine künstliche Berglandschaft konzipiert: eine Alpenlandschaft, die man durchqueren und von innen

ROUTE 1

START- UND ENDPUNKT
Brennerpass und Bozen

STRECKEN
überwiegend Staatsstraße SS12 sowie Landstraßen

STRECKENLÄNGE
ca. 120 km

REISEDAUER
3 bis 5 Tage

BESTE JAHRESZEIT
ganzjährig

Start Brennerpass
Plessi Museum
17 km
Sterzing

Sterzing
Altstadt
Zwölfertum
Multscher- und Stadtmuseum
Rathaus
Burg Reifenstein
Wallfahrtskirche Maria Trens
Gilfenklamm bei Ratschings
Südtiroler Bergbaumuseum, Ridnaun
Südtiroler Museum für Jagd und Fisch
21 km
Franzensfeste

heraus technologisch erleben kann (Museum Plessi, Brennerpass, direkt an der Autobahn, autobrennero.it/de/das-autobahnnetz-/dienstleistungen/plessi-museum). Am Brenner lohnt sich auch ein Besuch im **Outlet Center Brenner** mit 60 internationalen Marken und starken Angeboten zu Outlet-Preisen (outletcenterbrenner.com).

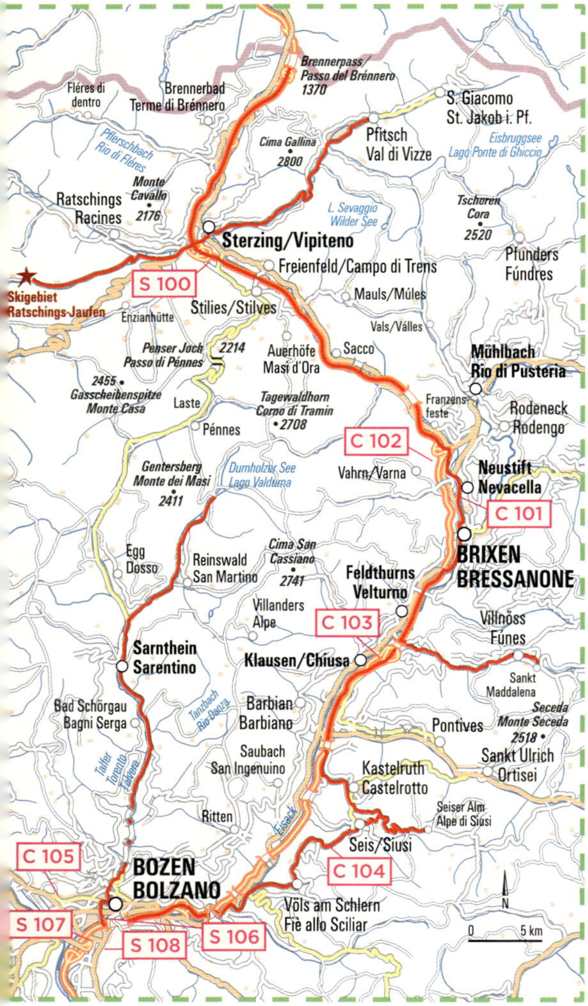

FUGGERSTADT STERZING

Das Wipptaler Städtchen Sterzing erreichen wir auf der SS12 ab Brennerpass nach 17 Kilometern. Sterzing erstreckt sich von 935 bis 2714 Meter Meereshöhe und zählt rund 6500 Einwohner. Aufgrund seiner strategisch wichtigen Lage zwischen den alpinen Übergängen Jaufenpass, Brennerpass und Penser Joch ist Sterzing schon seit jeher ein wichtiger Handels- und Marktplatz.

Der 46 Meter hohe, zentral gelegene **Zwölferturm** ist das Wahrzeichen der Fuggerstadt und teilt den Stadtkern seit 1472 in Altstadt und Neustadt. Die malerische Hauptstraße erstrahlt noch im Glanz des ausgehenden Mittelalters und bildet heute die lebendige Geschäfts- und Flaniermeile der Stadt.

Das Silberbergwerk im nahen Ridnauntal machte Sterzing einst wohlhabend. Bedeutende Unternehmerfamilien wie die Augsburger Fugger verlegten ihre Geschäfte nach Sterzing und prägten maßgeblich das Stadtbild. Reich ausgestattete Bürgerhäuser in der historischen Altstadt zeugen noch heute vom regen Handel im ausgehenden Mittelalter. Das **Sterzinger Rathaus** mit seinem gotischen Ratssaal samt Wandgetäfel und Balkendecke wurde zwischen 1468 und 1473 erbaut. Es beherbergt eine bemerkenswerte Kunstsammlung sowie den schönsten gotischen Ratssaal in Tirol und kann besichtigt werden.

Im Süden der Stadt finden Kulturliebhaber mit dem ehemaligen Deutschordenshaus und der Stadtpfarrkirche Unsere Liebe Frau im Moos wahre Juwelen. Im Komplex des Ritterordens ist heute das **Multscher- und Stadtmuseum** beheimatet. Ein besonderes Highlight sind die Prunksäle des Hauses (Deutschhausstr. 11, museumsverband.it). Südtirols bester Asiate lädt ins Restaurant **Kleine Flamme** unter den Sterzinger Lauben. Haubenkoch Burkhard Bacher entführt mit kulinarischen Gesamtkunstwerken und originellen Gerichten ins Reich seiner asiatisch geprägten »Italo-Thai-Küche« (Neustadt 31, Tel. +39 0472 766065, kleineflamme.com).

IMPOSANTE BURGEN

Einige Kilometer südlich von Sterzing thront die **Burg Reifenstein**, eine der am besten erhaltenen Burganlagen Südtirols, hoch über dem Talkessel und wartet auf Besuch. Die Burg wurde im Jahr 1100 erstmals urkundlich erwähnt und ging in den Besitz des Grafen Albert von Tirol über. 1809 erhielten die Fürsten von Thurn und Taxis die Burg Reifenstein von der bayerischen Regierung als Belohnung für den zuverlässigen Postdienst. Noch heute befindet sich Reifenstein in deren Privatbesitz (Burg Reifenstein, Freienfeld, Informationen & Gruppenbuchungen: Tel. +39 339 2643752).
Die höher gelegene **Burg Sprechenstein** auf der anderen Talseite besteht aus einer Unter- und einer Oberburg mit einem Burgfried aus dem 13. Jahrhundert und einem mehrfach umgebauten Wohngebäude. Die 1241 erbaute Burg ging durch Erbschaft an die Familie Auersperg und kann nur von außen besichtigt werden.

↑ Die Sterzinger Altstadt mit dem Zwölferturm
↓ Schloss Sprechenstein über Freienfeld

Tipp

DELIKAT!

Wer sich auf der Rückfahrt vom Urlaub mit Weinen und italienischen Delikatessen für Zuhause eindecken will, dem empfehlen wir einen Zwischenstopp bei dem Hofer Market in der Brennerstraße 21 in Sterzing (Tel. +39 0472 765152, hofermarket.it).

ABSTECHER IN DIE SEITENTÄLER

Vom Sterzinger Talkessel aus zweigen die Seitentäler Ratschings, Ridnaun und Jaufental sowie Pflersch und Pfitsch ab, das ganze Jahr über wahre Paradiese für Naturliebhaber und Aktivurlauber. Mit ihrem großen Wanderwegenetz in einer weitgehend unberührten Natur bieten sie ideale Voraussetzungen für Wanderer und Genussurlauber auf der Suche nach Ruhe und aktiver Entspannung.

↑ Der Museumsstollen im Landesmuseum Bergbau in Ridnaun

↓ Schloss Wolfsthurn: Sitz des Landesmuseums für Jagd und Fischerei

An der Südseite des Alpenhauptkamms warten beeindruckende Naturschauspiele wie etwa die **Gilfenklamm** (siehe Kasten). Bergbau und Landwirtschaft spielten in den Tälern seit der Antike eine große Rolle. Davon zeugt heute das Bergbaumuseum in Maiern. Das 23 Kilometer lange naturbelassene **Pfitschtal** beginnt auf der anderen Talseite und reicht von Wiesen über Innerpfitsch hinauf bis zur hochalpinen Kulisse des Pfitscher Joches auf 2246 Meter und in das Herz der Zillertaler Alpen mit dem 3509 Meter hohen Hochfeiler.

Am Eingang des Pfitschtals, acht Kilometer von Sterzing entfernt, lädt das **Wirtshaus Pretzhof** mit Produkten vom eigenen Bauernhof ins kleine Streudorf Tulfer. Ulli Mair kocht frisch, heimisch und natürlich. Käse, Würste und vieles mehr gibt es auch im Hofladen (Tulfer 259, 39049 Wiesen/Pfitsch, Tel. +39 0472 764455, pretzhof.com).

Spannende kulturhistorische Einblicke geben zwei Landesmuseen. Das **Südtiroler Landesbergbaumuseum** mit Schaubergwerk und Abenteuermuseum in Ridnaun ist ein einmaliges Denkmal der industriellen Revolution. Der Poschhausstollen führt auf sechs Kilometer Länge quer durch den Berg in das Passeiertal (Tel. +39 0472 656364, bergbaumuseum.it). In Mareit lädt das **Südtiroler Landesmuseum für Jagd und Fischerei** auf Schloss Wolfsthurn, das einzige erhaltene Barockschloss Südtirols (Tel. +39 0472 758121, wolfsthurn.it).

AUSFLUG

GILFENKLAMM

Der Besuch der Gilfenklamm bei Ratschings, einem der beliebtesten und bekanntesten Naturwunder Südtirols, verspricht eine eindrucksvolle Begegnung mit der Urgewalt der Natur. Die Steige sind gut gesichert, sodass sich der Ausflug auch für Familien eignet (Tourismusverein Ratschings, Tel. +39 0472 760608, ratschings.info).

Franzensfeste
Habsburger-Festung Franzensfeste
9 km
Kloster Neustift

DIE FRANZENSFESTE

Weiter geht's durch das enge Wipptal in Richtung Süden. Nach 21 Kilometern erreichen wir direkt an der Wegstrecke die imposante **Festung Franzensfeste** und parken unmittelbar davor. Die Festung dominiert eindrucksvoll die schmale Talenge zwischen Franzensfeste und Vahrn. Geplant und gebaut wurde die 65 000 Quadratmeter große Verteidigungsanlage aus 20 Millionen Ziegelsteinen und 250 000 Kubikmetern Granitblöcken unter den Habsburgern. Sie gilt als eine der sichersten Festungen des Alpenraums. Eine unterirdische Treppe mit

Gilfenklamm: Naturwunder Südtirols

Ein Labyrinth aus Gängen, Treppen und Räumen: die Festung Franzensfeste

451 Stufen führt als Fluchtweg in die obere Festung. Die Franzensfeste wurde 1838 eingeweiht und nach Kaiser Franz I. benannt. Vor wenigen Jahren wurde die alte Festung saniert und architektonisch aufgewertet. Der Umbau ist heute Schauplatz von Konzerten sowie von Architektur- und Kunstausstellungen wie KunstManifesta 7, die Landesausstellung Labyrinth::Freiheit oder 50x50x50 Art Südtirol.
In sieben großen Kasematten erzählt eine Dauerausstellung die Geschichte des Baus und seiner Umgebung, darunter jene über den sagenhaften Goldschatz der italienischen Nationalbank, der hier während des Zweiten Weltkriegs versteckt lag. Die Ausstellung schlägt einen Bogen zu heutigen Formen der Abwehr: zu Spionage, elektronischer Überwachung, die immer mehr unser Leben bestimmt, und auch zur Festung Europa – ein Thema von großer Aktualität. Ausstellung sowie große Teile der Festung können auf eigene Faust erkundet werden. Eine spannende Führung erschließt die verborgenen Winkel der geheimnisvollen Anlage (Tel. +39 0472 057218, festung-franzensfeste.it).

AUSFLUG

RADROUTE BRENNER–BOZEN

Der rund 100 Kilometer lange Eisacktalradweg vom Brenner nach Bozen führt direkt an der Festung Franzensfeste vorbei. Die Entfernung von Franzensfeste zum Brenner beträgt 49,35 Kilometer, jene ab Franzensfeste nach Bozen 52,35 Kilometer. Auf der Strecke bieten sich wunderbare Blicke auf die Dolomiten.

KLOSTER NEUSTIFT

Nur einige Hundert Meter vom Campingplatz Löwenhof entfernt – und gemütlich zu Fuß erreichbar – befindet sich das im Jahre 1142 von Bischof Hartmann von Brixen gegründete Augustiner-Chorherrenstift Neustift. Die einzigartige Klosteranlage bei Vahrn liegt inmitten von Weinbergen und gilt als die größte in ganz Tirol.
Vor der Klosteranlage steht die um 1200 erbaute **Michaelskapelle**, ein zinnengekrönter, romanischer Rundbau, dessen Vorbild die Engelsburg in Rom gewesen ist. Gleich daneben befindet sich der **Stiftskeller**, der zur Verkostung der eigenen Weine und Produkte einlädt. Im Klosterhof trifft man auf den berühmten achteckigen **Renaissancebrunnen** mit freskenverziertem Baldachin und der Abbildung der sieben Weltwunder. Kloster Neustift ist als achtes Weltwunder zu sehen.

Von hier aus starten die Führungen durch das Stift, die einem Rundgang durch die wichtigsten Epochen der Kunstgeschichte gleichen: Romanik, Gotik, Renaissance, Barock und Rokoko haben hier ihre Spuren hinterlassen, und die barocke **Stiftskirche** zählt genauso wie der gotische **Kreuzgang** mit den Fresken von Michael Pacher zu den Sehenswürdigkeiten.
Ein besonderes Juwel stellt die **Stiftsbibliothek** dar. Der Bibliothekssaal wurde 1778 im Rokokostil errichtet, mit mehrfarbigem Parkett und umlaufender Galerie. 92 000 Bücher, wertvolle Manuskripte und Karten werden hier aufbewahrt. In der Pinakothek sind gotische Tafelbilder, Altäre, liturgische Kostbarkeiten und historische Instrumente ausgestellt.

Kloster Neustift
Augustiner-Chorherrenstift Neustift
Michaelskapelle
Renaissancebrunnen
Stiftskirche
Stiftsbibliothek
Stiftskellerei
3 km
Brixen

Inmitten von Weinbergen liegt das Kloster Neustift.

↑ Die Stiftsbibliothek und …
↓ … der barocke Stiftsgarten im Kloster Neustift

Der **Stiftsgarten** am Eingang des Klosters wurde kürzlich restauriert. Im Kräutergarten gedeihen Dutzende von Pflanzen: nicht nur vertraute Arten wie Johanniskraut oder Brotklee, sondern auch Exoten wie Zitronengras, Jamaikathymian oder Tabak. Dazwischen reiht sich der Barockgarten mit schönen Brunnen und blühenden Beeten.

Zwei historische Bauelemente prägen das Ensemble: das begehbare Vogelhaus und das Piszin, ein turmartiger Pavillon mit eingeschossigem Umgang, unter dem sich die Fischtröge befanden.
Die **Stiftskellerei** von Kloster Neustift mit ihren ausgezeichneten Eisacktaler Weißweinen lohnt ebenso einen Besuch wie der Klosterladen der Stiftskellerei mit seinem breiten Angebot von Produkten aus verschiedenen Klöstern des Alpenraums (Kontakt für Klosterführungen und Verkostungen: Tel. +39 0472 694951, kloster-neustift.it).

BRIXEN, DIE ÄLTESTE STADT TIROLS

Von Norden kommend, öffnet sich vor Brixen das Tor zum Süden in einem breiten Talkessel. Die ersten Weinberge und Kastanienhaine verweisen auf ein mildes Klima. Und die älteste Stadt Südtirols hat einiges zu bieten. Vom Campingplatz Löwenhof ist die Stadt gut mit den öffentlichen Verkehrsmitteln erreichbar.

Tipp

KÄSE & WEIN

Käsekultur und Käsekunst auf höchster Ebene pflegt Hansi Baumgartner, Südtirols erster und bekanntester Käse-Affineur. Die Vielfalt des Angebots in seinem Degust-Käse-Atelier ist groß (Bsackerau 1, 39040 Vahrn, Tel. +39 0472 849873, degust.com). Einen guten Tropfen zum Käse bietet Günther Kerschbaumer vom nahe gelegenen Weingut Köfererhof, einem der besten Weinproduzenten des Eisacktals (Pustertalerstr. 3, 39040 Neustift, Tel. +39 0472 836649, koefererhof.it).

Der Kreuzgang in Brixen zählt zu den bedeutendsten Kunstdenkmälern Südtirols.

Bereits vor 10 000 Jahren lebten Menschen im Brixner Talkessel. In der Jungsteinzeit entstanden die ersten Siedlungen. Urkundlich erwähnt wurde Brixen 901 als Meierhof Prihsna in einer Schenkungsurkunde an Bischof Zacharias von Säben. Um 1150 wurde die Stadt mit Mauern umringt. Und obwohl die Renaissance wichtige Spuren in Brixen hinterließ, prägte vor allem die Zeit des Barocks die Stadt und ihre Architektur: Der **Dom** wurde neu gestaltet, der Wohn- und Verwaltungssitz des Bischofs, die **Hofburg**, zum repräsentativen Palast ausgebaut.

Der einzigartige Domplatz, zahlreiche sakrale Bauten, die denkmalgeschützte mittelalterliche Altstadt mit den Laubengängen, museale Schätze und archäologische Kleinode laden zum Entdecken ein. Zu einer eindrucksvollen Reise zurück in die Geschichte wird ein Besuch im **Kreuzgang** neben dem Dom. Das heute sichtbare Kreuzgratgewölbe geht auf die Zeit um 1370 zurück. Die Malereien stammen aus der frühen bis späten Gotik (14.–16. Jahrhundert) und dienten der Illustration von Bibelstellen, die so auch

Brixen
Altstadt
Dom
Kreuzgang
Hofburg
Lauben
Pharmaziemuseum
Hausberg Plose
12 km
Klausen

AUSFLUG

HAUSBERG PLOSE

Die 2500 Meter hoch gelegene Plose ist der Hausberg von Brixen und steht für viel Sonne, ein beeindruckendes 360-Grad-Panorama und im Winter natürlich für herrliches Skivergnügen. Acht Aufstiegsanlagen und rund 45 Pistenkilometer sorgen für Abwechslung. Die Trametsch ist mit neun Kilometern die längste präparierte Abfahrt Südtirols – eine Herausforderung für Wagemutige. Hinzu kommt der Hüttenzauber auf den verschiedenen Schutz- und Almhütten. Für jene, die nicht so gern auf den Brettern stehen, gibt es eine Rodelbahn am Wanderweg zur Rossalm.

↑ Diözesanmuseum mit Domschatz
↓ Brixen: Milleniumsäule und Dom

dem gemeinen Volk zugänglich waren. Ein großer Teil der Fresken stammt von Meister Leonhard von Brixen. Führungen durch den Dom und den gotischen Kreuzgang von Brixen gibt es von Ostern bis Allerheiligen (brixen.org). Die Hofburg Brixen, bis 1973 Sitz der Bischöfe der Diözese Brixen, beherbergt das **Diözesanmuseum** und ein sehenswertes Krippenmuseum (Hofburgplatz 2, Tel. +39 0472 830505, hofburg.it).
Brixen hat aber auch sonst einiges zu bieten: einen Aperitif in der Brixner Altstadt, einen Shoppingnachmittag, einen gemütlichen Abend in einem der zahlreichen kleinen Restaurants – es bleibt die Qual der Wahl.

DIE DÜRERSTADT KLAUSEN

Weiter geht es in Richtung Süden auf der SS12 nach Klausen, das wir nach zwölf Kilometern erreichen. Ein größerer Parkplatz steht auf der Nordseite der Altstadt zur Verfügung. Klausen gehört zu den schönsten historischen Städten Italiens. Schon Albrecht Dürer machte während seiner ersten Italienreise im Jahr 1494 in Klausen halt. Hier malte er sein bekanntes Porträt von Klausen, das ihm später als Hintergrund für seine bekannte allegorische Gestalt »Das große Glück« diente. Aber auch darüber hinaus prägte ein reges Künstlerleben die Vergangenheit der Dürerstadt.
Mittelalterliche Mauern und das romantische Flair einer kleinen Stadt mit engen Gassen, alten Stadthäusern und kunstvollen schmiedeeisernen Wirtshausschildern verleihen Klausen – von der Ober- bis zur Unterstadt – noch heute eine besondere Atmosphäre. Das malerische Städtchen zieht sich lang gestreckt zwischen dem Burgfelsen von Säben und dem Eisack hin. Am Kirchplatz und am Tinneplatz weitet sich die enge **Stadtgasse**. Einen Besuch lohnen die Pfarrkirche zum heiligen Andreas und das Stadtmuseum. Das **Stadtmuseum** im ehemaligen Kapuzinerkloster ist der Klausner Künstlerkolonie und dem Loretoschatz gewidmet. Der **Loretoschatz** aus dem 16. und 17. Jahrhundert ist eine einmalige Sammlung von vornehmlich spanischen und italienischen Kunstwerken. Das Kloster geht nämlich auf

eine Stiftung der spanischen Königin Maria Anna aus dem Jahr 1699 zurück (Stadtmuseum Klausen, Frag 1, Tel. +39 0472 846148, museumklausenchiusa.it).
Darüber hinaus laden zahlreiche geführte Kunst- und Kulturwanderungen zum Entdecken und Erwandern von Klausen und Umgebung ein (Tourismusverein Klausen, klausen.it).

DIE AKROPOLIS TIROLS

Wie eine Burg thront das **Kloster Säben** auf einem steil abfallenden Felsplateau, 200 Meter hoch über Klausen. Der einstige Bischofssitz von Tirol zählt zu den ältesten Wallfahrtsorten des Landes. Von Klausen ausgehend gelangt man auf der Säbener Promenade in 45 Minuten hinauf zum Kloster, auf dem alten Kreuzweg, der an der Burg Branzoll vorbeiführt, in einer halben Stunde. Die Gegend am Berg von Sabiona war schon in der Jungsteinzeit besiedelt. Auf den Resten einer spätromanischen Ansiedlung wurde ein frühchristliches Zentrum errichtet. Vom 6. bis 10. Jahrhundert war Säben erster Bischofssitz von Tirol. Dieser wurde um 960 nach Brixen verlegt, Säben blieb bischöfliche Wehrburg.
1685 kamen Chorfrauen aus dem Stift Nonnberg in Salzburg nach Säben, um die Gründung des Benediktinerinnenklosters zum Heiligen Kreuz vorzubereiten, welches 1699 zur Abtei erhoben wurde. 2022 verließen die letzten Benediktinerinnen das Kloster.
Das Kloster selbst ist für Besucher nicht zugänglich, wohl aber die vier Kirchen und Kapellen. Die Marien- oder **Gnadenkapelle** wurde an der Stelle der ältesten Säbener Kirche errichtet und ist nach wie vor beliebtes Pilgerziel. Die barocke **Liebfrauenkirche** schließt sich direkt an die Marienkapelle an. Sie wurde um 1650 von den Klausener Bürgern als Dank für die Errettung von der Pest gestiftet. Die eigentliche **Klosterkirche**

Klausen
Stadtgasse
Stadtmuseum
Loretoschatz
Kloster Säben
Villnösser Tal
Naturpark
Puez-Geisler
27 km
Seiser Alm

Blick von Kloster Säben auf Klausen

Seiser Alm
Naturpark Schlern-Rosengarten
Hexenbänke am Puflatsch
Bike-Region Gröden/ Seiser Alm
Schloss Prösels
Völs am Schlern
Kastelruther Spatzenmuseum
31 km
Bozen

im barocken Stil wurde 1687 auf den Fundamenten der einstigen Burg errichtet. An der höchsten Stelle steht die **Heiligkreuzkirche** mit gut erhaltenen Fresken aus dem 17. und einem Kruzifix aus dem 15. Jahrhundert. In den Fußboden ist das Grab des heiligen Ingenuin eingesenkt.

Die Weine aus dem steilen Klausur-Klostergarten von Säben füllt die **Eisacktaler Kellerei** in Klausen ab: einen Sabiona Sylvaner und einen Sabiona Kerner. Ihr Weinshop liegt nahe der Autobahnausfahrt Klausen (kellerei-eisacktal.it).

DAS VILLNÖSSER TAL

Das Villnösser Tal mit seinen Dörfern Teis, St. Peter und St. Magdalena zweigt kurz vor Klausen ab. Das gerade mal 24 Kilometer lange Tal ist eines der letzten unberührten und naturbelassenen Täler Südtirols – und die Heimat der Bergsteigerlegende Reinhold Messner. Wegen seiner atemberaubenden Panoramen ist es auch eines der meistbesuchten Täler des Landes. Der Blick öffnet sich hier auf die imposanten Gipfel der Geislergruppe mit dem wuchtigen, 3025 Meter hohen Sass Rigais.

Der **Naturpark Puez-Geisler**, einer der bedeutendsten Naturparks in Südtirol, erstreckt sich auf einer Fläche von 10 722 Hektar. Das Besucherzentrum in St. Magdalena informiert über die Geologie der Dolomiten sowie über Flora und Fauna (naturparks.provinz.bz.it/de/naturpark-puez-geisler).

LANDSCHAFTSSCHUTZGEBIET SEISER ALM

27 Kilometer beträgt die Strecke von Klausen auf die Seiser Alm. Der »Umweg« lohnt sich. Über die SS12 geht es zuerst bis nach Waidbruck. Bei Waidbruck biegen wir links ab in Richtung Gröden und dann beim ers-

Die Akropolis Tirols: Kloster Säben

AUSFLUG

SÜDTIROLER KESCHTNWEG

Der Südtiroler Keschtnweg führt von Vahrn bei Brixen längs der Hänge des Eisacktals bis hin zum Rittner Hochplateau und hinunter in den Bozner Talkessel zur legendären »Bilderburg« Runkelstein. Ein Teilstück führt von Feldthurns zum Kloster Säben. Startpunkt ist das im 16. Jahrhundert erbaute Schloss Velthurns. Durch Kastanienhaine und vorbei an historischen Bauernhöfen, dem Törggele-Hof Moar zu Viersch und der Häusergruppe Pardell geht es auf dem Weg Nr. 12 zum Kloster Säben. Gleich nach Feldthurns liegt der schöne Radoarhof – Weingut, Brennerei, Buschenschank und Hofladen in einem (radoar.com).

Das Ranaui Kirchlein am Fuße der Geislerspitzen im Villnößtal

Ein mystischer Platz mit toller Aussicht: die Hexenbänke auf der Seiser Alm

ten Kreisverkehr gleich rechts Richtung Kastelruth. Kurz nach Kastelruth zweigt links die Straße auf die Seiser Alm ab. Die Straße in das Landschaftsschutzgebiet ist allerdings von 9 bis 17 Uhr für den privaten Verkehr gesperrt. Innerhalb dieser Zeit können Besucher die Seiser Alm mit der Seiser Alm Bahn oder mit dem Bus erreichen. Davor und danach ist der private Verkehr bis Compatsch gestattet.

In den Sommermonaten gibt es ein Ticketsystem zur Kontingentierung der Parkplätze auf der Seiser Alm. Bereits in St. Valentin müssen Sie sich entscheiden, ob Sie auf den Parkplätzen P1 (Spitzbühl) oder P2 (Compatsch) parken möchten. Dementsprechend wird Ihnen ein Parkschein ausgehändigt. Der Parkplatz P2 in Compatsch ist kostenpflichtig (Infos: Tourismusverein Seiser Alm, Tel. +39 0471 727904, seiseralm.it).

Stolze 56 Quadratkilometer misst die größte und wohl auch beeindruckendste Hochalm Europas. Auf einer Höhe zwischen 1680 und 2350 Metern über dem Meeresspiegel erstreckt sich ein einzigartiges Naturparadies, das seinesgleichen sucht. Begrenzt wird die Seiser Alm im Südosten durch den Schlern mit der Santner- und Euringerspitze. Weiter östlich befinden sich die Gipfel der Rosengartengruppe und die Rosszähne. Ganz im Osten prägen Lang- und Plattkofel das Bild der Seiser Alm.

Im Sommer laden Wanderwege mit einer Gesamtlänge von 350 Kilometern zum Eintauchen in die Natur. Wandern, Klettern, Biken, Paragliding, Reiten, Golfen, Schwimmen, Sonnen … alles, was das Herz begehrt, ist möglich. Im Winter finden Wintersportler 35 Kilometer geräumte Wanderwege, bestens präparierte Pisten zum Skifahren

sowie Loipen mit einer Gesamtlänge von 80 Kilometern zum Langlaufen. Die Alm und mit ihr der **Naturpark Schlern-Rosengarten** sind zudem für Skitouren, Winter- und Schneeschuhwanderungen ein echter Geheimtipp.
Die Seiser Alm und die umliegenden Dörfer **Kastelruth, Seis, Völs am Schlern** und **Tiers am Rosengarten** bieten unendlich viele Möglichkeiten, das ganze Jahr über in vollen Zügen zu genießen. Die bezaubernde Kulisse der Dolomiten kann hier mit all ihren Facetten und Reizen hautnah erlebt werden. Die **Kastelruther Spatzen**, die sieben Musiker, die seit vielen Jahren mit ihren Liedern und ihrer persönlichen Art Tausenden von Menschen viel Freude bereiten, sind besondere Botschafter des wunderschönen Schlerngebiets. In Kastelruth in der Dolomitenstraße 21 befindet sich der Spatzenladen mit Spatzenmuseum und Spatzen-Erlebniswelt (seiseralm-schlerngebiet.com).
Speziell zum Mountainbiken lädt die neue **Bike-Region Gröden/Seiser Alm**. 30 bestens beschilderte Mountainbike-Routen in Höhenlagen zwischen 700 und 2450 Metern und mit unterschiedlichen Schwierigkeitsgraden sowie ein 1000 Kilometer langes Tourennetz stehen zur Verfügung – alles mit Aussicht auf weltschönste Bergpanoramen (mtb-dolomites.com).

Tipp

GOSTNER SCHWAIGE

In der Gostner Schwaige auf der Seiser Alm kocht Franz Mulser mit viel Sinn für Qualität, Innovation und Tradition in einer kleinen idyllischen Almhütte. Die ist über den Fußweg Nr. 3 von der Seilbahnstation aus in einer halben Stunde zu erreichen (Tel. +39 347 8368154).

SCHLOSS PRÖSELS IN VÖLS

Erbaut um 1279 von den Herren von Völs, den Ministerialen der Bischöfe von Brixen, diente Schloss Prösels diesen viele Jahrhunderte als Stammschloss und Rückzugsort. Der bedeutendste Spross dieser Familie, Leonhard von Völs (1458–1530), viele Jahre lang Landeshauptmann an der Etsch und Burggraf von Tirol, erweiterte die Burg zu einer Schlossanlage, in der die Spätgotik mit der Renaissance um die Vorherrschaft streitet. Ausgestattet wurde die Anlage mit modernster Wehrtechnik und ganz nach dem Geschmack der Zeit Kaiser Maximilians I.

↑ Die größte Hochalm Europas
↓ Volksfeststimmung auf Schloss Prösels

Der Schlern mit Santner- und Euringerspitze

1981 erwarb das Kuratorium Schloss Prösels das Schloss, ließ es aufwendig renovieren und öffnete es dem Publikum. In den Sommermonaten kann das Schloss im Rahmen von Führungen besichtigt werden (Tel. +39 0471 601062, schloss-proesels.seiseralm.it).

LANDESHAUPTSTADT BOZEN

31 Kilometer lang ist die Strecke von der Seiser Alm über das Hochplateau von Seis und Völs hinab nach Bozen. In Bozen empfiehlt es sich, auf einem der ausgewiesenen Stellplätze für Wohnmobile zu parken und die Stadt mit den öffentlichen Verkehrsmitteln oder mit dem Fahrrad zu erkunden.

Bozen (italienisch Bolzano) ist die Landeshauptstadt Südtirols und Sitz der Landesregierung sowie des Landtags. Seit 1948 ist die Stadt überregionaler Messestandort, seit 1964 Bischofssitz der neu geschaffenen Diözese Bozen-Brixen, seit 1997 mit der Freien Universität Bozen auch Universitätsstadt.

Im Bozner Talkessel trifft von Nordwesten kommend das Etschtal auf das von Nordosten einmündende Eisacktal und das von Norden zulaufende Sarntal. Hier gabeln sich die Alpentransversalen der oberen Etschtal- und der Eisacktalfurche, welche über historische Handelswege zum Reschen- und zum Brennerpass führen und damit die Stadt seit jeher in den Mittelpunkt eines überregionalen Wegenetzes rückten.

Der Überlieferung nach wurde Bozen im Jahr 15 v. Chr. als römische Militärstation unter dem Namen »Pons Drusi« gegründet. Die spätere Stadt Bozen wurde um 1180 im Kontext der europäischen Stadtgründungswelle des 12. Jahrhunderts als planmäßige Marktsiedlung mit einer zentralen, von Lauben gesäumten Gasse und einem Marktplatz errichtet. Die im 12. Jahrhundert erbaute Laubengasse war die erste Straße Bozens und ist noch heute das Herz der Handelsstadt.

In Bozen mit dem Fahrrad unterwegs

Bozen
Waltherplatz
Dom
Lauben
Obstmarkt
Ötzi-Museum
Alte Grieser Pfarrkirche
Kloster
Muri Gries
Siegesdenkmal
Museion
Ritten
Durnholzer See, Sarntal

Die Zeit des italienischen Faschismus prägte die Stadt nachhaltig. Im Zuge des vom Regime geplanten Italianisierungsprogramms wuchs die Stadtbevölkerung durch einen massiv geförderten italienischsprachigen Zuzug erheblich an. Der neue Stadtplan veränderte ab 1935 das Erscheinungsbild Bozens radikal und dehnte es in Richtung Süden in die neuen Stadtteile und das Industriegebiet aus, wo es vorher nur Weinberge und Obstgärten gab. Ab den 1960er-Jahren erfuhr die vorwiegend vom Handel geprägte Stadt einen touristischen Aufschwung, der die Stadt bis heute kennzeichnet.

↑ Im Herzen von Bozen: Waltherplatz und Dom
↓ Einkaufen und Bummeln in den Bozner Lauben

DOM UND WALTHERPLATZ

Der **Waltherplatz** befindet sich im Zentrum von Bozen und gilt als die »gute Stube Bozens« und als gesellschaftliches Zentrum der Stadt. Seinen Namen verdankt er dem Dichter Walther von der Vogelweide, dem das von Heinrich Natter aus Laaser Marmor geschaffene Walther-Denkmal auf der Mitte des Platzes gewidmet ist.

Am südlichen Rand des Platzes steht der **Bozner Dom**, die Pfarrkirche der Stadt. Errichtet wurde die Kirche an der Stelle der ersten, im Jahr 1180 geweihten romanischen Pfarrkirche Maria Himmelfahrt. Mit dem Neubau der Kirche im spätgotischen Stil wurde um 1300 begonnen. Aus dem 14. Jahrhundert stammt das mit Skulpturen verzierte **Leitacher Törl** an der Nordseite, ein Seitenportal, wo der Weinausschank der Leitacher Bauern zu festgesetzten Terminen erfolgte.

DIE BOZNER LAUBEN

Die mittelalterlichen Lauben waren einst das wirtschaftliche Zentrum von Bozen. Und noch heute sind sie das beliebteste Freiluft-Einkaufszentrum im Herzen der Altstadt, die Shoppingmeile par excellence für Einheimische und Gäste.
Die Lauben wurden im ausgehenden 12. Jahrhundert als Straßenmarktanlage mit einem zentralen Getreidemarkt, dem heutigen Kornplatz, errichtet. Zu Messezeiten vermieteten die Bozner Kaufleute ihre Gewölbe an die Händler aus dem Norden und dem Süden. Die nördlichen Lauben waren bevorzugt den Kaufleuten aus dem Süden vorbehalten, die südlichen denen aus dem Norden. Daher stammen die früher verwendeten Bezeichnungen »welsche« und »teutsche« Lauben. Einen guten Eindruck über die Geschichte der Lauben vermittelt der unter dem Merkantilmuseum eingerichtete Rundgang durch das unterirdische Bozen oder ein Besuch in den beiden historischen Apotheken Madonna und Schwarzer Adler.

ZUM APERITIVO

In einer etwas versteckten Ecke Bozens herrscht rund um die Uhr reges Treiben. Vor allem im Viertel rund um den Obstmarkt hat sich ein buntes, unterhaltsames Leben

KULTUR

ÖTZI-MUSEUM

Nach einem Bummel über Bozens beliebten Obstmarkt darf ein Besuch im weltweit berühmten Ötzi-Museum, beim Mann aus dem Eis, in der angrenzenden Museumsstraße nicht fehlen. Die berühmte Gletschermumie hat hier ihre Heimat gefunden. Das Museum ist auch ein Ausstellungsort für Landesgeschichte von der Altsteinzeit bis zur Karolingerzeit und organisiert interessante Sonderausstellungen (Museumsstr. 43, Tel. +49 0471 320100, iceman.it).

entwickelt. Die Osteria Dai Carrettai in der Dr.-Streiter-Gasse 20b mit ihren wenigen Holztischen und ihrer besonderen Atmosphäre zieht Einheimische genauso an wie Gäste (Tel. +39 0471 970558).
Zwei Schritte weiter Richtung Obstmarkt gibt es in der Freiluftkneipe und Open-Air-Weinbar »Fischbänke« einiges Gedränge. Lebenskünstler Cobo mit seiner grauen Künstlermähne bedient an den Marmortheken im Freien, auf denen früher einmal Fisch gehandelt wurde, seine Gäste.
Eine beliebte Adresse direkt am angrenzenden Obstmarkt ist »Banco 11«. In ihrer einladenden kleinen Vinothek serviert die gebürtige Finnin Birgitta Puustinen ausgefallene Aperitifs und beste Weine in großer Auswahl – direkt an der Straße zwischen den belebten Marktständen (Obstplatz 11, Tel. +39 0471 922845).

IM EHEMALIGEN LUFTKURORT GRIES

Gries war bis 1925 eine eigene Gemeinde. Dann wurde der Luftkurort der Stadt Bozen einverleibt. Schmucke Villen, große Parks und Gärten prägen noch heute den besonderen Charme des Stadtviertels, dessen Zentrum der **Grieser Platz** mit dem Komplex der Benediktinerabtei Muri-Gries bildet.

Gemüsestände auf dem Bozner Obstmarkt

Die Benediktinerabtei Muri-Gries bei Bozen

Wenige Schritte vom Grieser Platz entfernt steht etwas versteckt die alte Grieser Pfarrkirche **Unsere Liebe Frau**. Ein Ort der Stille, der einen den Trubel der nahen Stadt völlig vergessen lässt. Der spätgotische Bau aus dem beginnenden 15. Jahrhundert überrascht mit zwei außergewöhnlichen Kunstschätzen: In der an die Südseite des gotischen Chores angebauten Erasmuskapelle steht der berühmte Flügelaltar von Michael Pacher. Dieser Marienkrönungsaltar, entstanden 1471 bis 1475, ist ein wahres Kleinod spätgotischer Schnitzkunst. Ein Juwel der romanischen Bildhauerkunst ist das romanische Holzkruzifix aus dem 13. Jahrhundert, das sogenannte Hepperger-Kreuz (Alte Grieser Pfarrkirche, Martin-Knoller-Str. 5, Tel. Pfarrbüro +39 0471 283089).
Dort, wo heute die alte Kirche steht, befand sich bereits in römischer Zeit eine Siedlung mit der Bezeichnung »Cheller«, die später den Namen »Gries« – von den Sandschwemmböden der Talfer – erhielt. Die Grafen von Bozen errichteten gegen Ende des 11. Jahrhunderts einen befestigten Stützpunkt an der heutigen Stelle des Klosters. Der Hauptturm der damaligen Burg dient noch heute als Glockenturm der Kirche.

Tipp

SÜDTIROLER SCHMANKERL

Direkt am Grieser Platz nahe der Bozener Altstadt lädt das Hotel Post mit seiner bodenständigen, gutbürgerlichen Südtiroler Küchentradition zur Einkehr (Freiheitsstr. 117, Tel. +39 0471 279000, hotel-post-gries.com).

1407 zogen Augustiner-Chorherren in die Burganlage und bauten sie zum Kloster um. 1788 wurde die neue barocke Stiftskirche gebaut und 1845 schlug die Geburtsstunde von **Muri-Gries**: Die aus ihrem Kloster Muri im Schweizer Kanton Aargau vertriebenen Benediktiner zogen in das Grieser Kloster ein (Benediktinerkloster Muri-Gries, Grieser Platz 21, Tel. +39 0471 282287, muri-gries.it).

EINE STADT, ZWEI DIKTATUREN

Das Bozner **Siegesdenkmal** am Siegesplatz nahe der Talferbrücke sorgte immer wieder für Auseinandersetzungen zwischen Teilen der italienischsprachigen und der deutschen Bevölkerung Südtirols. Für die einen emotionsgeladenes Symbol der eigenen Identität, bleibt das Denkmal für so manche ein unerwünschtes faschistisches Relikt.
»BZ '18–'45: ein Denkmal, eine Stadt, zwei Diktaturen«, heißt die im Juli 2014 eröffnete **Dokumentations-Ausstellung** im Siegesdenkmal. Sie versucht, Brücken zu bauen und neue Wege der gemeinsamen Geschichtsbewältigung zu gehen. In 15 unterirdischen Räumlichkeiten wird die Geschichte Bozens von 1918 bis 1945 sowie die Geschichte des umstrittenen Denkmals dokumentiert. Die Ausstellung thematisiert die Folgen des Ersten Weltkriegs für Südtirol, den italienischen Faschismus und die Zeit der nationalsozialistischen Besetzung, die Option ab 1939 sowie die Dramatik des Zweiten Weltkriegs.
Das Siegesdenkmal wurde am 12. Juli 1928 eingeweiht. Der Architekt des Denkmals, Marcello Piacentini, war eine der prägenden Gestalten der italienischen Architektur in der ersten Hälfte des 20. Jahrhunderts. Das Denkmal ist neben dem von Hans Piffrader gemeißelten Fries auf dem Bozner Gerichtsplatz eines der bedeutendsten Monumente aus der Zeit des Faschismus in Südtirol, ein Symbol der Italianität sowie ein Denkmal für die italienischen Toten des Ersten Weltkriegs (siegesdenkmal.com).

SÜDTIROLER LAGREIN

Der Lagrein ist die älteste autochthone Rebsorte Südtirols und wird seit über 600 Jahren in und rund um Bozen angebaut. Bereits Kaiser Karl IV. erwähnte in seiner Weinordnung um 1370 den »Lagreiner« als einen der »pesten Poczner« (Bozner) Weine. Am besten gedeiht der vollmundige und farbstoffreiche Lagrein in den warmen Ebenen in und um den Bozner Ortsteil Gries, auf den

Das Siegesdenkmal hinter den Talferwiesen

tiefgründigen und gut durchlüfteten Geröll- und Schuttböden von Talfer und Eisack. Den Lagrein gibt es heute in zwei verschiedenen Interpretationen auf dem Markt: als Südtiroler Lagrein und als Südtiroler Lagrein Rosé. Lagrein-Produzenten der Umgebung sind die Kellerei Bozen (kellereibozen.com), die Klosterkellerei Muri-Gries (muri-gries.com), Ansitz Waldgries (waldgries.it) sowie das Weingut Erbhof Unterganzner (mayr-unterganzner.it).

IM ÄLTESTEN WIRTSHAUS VON BOZEN

Vom Buschenschank zur Künstlerkneipe und zum Wirtshaus mit Biermanufaktur: Die Geschichte des ältesten Wirtshauses von Bozen beginnt vor über 600 Jahren als Wirtshausschänke. 1756 wird der Name **Batzenhäusl** erstmals urkundlich erwähnt: Das Maß Wein kostete damals einen Batzen (vier Kreuzer).

1882 richteten die Besitzer im Obergeschoss des Batzenhäusls das Künstlerstübele ein. Die Stuben wurden zum geselligen Zentrum und zum Zechraum des Bozner Bürgertums und schon bald traf sich hier auch die Künstlerzunft. Anerkannte Maler wie Franz Defregger und später Albin Egger-Lienz trugen dazu bei und legten den Grundstock für eine großartige Gemäldesammlung. Heute erlebt das Batzenhäusl als Wirtshaus mit Biermanufaktur eine neue Blütezeit (Andreas-Hofer-Str. 30, Tel. +39 0471 050950, batzen.it).

VON BOZEN AUF DEN RITTEN

Eine 4,56 Kilometer lange Seilschwebebahn, die erste Dreiseil-Umlaufbahn Italiens und ein weltweites Vorzeige-Verkehrsmittel, verbindet Bozen mit dem 1200 Meter hoch gelegenen **Oberbozen**, dem traditionellen Sommerfrischeort der wohlhabenden Bozner. Die Bahn transportiert in acht Kabinen je 30 Personen in zwölf Minuten hinauf auf

Blick über den Finsterbach mit Erdpyramiden

KULTUR

BOZENS MUSEION

Das 1985 gegründete Museion ist das Museum für moderne und zeitgenössische Kunst in Bozen. Der neue Sitz des Museums am Piero-Siena-Platz wurde nach dem Entwurf des Berliner Architekturbüros KSV erbaut. Das Gebäude in Form eines Kubus ist 54 Meter lang, 25 Meter hoch und 23 Meter breit. Die transparenten Stirnseiten sind Schaufenster zur Stadt und in die Landschaft. Symbolisch sollen sie die Altstadt mit der Neustadt verbinden und architektonisch die Integration des Museion als bedeutendes Element in die Stadt zum Ausdruck bringen (museion.it).

Museum für moderne und zeitgenössische Kunst in Bozen

das Hochplateau, und dies im Vier-Minuten-Takt von 6.30 bis 21 Uhr.
In Oberbozen ist die Reise aber noch nicht zu Ende: Dort wartet die letzte noch funktionierende historische Schmalspurbahn aus dem Jahr 1907 und führt die Reisenden durch eine traumhafte Landschaft mit Panoramablick bis nach **Klobenstein**. Wanderer zieht es dann mit der Rittner-Horn-Seilbahn von Pemmern (erreichbar mit dem Bus 166 ab Klobenstein) hinauf auf die Schwarzseespitze. Von dort kommt man in einer guten Stunde zu Fuß auf das 2260 Meter hohe **Rittner Horn**, den Hausberg der Rittner und einen der schönsten Aussichtspunkte der Alpen: mit sagenhaftem 360-Grad-Rundumblick von den Dolomiten zur Ortlergruppe bis hin zur Zugspitze. »Wer Tirol mit einem Blick will übersehen, der besteige diese Höhen«, so beschrieb der Alpinist Ludwig Purtscheller im 19. Jahrhundert das Panorama vom Rittner Horn aus.
Das Wahrzeichen der Gemeinde Ritten, die **Erdpyramiden**, findet man gleich an mehreren Stellen am Hochplateau. Die markanten Erdsäulen mit einer Höhe von 10 bis 15 Metern und einem Deckstein auf der Spitze, der den darunterliegenden Lehm vor Feuchtigkeit schützt und ihn hart hält, haben sich im Laufe der Zeit durch Erosion gebildet (Tourismusverein Ritten, Dorfstr. 5, 39054 Klobenstein/Ritten, Tel. +39 0471 356100, ritten.com).

INS SARNTAL ZUM DURNHOLZER SEE

Nördlich von Bozen geht es durch die wilde Sarner Schlucht ins Sarntal, das auf 45 Kilometern von Bozen bis auf das 2211 Meter

↑ Märchenhaft: der Durnholzersee
↓ Schloss Runkelstein: Burg über Bozen

hohe Penser Joch reicht. Das in Nord-Süd-Richtung von der Talfer durchflossene Tal wird zur Gänze von den Sarntaler Alpen umschlossen. Die Gemeinde Sarnthein nimmt das ganze Tal ein und ist mit ihren vielen Ortsteilen, Weilern und Hofgruppen die flächenmäßig größte Gemeinde in Südtirol.

Bekannt ist das Sarntal für sein Brauchtum und seine Traditionen, die im Alltagsleben noch lebendig und stark verwurzelt sind. Besonders stolz sind die Sarnerinnen und Sarner auf ihre Trachten mit den prächtigen Federkielstickereien. Beliebt sind die verschiedensten Produkte aus den heimischen Latschen.

Wir fahren durchs Tal bis Astfeld und zweigen dort nach rechts ins Durnholzer Tal ab. Den Abschluss des 13 Kilometer langen Tals bildet der idyllisch gelegene **Durnholzer See**, in dessen klarem, grün-blauem Wasser sich die umliegenden Bergspitzen und Wälder spiegeln. Direkt bis zum See kommt man mit dem Auto aber nicht. Gott sei Dank. Das kleine Durnholz hat sich zur autofreien Zone erklärt. Vor der Ortschaft muss der gebührenpflichtige Parkplatz benutzt werden, von dort aus sind es nur wenige Hundert Meter bis zum See und zum Dorf.

Durnholz ist mit 300 Einwohnern eine der 27 Fraktionen der Gemeinde Sarntal. Das Hochtal wurde erst im späten Mittelalter gerodet und besiedelt, wahrscheinlich zwischen 1000 und 1200. Auf das Jahr 1237 geht die erste urkundliche Erwähnung der Ortschaft zurück: Durrenholz. Die Kirche, die Schule, ein Gasthaus und einige Bauernhöfe bilden den Ortskern. Die Kirche St. Nikolaus mit ihren sehenswerten Fresken aus dem 15. Jahrhundert wurde um 1400 erbaut.

Der Durnholzer See liegt ganz idyllisch zwischen Almwiesen und Wäldern auf 1540 Meter Meereshöhe. Er hat die Form eines Dreiecks und ist 900 Meter lang, 350 Meter breit und bis zu 13 Meter tief – ein Paradies für die heimischen Regenbogenforellen und für die Fischer, die hier in den Sommermonaten ihr Glück versuchen. Zum Baden ist der See leider zu kalt. Nur besonders Wagemutige trauen sich deshalb ins Wasser. In den Wintermonaten wird der See von einer dicken Eisschicht bedeckt und lädt zum Schlittschuhlaufen, zum Skilanglauf und zu Pferdeschlittenfahrten. Besonders einladend, und zwar zu jeder Jahreszeit, ist eine Umrundung des Sees. In knapp einer Stunde kann man gemütlich am Ufer entlang um den See wandern und die Naturschönheiten am Rande des Sees in aller Ruhe genießen (Tourismusverein Sarntal, Kirchplatz 9, 39058 Sarnthein, Tel. +39 0471 623091, sarntal.com).

PRAKTISCHE HINWEISE

TOURISTINFORMATIONEN

Tourist Info Sterzing
Stadtplatz 3,
39049 Sterzing,
Tel. +39 0472 765325,
sterzing.com

Brixen Tourismus
Regensburger Allee 9,
39042 Brixen,
Tel. +39 0472 275252,
brixen.org

Tourismusverband Eisacktal
Großer Graben 26a,
39042 Brixen,
Tel. +39 0472 802232,
eisacktal.com

Tourismusgenossenschaft Klausen
Marktplatz 1,
39043 Klausen,
Tel. +39 0472 847424,
klausen.it

Tourismusverband Seiser Alm
Dorfstr. 15,
39050 Völs am Schlern,
Tel. +39 0471 709600,
seiseralm.it

Verkehrsamt der Stadt Bozen
Südtiroler Str. 60,
39100 Bozen,
Tel.+39 0471/307000,
bolzano-bozen.it

STELL- UND CAMPINGPLÄTZE

S 100 **Autohof Sadobre** (S. 184 C3)
Reifenstein 7, 39049 Freienfeld, Tel. +39 0472 771224, sadobre.it
GPS: 46.88066, 11.43457
Der Autohof Sadobre liegt in unmittelbarer Nähe zur Autobahn-Mautstelle Sterzing und ist mit einer Tankstelle und einer Servicestruktur für Fernfahrer und Reisende mit Bar, Restaurant, Pizzeria, Duschen, Übernachtungsmöglichkeiten, Shop usw. ausgestattet.

C 101 **Camping Löwenhof** (S. 185 E5)
Löwenviertel/Brennerstr. 60, 39040 Vahrn,
Tel. +39 0472 836216,
loewenhof.it
GPS: 46.73491, 11.64787
Campingplatz in idealer Lage, nur zehn Minuten von der Autobahnausfahrt entfernt, am Eingang zur ehemaligen Bischofsstadt Brixen. Stellplätze mit 65 m², Komfort-Stellplätze mit 80 m² sowie Rastplätze mit 35 m² stehen zur Verfügung – mit freier Nutzung der Sanitäranlagen und des beheizten Freibades (1.05.–30.09.) mit separatem Kinderbecken. Das Hotel Löwenhof grenzt an den Campingplatz. Die Camping-Gäste können sämtliche Hotelleistungen in Anspruch nehmen. À-la-carte-Restaurant und Pizzeria mit Holzofen gleich nebenan. Bushaltestelle vor dem Campingplatz.

C 102 **Camping Vahrner See** (S. 184 D5)
Vahrner-See-Weg 6,
39040 Vahrn,
Tel. +39 0472 832169,
camping-vahrner-see.com
GPS: 46.76124, 11.63437
In idyllischer Lage, unmittelbar am Vahrner See, befindet sich der Gasthof Zum Vahrner See mit Campingplatz – 3 km vom Ortszentrum von Vahrn und 7 km von Brixen entfernt. Der Platz ist auch für Familien mit Kindern gut geeignet. Ein Kinderspielplatz im Grünen und so gut wie kein Verkehr rund um den Campingplatz sind dabei die Pluspunkte. In nächster Nähe gibt es zahlreiche Wandermöglichkeiten durch Wald und Flur, Radfahrwege und die Möglichkeit zum Schwimmen im hauseigenen Badesee.

Idealer Campingplatz für Durchreisende: Hotel und Campingplatz Ansitz Gamp in Klausen

C 103 **Camping Ansitz Gamp** (S. 190 A2)
Griesbruck 10, 39043 Klausen, Tel. +39 0472 847425, camping-gamp.com
GPS: 46.64136, 11.57311
Camping Ansitz Gamp befindet sich in Klausen auf der Strecke zwischen Brixen und Bozen entlang der Brennerroute. Eine ideale Übernachtungsmöglichkeit nicht nur für einen Urlaub, sondern auch für Wohnmobile auf der Durchreise nach Italien. Die Wohnmobilstellplätze sind mit Strom, Wasser- und SAT-TV-Anschluss sowie mit einer Entsorgungsstation ausgestattet und sind zu jeder Jahreszeit und bei jedem Wetter bestens befahrbar. Wer mehr Komfort bevorzugt und auch die Sanitäreinrichtungen benutzen möchte, der kann im Campingplatz übernachten. Die Altstadt von Klausen liegt nur wenige Gehminuten entfernt.

C 104 **Camping Seiser Alm** (S. 189 H2)
Dolomitenweg 10,
39050 Völs am Schlern,
Tel. +39 0471 706459,
camping-seiseralm.com
GPS: 46.53285, 11.53277
Ein Vier-Sterne-Campingplatz inmitten der malerischen Naturlandschaft des Naturparks Schlern-Rosengarten mit Komfortstellplätzen für Caravans und Wohnmobile in verschiedenen Größen, mit Anschluss von Zu- und Abwasser, TV, Gas und Strom (16A). Gaumenfreuden und Genuss bietet das Abendrestaurant Zur Quelle. In der Nähe liegen der Natur-Badesee Völser Weiher, ein Golfplatz und das Wander- und Skikarussell der Seiser Alm. Alle Attraktionen sind unmittelbar auch ohne Auto zu erreichen.

C 105 **Camping Moosbauer** (S. 189 F3)
Meraner Str. 101 (Zufahrt),
39100 Bozen,
Tel +39 0471 918492,
moosbauer.com
GPS: 46.50361, 11.29963
Der von Weinbergen umgebene Traditionsplatz gilt seit 1957 als erste Adresse, um Bozen und seine Umgebung

zu erkunden. Die Inhaber Mia und Klaus Egger führen den Platz bereits in dritter Generation. Die gesamte Anlage ist zertifiziert und zu 100 Prozent klimaneutral ausgerichtet. Für Liner bis 9,5 m Länge gibt es vier Superior-Plätze mit bis zu 130 m², noch größer sind die vier De-luxe-Plätze mit modernem Privatbad. Alle Plätze sind durch Hecken getrennt, mit Strom, Sat-TV sowie Frisch- und Abwasser ausgestattet, schnelles WLAN ist überall verfügbar.

STELLPLÄTZE IN BOZEN

S 106 **Parking Drusus-Stadion** (S. 189 F3)
Viale Trieste 19, 39100 Bozen
GPS: 46.493278, 11.345367
1 km bis ins Zentrum. Bei einigen Veranstaltungen ist das Parken nicht gestattet.

S 107 **Serviceplaats Bolzano** (S. 189 F3)
Via Bruno Buozzi,
39100 Bozen
GPS: 46.47418, 11.32602
3 km bis ins Zentrum. Entsorgungsplatz mit verständlicher Symbolik und Erklärung. Übernachtung verboten.

S 108 **Area Servizio** (S. 189 F3)
Via Maso della Pieve,
39100 Bozen
GPS: 46.47329, 11.33736
Wohnmobilstellplatz am Rande der Stadt – für die Durchreise.

↑ Vier-Sterne-Camping Seiser Alm
↓ Traditionsplatz Camping Moosbauer

An der Burgruine Mühlbacher Klause beginnt der schöne Pustertaler Radweg.

2

DURCH DAS PUSTERTAL

Von Brixen nach Sexten

Das Pustertal beginnt bei der Mühlbacher Klause im Westen, geht bis zur italienisch-österreichischen Staatsgrenze bei Winnebach im Osten und dann über die Landesgrenzen Südtirols hinaus bis zur Lienzer Klause in Osttirol. Sanfte Wiesen, Wälder und sonnendurchflutete Hochplateaus kennzeichnen das untere Pustertal. Das Hochpustertal ist für die schroffen Spitzen der Dolomiten bekannt: allen voran natürlich die Drei Zinnen.

Die Anreise erfolgt über die Brennerautobahn A22. 38 Kilometer südlich vom Brenner geht es bei der Ausfahrt Brixen raus auf die Landesstraße 49 in Richtung Pustertal. Nach wenigen Kilometern, gleich in der ersten Ortschaft Mühlbach, lohnt sich ein Abstecher nach Rodeneck.

MÜHLBACH/RODENECK

Hoch über der Rienzschlucht am Eingang des Pustertals erhebt sich das **Schloss Rodenegg**, eine der größten und mächtigsten Wehrburgen ihrer Zeit. Die Burg wurde nie eingenommen und besticht durch kraftvolle Schönheit. Hauptattraktion sind die ältesten profanen Wandmalereien im deutschen Sprachraum.

Friedrich I. von Rodank erbaute die Burg im Jahre 1140 in einer strategisch einmaligen Lage. Immer noch ist die Burg nur über eine Brücke erreichbar. Wuchtige Mauern mit Türmen und Zinnen vermitteln dem Besucher sofort das Bild einer »echten« Ritterburg mit allem Drum und Dran. Im 16. Jahrhundert wurde die Burg von der Familie des bekannten Minnesängers Oswald von Wolkenstein vergrößert und zu einem prächtigen Ansitz erweitert. Noch heute ist die Burg im Besitz der Nachkommen des Minnesängers – und bewohnt. Die wichtigsten Teile der Burg sind zur Besichtigung mit Führung zugänglich. Die Vielzahl der Räume überrascht, die Möbel aus der Zeit der Spätrenaissance sind gut erhalten.

Schloss Rodenegg im Pustertal

Besonders sehenswert sind die Burgkapelle zum heiligen Michael, der Waffensaal, der beeindruckende Schlossgarten auf dem Felsvorsprung und das sogenannte Lauterfresserloch. In diesem engen Felsverlies wurde einst der angebliche Hexer Mathias Perger – wegen seiner Vorliebe für »Lauteres«, für Flüssiges, »Lauterfresser« genannt – gefangen gehalten. 1645 wurde ihm auf Schloss Rodenegg ein spektakulärer Prozess gemacht. Daraufhin wurde er in Mühlbach auf dem Scheiterhaufen hingerichtet.

Die Hauptattraktion auf Schloss Rodenegg ist der erst 1972 entdeckte und freigelegte Freskenzyklus von Hartmann von Aue. Die Wandbilder in der Trinkstube des Palais sind

ROUTE 2

START- UND ENDPUNKT
Franzensfeste/ Brixen und Sexten

STRECKEN
überwiegend Landes- und Staatsstraßen

STRECKENLÄNGE
ca. 180 bis 200 km

REISEDAUER
5 bis 7 Tage

BESTE JAHRESZEIT
ganzjährig

Start Brixen/ Franzensfeste (Ausfahrt A22)

10 km

Mühlbach/ Rodeneck

Schloss Rodenegg
Rodenecker-Lüsner Alm

28 km (Landesstraße 49)

41 km (Pustertaler Sonnenstraße)

Bruneck

die frühesten profanen Wandmalereien im gesamten deutschsprachigen Raum. Entstanden zwischen 1200 und 1220, erzählen sie in elf Bildern das Iwein-Epos, die Sage eines der zwölf Ritter der Tafelrunde am Hofe von König Artus (Schloss Rodenegg, Vill 1, 39037 Rodeneck, Tel. +39 391 7489492, rodenegg.it – vom 1. Mai bis 15. Oktober geöffnet).

Rodeneck selbst ist ein 1200-Seelen-Dorf in sonnenverwöhnter Lage in der Ski- und Almenregion Gitschberg Jochtal. Das nahe Almgebiet **Rodenecker und Lüsner Alm** ist ein Paradies für Wanderer. Die 2300 Hektar große Hochalm bietet zahlreiche kinderwagentaugliche Wanderwege und gemütliche Almhütten mit Spielmöglichkeiten.

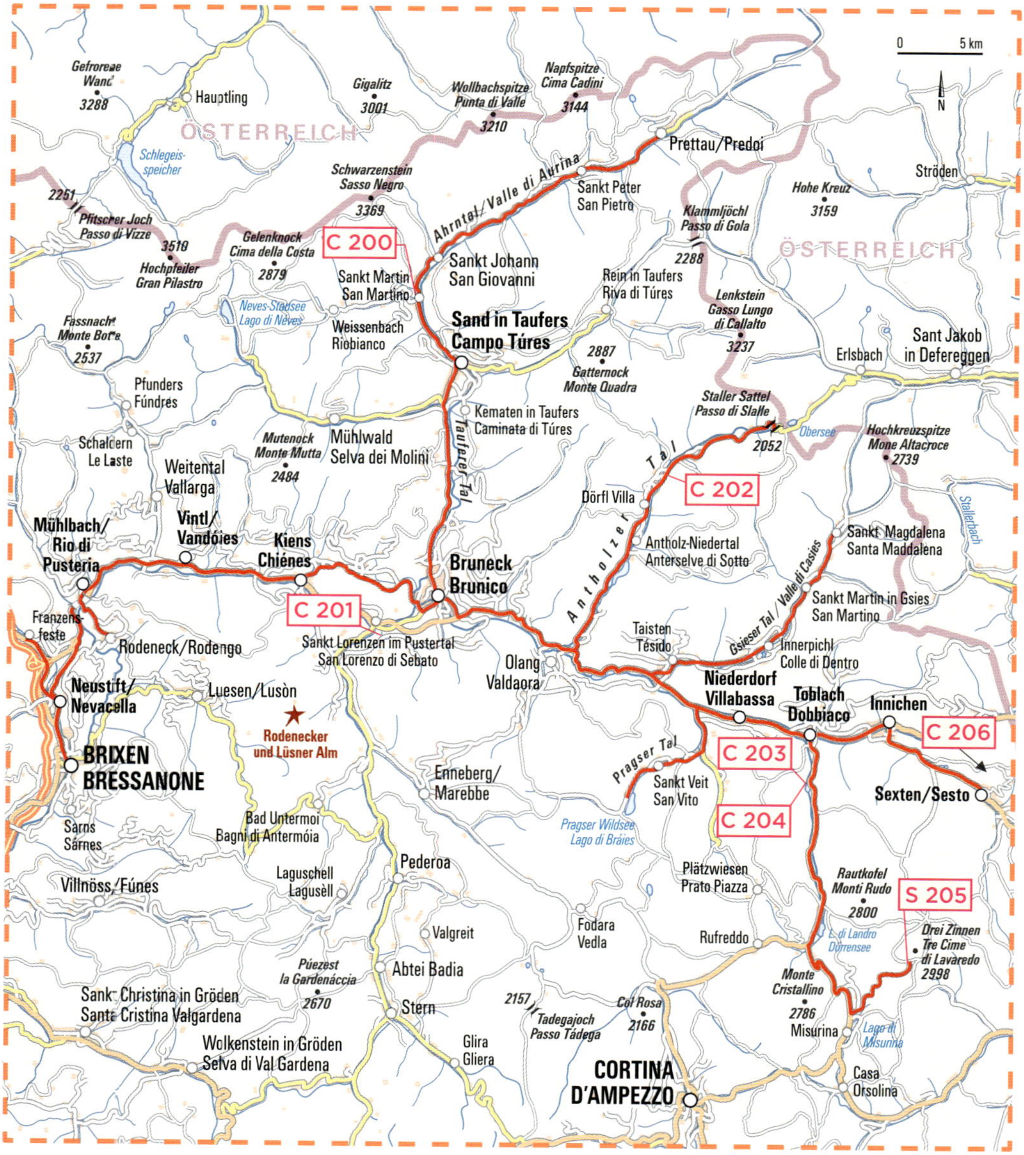

Das untere Pustertal umfasst die Gemeinden Mühlbach mit Vals, Meransen und Spinges sowie die Gemeinde Vintl mit Obervintl, Niedervintl, Weitental und das urige Pfunderertal.

SCHMUCKES BRUNECK

Um in den Pustertaler Hauptort Bruneck zu gelangen, gibt es zwei Möglichkeiten: Entweder fahren wir die knapp 30 Kilometer direkt über die Pustertaler Landesstraße 49. Auf der Strecke lohnt sich ein Besuch in der **Lodenwelt Vintl**. Von der Wolle bis zum Mantel – das Lodenmuseum gibt Aufschluss über die Entstehung des hochwertigen Lodenstoffes. Auf dem Areal befinden sich neben der Loden-Erlebniswelt verschiedene Geschäfte, die Feinkäserei Capriz und das Restaurant Lodenwirt (Pustertalerstr. 1, 39030 Vintl, lodenwirt.com).
Der zweite Weg führt auf 41 Kilometern über die idyllische **Pustertaler Sonnenstraße** am Fuße der südlichen Pfunderer Berge nach Bruneck. Dafür biegen wir im Ortszentrum von Vintl nach links auf die Sonnenstraße nach Terenten ab. In Terenten und Pfalzen laden alte Streusiedlungen sowie die beeindruckenden Erdpyramiden zu ausgedehnten Spaziergängen. Am **Terner Mühlen-Lehrpfad** unweit vom Dorfzentrum können alte Radmühlen besichtigt werden. Pfalzen mit seinen mehr als 2000 Sonnenstunden im Jahr bietet einen herrlichen Ausblick auf die Dolomiten.
Die Kleinstadt **Bruneck** mit ihren 17 000 Einwohnern ist der geografische, kulturelle und wirtschaftliche Mittelpunkt des Pustertals. Die Stadt mit ihren Ortsteilen Reischach, St. Georgen, Stegen, Aufhofen, Dietenheim, Luns und Amaten liegt 835 Meter hoch mitten in einem weiten

↑ Einkaufen in der Stadtgasse in Bruneck
↓ Die Rienz fließt direkt an Bruneck vorbei.

Bruneck
Altstadt mit Stadtgasse
Kronplatz
Friedensglocke
Concordia
Reinhold Messners MMM-Bergmuseen
Museum of Mountain Photography
Lumen
Volkskundemuseum in Dietenheim
15 km (bis Sand in Taufers)
38 km (bis Prettau)
Tauferer Ahrntal

AUSFLUG

DOLORAMA-WEG

Durch die herrliche Landschaft der Rodenecker und Lüsner Alm verläuft die erste Etappe des Dolorama-Wegs, ein 61 Kilometer langer und 2356 Höhenmeter umfassender Weitwanderweg.
Er wird als mittelschwer eingestuft und führt in vier Etappen um den Peitlerkofel, am Fuß der Geislergruppe entlang und über die Raschötz bis nach Lajen (dolorama.it).

↑ Die Friedensglocke Concordia 2000 ziert den höchsten Punkt am Kronplatz.
↓ Der Skiberg Kronplatz bietet mehr als 100 km gut präparierte Pisten.

Tipp

FEINES IN DER STADTGASSE

Auf eine spannende Entdeckungsreise durch die Welt des gepflegten Trinkens und der kulinarischen Spezialitäten lädt das Feinkostgeschäft Harpf in der Brunecker Stadtgasse 53A (Tel. +39 0474 537131, harpf.it). Ein einzigartiges Wohlfühlerlebnis – feinste Pralinen und edle Blumenarrangements in anregendem Ambiente – bietet Acherer Patisserie.Blumen in der Stadtgasse 8 (Tel. +39 0474 410030, acherer.com).

Talbecken, umrahmt von den Gletschern der Zillertaler Alpen im Norden und den Gipfeln der Dolomiten im Süden.

Die Stadt wurde 1256 erstmals urkundlich erwähnt. In dieser Zeit erbaute der Brixner Bischof Graf Bruno von Bullenstätten und Kirchberg auf dem Schlossberg eine Burg und legte damit den Grundstein für die Stadt, die durch lebhaften Handel schon bald zum wirtschaftlichen Mittelpunkt des Tals wurde. Noch heute zählt die malerische **Stadtgasse** mit ihren stolzen Bürgerhäusern aus dem 15. Jahrhundert zu den schönsten Einkaufsstraßen Südtirols. Ein Bummel durch die Altstadt mit ihren farbenfrohen Fassaden und schmucken Geschäften gehört in Bruneck zum Pflichtprogramm, ebenso wie ein Kaffee oder ein Aperitif auf dem modern gestalteten Rathausplatz.

Die Lebenswelt der ländlichen Bevölkerung in vergangenen Zeiten – vom Landadeligen über den sich selbst versorgenden Bauern bis zum Tagelöhner und Handwerker – stellt das **Volkskundemuseum in Dietenheim** bei Bruneck vor. Das Freigelände mit alten originalen Bauernhäusern, Handwerksstätten, Bauerngärten und Haustieren lädt zum Verweilen ein und erzählt vom einst harten Alltag (Herzog-Diet-Str. 24, 39031 Dietenheim/Bruneck, Tel. +39 0474 552087, volkskundemuseum.it).

AUF DEN KRONPLATZ

Über der Stadt thront Brunecks 2275 Meter hoher Hausberg, der Kronplatz. Südtirols bekanntestes Skigebiet lädt mit 119 Pistenkilometern und 32 Aufstiegsanlagen zu grenzenlosem Skierlebnis. Der sanft abfallende Berg zwischen Bruneck, St. Vigil und Olang gilt mit seinen breiten, fast baumlosen Hängen zu den Top-Wintersportdestinationen in den Dolomiten.

Der Kronplatz ist aber auch im Sommer beliebtes Ausflugsziel für Familien, Wanderer, Biker, Genießer und Kultur-Begeisterte. Eine besondere Attraktion ist der **Nature.Fitness.Park.Kronplatz-Dolomiti**, der größte Nordic-Walking-Park in Europa mit Parcours verschiedenster Schwierigkeitsgrade (kronplatz.com).

Die Friedensglocke **Concordia 2000** am Gipfel des Kronplatzes ist mit 18,1 Tonnen eine der größten im Alpenraum. Sie läutet immer mittags mit dem Wunsch »Donet deus populis pacem – Gott schenke den Völkern Frieden«. Der schlanke Glockenturm mit der feinen Spitze wurde auf einer elf Meter breiten Panoramaplattform errichtet. Von hier aus bietet sich eine herrliche Aussicht auf Bruneck und seine Bergwelt.

MESSNERS MMM-BERGMUSEEN

Mit seinen insgesamt sechs über das Land verteilten Bergmuseen hat Bergsteigerlegende Reinhold Messner wichtige Begegnungsstätten geschaffen und ein wesentliches Kapitel der Berg-Kulturgeschichte mitgeschrieben.

Auf Schloss Bruneck zeigt das **MMM Ripa** eine Ausstellung zum Thema »Bergvölker

Mongolische Jurte als Ausstellungsstück im MMM Ripa auf Schloss Bruneck

der Welt«. 2015 kam das Messner Mountain Museum **MMM Corones** auf dem Kronplatz, das höchstgelegene Museum Europas, hinzu. Hier geht es um die großen Wände, den traditionellen Alpinismus und das Leben der Bergsteiger – veranschaulicht anhand von Sammlungen, Kletterausrüstungen und persönlichen Gegenständen, die Reinhold Messner in seinem Leben als Grenzgänger gesammelt hat. In Zusammenarbeit mit der weltbekannten Stararchitektin Zaha Hadid hat Reinhold Messner hier sein innovativstes Museum geschaffen. »Das Besondere an diesem Museum ist die Kombination aus Lage, Aussicht und Architektur«, freut sich Reinhold Messner.

Im **LUMEN – Museum of Mountain Photography** am Kronplatz hat die Bergfotografie ein Zuhause gefunden (Infos: messner-mountain-museum.it, lumenmuseum.it).

TAL DER DREITAUSENDER

Das **Tauferer Ahrntal** ist ein Seitental des Pustertals und zweigt in Bruneck vom Haupttal in Richtung Norden ab. Das Tal setzt sich aus dem Tauferer Tal, von Bruneck bis nach Sand in Taufers, und dem Ahrntal, das bis zum Talschluss bei Kasern in Prettau reicht, zusammen. Im urigen Tal gehören alte Handwerkstraditionen wie das Klöppeln oder Schnitzen noch zur unverwechselbaren Ahrntaler Lebensart.

Das Gebiet der Gemeinden Sand in Taufers, Ahrntal und Prettau reicht von 838 bis auf 3436 Höhenmeter. Insgesamt an die 80 Dreitausender umrahmen das Tal an der sonnigen Südseite der Zillertaler Alpen wie ein mächtiger Schutzwall. 70 Prozent des Gemeindegebiets stehen mit dem 31 500 Hektar großen, länderübergreifenden **Naturpark Rieserferner-Ahrn** unter besonderem

AUSFLUG

PER BIKE INS TAUFERER AHRNTAL

Der schöne Radweg von Bruneck ins Tauferer Ahrntal bis nach Sand in Taufers verläuft weitgehend eben durch Wiesen und Felder und ist gut ausgeschildert. Die 17,5 Kilometer lange Tour beginnt in Bruneck am Kapuziner Platz Richtung St. Georgen und führt dann auf einem ruhigen Feldweg nach Gais. Vorbei am Badeteich Goasinga Locke geht es entlang der Ahr nach Uttenheim, Kematen und nach Sand in Taufers. Für die Fahrt benötigt man eine knappe Stunde.

Schutz. Hier gibt es zahlreiche Naturschönheiten wie die Reinbach- und die Schwarzbach-Wasserfälle, den Klaussee, zahlreiche Almen, Berggipfel und Schutzhütten zu entdecken und zu erwandern. Abenteuerlustige locken Rafting-Ausflüge auf der Ahr, Paragliding, Berg- und Bike-Touren, wer nur Erholung sucht, erfrischt sich in Sands Naturbadeteich in Taufers.

Tauferer Ahrntal
Burg Taufers
Reinbach Wasserfälle
Naturparkhaus Riesenferner-Ahrn
Sand in Taufers
Krippenmuseum Maranatha
Bergbaumuseum Kornkasten Steinhaus
Bergwerk Prettau
Wallfahrtskirche zum Heiligen Geist, Kasern/Prettau
Bruneck

SAND IN TAUFERS

Sand in Taufers ist mit über 5000 Einwohnern das Zentrum des Tauferer Ahrntals. Die Marktgemeinde umfasst die Ortschaften Rein in Taufers, Kematen, Mühlen in Taufers, Ahornach und den Hauptort Sand. Sand in Taufers punktet das ganze Jahr hindurch mit spannenden Veranstaltungen und Events. Die **Tauferer Straßenküche** findet in den Monaten Juli und August statt. Sie ist ein echter Publikumsmagnet und verwöhnt

Die mächtige Burganlage von Schloss Taufers im Ahrntal

die Besucher mit kulinarischen Köstlichkeiten. Beliebt sind auch der **Almabtrieb in Rein** oder der **Tauferer Advent** im Hauptort Sand in Taufers. Internationales Publikum zieht das große **Käsefestival** an, das im Zwei-Jahres-Rhythmus stattfindet.
Überragt wird Sand in Taufers von der mittelalterlichen **Burg Taufers**, einer der mächtigsten Anlagen des Landes. Die Burg wurde zu Beginn des 13. Jahrhunderts auf einem Felsvorsprung nördlich des Dorfes errichtet. Sie besteht aus 64 Räumen, einem Burggarten, Innenhof, Bergfried und Eiskeller. Im Innenhof findet man eine Ritterschänke, in der Südtiroler Spezialitäten angeboten werden. Burg Taufers ist in zehn Minuten von Sand in Taufers aus zu Fuß erreichbar (Tel. +39 0474 678053, burgeninstitut.com).
Wer mehr über die umgebende Natur wissen will, erfährt im **Naturparkhaus Rieserferner-Ahrn** in Sand in Taufers allerhand über Berge, Schutzhütten und Seen im Naturpark. Immer wieder werden Kindernachmittage und Familienwanderungen veranstaltet. Motto sind die »Grenzen der Natur und die Grenzen des Menschen« (Rathausplatz 9, Tel. +39 0474 677546, naturparks.provinz.bz.it).

↑ Das Schaubergwerk Prettau
↓ Die Reinbach-Wasserfälle bei Sand in Taufers

AHRNTAL, HEIMAT DER SCHNITZKUNST

Das Ahrntal umfasst als Gemeinde die Fraktionen Luttach, Steinhaus, St. Jakob, St. Johann, St. Peter und Weißenbach. Zahlreiche Dreitausender prägen das Landschaftsbild. Am Eingang des Ahrntals auf 970 Metern liegt das Feriendorf Luttach, bewacht vom

AUSFLUG

REINBACH-WASSERFÄLLE

Die drei Reinbach-Wasserfälle in der Nähe von Sand in Taufers sind mit dem Franziskus-Besinnungsweg, der über zehn Stationen zu einer Kapelle führt, verbunden. Beim höchsten der drei Wasserfälle stürzen die Wassermassen über einen senkrechten Felsen 42 Meter nach unten. Die beiden anderen sind etwas kleiner, aber gleichsam sehr beeindruckend. Ausgangspunkt für den 2,2 Kilometer langen Weg ist der Ortsteil Winkel in Sand in Taufers. Die Gehzeit beträgt 1,5 Stunden.

Die Burg Neuhaus oberhalb von Gais

Luttacher Hausberg, dem 3368 Meter hohen Schwarzenstein.

Das **Schnitzerhandwerk** geht im Ahrntal auf eine jahrhundertealte Tradition zurück. In den Wintermonaten wurden überall auf den Bauernhöfen aus Wurzeln und Ästen Masken, religiöse Motive und verschiedenste Alltagsgegenstände geschnitzt. Seit über 30 Jahren sammelt Paul Gartner gemeinsam mit seiner Familie Krippen und Südtiroler Volkskunst. Im Jahr 2000 eröffnete die Familie mit ihrem **Museum Maranatha** eine der umfassendsten und stimmungsvollsten Krippenwelten Europas. Da stehen eine Nordtiroler Winterkrippe neben einer Südtiroler Almkrippe, Reimmichls Bergweihnacht neben der großen Ahrntaler Brauchtumskrippe, Bauernkrippen neben orientalischen Königskrippen, die als Einzelstück hergestellte Swarovski-Krippe und eine Jahreskrippe, die das Leben Jesu von der Verkündigung bis zur Auferstehung erzählt (Weißenbachstr. 17, 39030 Luttach, Tel. +39 0474 671682, krippenmuseum.com).

Steinhaus ist mit knapp 900 Einwohnern der Hauptort des Ahrntals. Der Bergbau und Kupferabbau war einst der Hauptwirtschaftszweig des Ortes und brachte Wohlstand in das Tal. Im **Bergbaumuseum Kornkasten** wird die Geschichte des Ahrntaler Bergbaus anschaulich nachgezeichnet. Spannende Sonderausstellungen zeigen, wie der Bergbau das Leben der Menschen in und um die Stollen herum geprägt hat. Das Museum in Steinhaus ergänzt den zweiten Standort, das Schaubergwerk mit Klimastollen im nahen Prettau (Bergbaumuseum Kornkasten, Steinhaus, Tel. +39 0474 651043, bergbaumuseum.it).

Prettau liegt auf fast 1500 Meter Meereshöhe und ist die nördlichste und kleinste Gemeinde Südtirols. Rund 70 Prozent des Gemeindegebietes befinden sich im Naturpark Rieserferner-Ahrn und sind unter Schutz gestellt. Der Bergbau bestimmte auch hier bis 1893 die wirtschaftliche Entwicklung. Noch im 20. Jahrhundert war Prettau der drittgrößte Kupferlieferant Italiens. Heute führt

↑ Künighof im Ahrntal: Bauernhaus hinter Glas

↓ Einer der schönsten Wallfahrtsorte: die Heilig-Geist-Kapelle in Kasern

eine Grubenbahn in das Herz des Bergwerks. Die einmaligen mikroklimatischen Bedingungen und das ganz besondere Heilklima in den ehemaligen Stollen werden heute für Therapiezwecke genützt. Hier atmet man die wohl reinste Luft, die man sich vorstellen kann (Bergwerk Prettau, Prettau, Tel. +39 0474 654298, bergbaumuseum.it).

HEILIG-GEIST-KIRCHE IN KASERN

Der idyllische Weiler Kasern, ein kleines Naturparadies, liegt auf knapp 1600 Metern und bildet den Talschluss des Ahrntals. Der Ort hat sich einer gelebten Nachhaltigkeit und dem aktiven Gesundheitsbewusstsein verschrieben. Ein gut durchdachtes Ökosystem verbannt Verkehrsmittel aus dem Dorf. Die Stille der Natur und die faszinierende Aura der Bergwelt haben hier absoluten Vorrang. Ausgewiesene Gesundheitswege bieten Gelegenheit, Kraft zu tanken und die Seele baumeln zu lassen.
Einen Besuch wert ist die Wallfahrtskirche zum Heiligen Geist, einer der schönsten Wallfahrtsorte des Landes. Zur ehemaligen Knappenkirche für die Bergwerksleute des Prettauer Kupferbergwerks aus der Mitte des 14. Jahrhunderts führt von Kasern aus ein 20-minütiger Spaziergang entlang des Kreuzwegs. Die Kirche diente auch als Schutz für Reisende, die über die Krimmler Tauern ins Pinzgau oder nach Salzburg unterwegs waren (Infos: Tel. +39 0471 671136, prettau.it/de/Kirche_zu_Heiliggeist_2).

FREIZEITPARADIES ANTHOLZERTAL

Auf der Pustertaler Straße Richtung Toblach zweigt kurz nach Olang die Straße links ab ins Antholzertal, das für seinen wunderschönen See, für seinen Grenzübergang über den Staller Sattel in das Osttiroler Defereggental sowie für das Biathlonzentrum Südtirol Arena bekannt ist. Das 121 Quadratkilometer große Gebiet der Gemeinde Rasen-Antholz nimmt das gesamte Antholzer Tal ein. Am Eingang des Tals befinden sich in dichter Folge zunächst Niederrasen, der Hauptort der Gemeinde, und dann Oberrasen. Weiter taleinwärts liegen Antholz Niedertal, Antholz Mittertal und schließlich die Streusiedlung Antholz Obertal auf 1300 Meter Meereshöhe. Im Talschluss liegt auf 1642 Meter Höhe der Antholzer See.
Gleich hinter dem Antholzer See steigt die Bergstraße über den 2052 Meter hohen **Staller Sattel** an. Der befahrbare Pass über die italienisch-österreichische Staatsgrenze ins Osttiroler Defereggental stellt auch die Verbindung zwischen den beiden Gebirgsgruppen her, die das Antholzertal umrahmen: die Rieserfernergruppe mit ihren markanten 3000ern im Westen und Norden und die Villgratner Berge an der Ostseite. Im Winter wird die dann gesperrte Passstraße zur beliebten Rodelbahn.

Bruneck
22 km
Antholzertal
Antholzer See
Staller Sattel
Biathlonzentrum Südtirol Arena
Olang

Der Antholzer See: ein Naturjuwel

↑ Fahrradtour vom Defreggental ins Ahrntal
↓ Denkmal am Staller Sattel

AUSFLUG

ANTHOLZER SEE

Das türkisgrün schimmernde Gewässer gilt als einer der schönsten Seen in den Alpen. Mit 44 Hektar und einer Tiefe von 38 Metern ist der See im Naturpark Rieserferner-Ahrn zugleich der drittgrößte Bergsee Südtirols. Ein Naturlehrpfad führt rund um den See. Die Ruhezone am linken Seeufer ist ein Ort der Entspannung und Erholung. Große drehbare Relaxliegen laden dazu ein, den Blick über die ruhige Wasseroberfläche schweifen zu lassen.

Neben dem Antholzer See erstreckt sich das **Biathlonzentrum Südtirol Arena**. Der Austragungsort des Biathlon-Weltcups, eines der beliebtesten Sportevents in Südtirol, lockt jedes Jahr internationale Biathlon- und Langlaufstars dazu, auf seinen 20 bestens präparierten Pistenkilometern zu trainieren. Mit Blick auf die vereiste Rieserfernergruppe führen 20 Loipenkilometer durch verschneite Wälder und über den gefrorenen Antholzer See (biathlon-antholz.it).

MALERISCHES GSIESERTAL

Weiter auf der Pustertaler Straße Richtung Osten, in Welsberg, zweigt ein weiteres nördliches Seitental des Pustertals ab, das einen Besuch wert ist: das Gsiesertal. In Welsberg selbst lädt das **Schloss Welsperg**, eine ungewöhnliche und selten anzutreffende Burganlage, auch als Kernburg bezeichnet, zum Besuch. Das älteste Element der Burg ist der ungewöhnlich hohe Bergfried, mit dessen Bau im Jahre 1126 begonnen wurde. Bald darauf entstanden der Palas mit den Wirtschaftsgebäuden und eine romanische Kapelle.

Die **St.-Georgs-Kirche in Taisten** zählt zu den ältesten Kirchen des Hochpustertals. Sie wurde um 800 als Wehrburg und Weihestätte erbaut. Beim Umbau um 1450 blieben die halbrunde romanische Apsis und der quadratische Grundriss erhalten. Zwei Meister der Spätgotik, Leonhard von Brixen und Simon von Taisten, haben die Kirche mit einmaligen, noch gut erhaltenen Fresken geschmückt. Das Bildnis Mariens mit den Heiligen und die Wandmalereien am Chorbogen werden Simon von Taisten (1450/1455–1515) zugeschrieben. Meister Leonhard gestaltete die Verkündigungsszene in der unteren Apsis. Eine ältere und eine jüngere Christophorus-Abbildung schmücken die Außenwand (Infos: Tourismusbüro

Taisten, Sonnenstr. 26, Tel. +39 0474 950000, welsberg-taisten.net).

Das **Gsiesertal** präsentiert sich noch immer als ein weitgehend unberührtes Stück Südtirol. Das sonnige Tal hat viel von seinem ursprünglichen, natürlichen Charme bewahrt: Es bietet viel Natur und eine noch weitgehend intakte, durch Jahrhunderte hindurch von den Bauern geprägte Kulturlandschaft. Das knapp 20 Kilometer lange Tal reicht bis auf 2837 Meter Meereshöhe hinauf und wird von den Ausläufern der Rieserfernergruppe und der Deferegger Alpen eingerahmt. 2300 Einwohner zählt das Tal mit seinen drei Fraktionen. Das erste Dorf im Tal ist **Pichl**. In Außerpichl steht die Pfarrkirche zum heiligen Nikolaus. **St. Martin** ist das mittlere der drei Dörfer und liegt auf 1300 Metern. **St. Magdalena** mit seinen malerischen Bauernhöfen liegt am Ende des Tals, 16 Kilometer von Welsberg entfernt. Die letzten Bauernhöfe befinden sich auf 1530 Meter Höhe. Von hier aus gelangt man auf die verschiedenen Almen, über das Gsieser Törl ins Defereggental sowie ins benachbarte Villgratental im österreichischen Osttirol.

Olang
33 km
Gsiesertal
Schloss Welsperg
St. Georgskirche, Taisten
Pichl
St. Martin
St. Magdalena
Taisten

TAL DER NATUR-HIGHLIGHTS

Gleich nach Welsberg beginnt das **Hochpustertal** im östlichsten Teil Südtirols. Es umschließt die Gemeinden Niederdorf, Prags, Toblach, Innichen und Sexten. Die Natur hat die Gegend außerordentlich reich ausgestattet. Drei bezaubernde Bergseen laden mitten in einer grandiosen Gebirgskulisse zum Besuch: der Pragser Wildsee, der Toblacher See und der Dürren- oder Landrosee. In den Naturparks Fanes-Sennes-Prags und Sextner

Brotzeit auf der Ascht Alm im Gsieser Tal

Schloss Welsperg liegt an der Einmündung ins Gsiesertal.

- **Taisten**
- 26 km
- **Pragsertal**
- Pragser Wildsee Grandhotel Pragser Wildsee
- 7,3 km
- **Niederdorf**
- Fremdenverkehrsmuseum Haus Wassermann Kneippen im Kurpark
- 4,4 km
- **Toblach**

Dolomiten liegen mit den Drei Zinnen auch die schönsten Berggipfel der Dolomiten. Diese Naturschätze zählen nicht nur zu den schönsten Südtirols und des gesamten Alpenraums, sondern auch zum UNESCO-Weltnaturerbe der Dolomiten.

Im Winter bietet das Skigebiet Drei Zinnen Dolomiten 115 bestens präparierte Pistenkilometer, einladende Skihütten und moderne Aufstiegsanlagen. Langläufer und Schneeschuhwanderer finden im Hochpustertal ebenfalls ausreichend Möglichkeiten, um ihrem Hobby nachzugehen.

Das ganze Jahr über finden im Hochpustertal verschiedene kulturelle, kulinarische oder sportliche Veranstaltungen statt: Gustav-Mahler-Musikwochen, Festival Dolomites, Internationales Chöretreffen, Dolomiti Balloonfestival, Schneeskulpturenfestival und vieles mehr ziehen Jahr für Jahr zahlreiche Besucher an.

PRAGSER WILDSEE UND NIEDERDORF

Der Pragser Wildsee liegt im malerischen Naturpark **Fanes-Sennes-Prags** auf knapp 1500 Metern. Ein Murenabgang hat einst das Landschaftsbild geprägt und einen natürlichen Staudamm geschaffen – mit dem imposanten Massiv des Seekofels (2810 m), der sich im glasklaren Wasser des Sees widerspiegelt, im Hintergrund. Im Sommer leuchtet der See in einer Vielzahl von Grün- und Blautönen. Im Winter verwandelt er sich in ein romantisches Wintermärchen.

Der 31 Hektar große und bis zu 17 Meter tiefe Pragser Wildsee ist umrankt von zahlreichen Sagen aus der Vergangenheit und

lädt zu schönen Wanderungen und Bergtouren in die Umgebung sowie zu vielfältigen sportlichen Aktivitäten. Der Dolomiten-Höhenweg Nr. 1 nimmt hier seinen Anfang. Gemütlicher ist die vier Kilometer lange Rundwanderung um den See oder eine Tour mit dem Ruderboot. Einen Sprung ins kühle Nass des Bergsees wagen im Sommer nur die Mutigen.
Das historische **Grandhotel Pragser Wildsee** direkt am Seeufer versetzt den Gast in eine andere Zeit. Die ausgedehnte Anlage wurde vom Niederdorfer Gastwirt Eduard Hellenstainer, dem Sohn der Tourismuspionierin Emma Hellenstainer, ab 1897 errichtet und begeistert noch heute durch epochalen Charme und den Eindruck gehobener Gastlichkeit der letzten Jahrhundertwende (lagodibraies.com/de).

SPECIAL

TIROLS BERÜHMTESTE WIRTIN

Emma Hellenstainer (1818–1904) erwarb sich einen legendären Ruf als charmante Gastgeberin und einzigartige Tourismuspionierin. 1842 heiratete Emma den Niederdorfer Postmeistersohn Joseph Hellenstainer und übernahm das Familienwirtshaus Zum Schwarzen Adler am Hauptplatz in Niederdorf. Sie verfeinerte die Pustertaler Kost mit Gerichten aus der Donaumonarchie, verbesserte die Ausstattung der Zimmer und gründete 1869 die Alpenvereinssektion Hochpustertal. Die 1871 eröffnete Pustertaler Bahn zog den Wiener Hochadel an, sogar Kaiser Franz Joseph I. und Kaiserin Sissi zählten zu Emmas berühmten Gästen. Emmas Kinder schlugen ebenfalls den Weg in die Tourismusbranche ein.

Die italienische Erfolgsserie »Un passo dal cielo« mit Terence Hill (»Die Bergpolizei – Ganz nah am Himmel« in der deutschen Fassung) wurde am Pragser Wildsee gedreht, und das zieht in der Hochsaison ganze Scharen von Besuchern an. Um die Natur im Naturpark zu schonen, bleibt die Straße ab Schmieden im Hochsommer teilweise von 10 bis 15 Uhr gesperrt. Ab Schmieden gibt es einen Linien- und Shuttledienst zum Wildsee. Unser Rat: Planen Sie an den Wochenenden im Juli und August keinen Besuch beim Pragser Wildsee ein (Infos: prags.bz).

↑ Das Hotel Pragser Wildsee …
↓ … am meistbesuchten See Südtirols

Im nahen **Niederdorf** dokumentiert das **Fremdenverkehrsmuseum** im geschichtsträchtigen Haus Wassermann die Geschichte des Tourismus im Hochpustertal: die Bedeutung der Wirtshäuser und der Bäder, den Bau der Pustertaler Eisenbahnlinie und den frühen Alpinismus in der Region. Hinzu kommt eine besonders kuriose Ausstellung: eine 18 000 Exponate umfassende Sammlung von Sterbebildern (Hans-Wassermann-Str. 8, 39039 Niederdorf, Tel. +39 0474 745133, niederdorf.eu).

↑ Fremdenverkehrsmuseum Hochpustertal
↓ Pfarrkirche zum heiligen Stephanus

Im Kurpark von Niederdorf befindet sich eine der idyllischsten Kneipp-Anlagen des Alpenraums. Das Dorf selbst ist das erste zertifizierte »Kneipp für mich® Erlebnisdorf« in Italien. Das Zentrum bietet alles, was es zum richtigen Kneippen nach dem 1821 in Ottobeuren in Bayern geborenen Kurpfarrer Sebastian Kneipp braucht: Wasser- und Tautreten, Fußbad, Lehmpackungen, Arm- und Gesichtsbecken, Trinkpavillon und Barfußweg … Die Kraft des Wassers bringt Körper, Geist und Seele in Einklang. Im Sommer werden Kneipp-Kurse und geführte Kneipp-Wanderungen angeboten (niederdorf.org).

TOBLACH, TOR ZU DEN DOLOMITEN

Toblach liegt zwischen 1182 und 3146 Meter Meereshöhe und bildet eine bedeutende Wasserscheide im Alpenraum: Die Wasser der Rienz, die unterhalb der Drei Zinnen entspringt, fließen zur Adria, jene der Drau in Richtung Schwarzes Meer. Das »Tor zu den Dolomiten« grenzt an die Naturparks Drei Zinnen in den Sextner Dolomiten und Fanes-Sennes-Prags.
Die Johannes dem Täufer geweihte **Pfarrkirche von Toblach** ist zweifellos die stattlichste Barockkirche im ganzen Pustertal. Auf den Fundamenten einer romanischen und später gotischen Kirche wurde von 1764 bis 1774 die heutige Barockkirche durch den Toblacher Baumeister Rudolph Schraffl erbaut. Der 76 Meter hohe Kirchturm, der sich frei im Nordwesten des Hauptschiffes erhebt, wurde 1804 fertiggestellt.
Der Bau der Südbahn von Lienz nach Franzensfeste durch die österreichisch-ungarische Südbahngesellschaft brachte den Fremdenverkehr in die Region. 1878 wurde das **Grand Hotel Toblach** eröffnet und ab da gab sich der europäische Hoch- und Geldadel im Sommer ein Stelldichein. Auch der

Toblach und das Haunoldmassiv

KULTUR

IN MEMORIAM GUSTAV MAHLER

Die erste Musikwoche in memoriam Gustav Mahler fand in Toblach 1981 statt. Heute hat das europäische Musikfestival einen festen Platz im internationalen Musik-Kalender (kulturzentrum-toblach.eu). Das originalgetreu erhaltene Komponierhäuschen, in dem Gustav Mahler einige seiner größten Werke erschuf, befindet sich mitten in einem Wildpark in Altschluderbach in Toblach (Altschluderbach 3, Tel. +39 0474 972347, gustavmahler komponierhaeuschen.com).

Komponist Gustav Mahler (1860–1911) wusste die Schönheit der Gemeinde zu schätzen. Er verweilte hier in den Sommermonaten 1908 bis 1910 und besaß vor Ort sein eigenes Komponierhäuschen. Noch heute erinnern die **Gustav Mahler Musikwochen** an den großen Komponisten.

Toblach
Pfarrkirche
Tirols ältester Kreuzgang
Grand Hotel
Gustav Mahler Musikwochen
Gustav Mahler Komponierhäuschen
Toblacher See
Dürrensee
Naturparkhaus Drei Zinnen
27 km
Drei Zinnen

Lohnenswert ist ein Besuch im **Naturparkhaus Drei Zinnen**, das im Kulturzentrum Grand Hotel Toblach untergebracht ist. Interessierte erhalten ausführliche Informationen über die Natur- und Kulturlandschaften des Naturparks, die Geologie der Sextner Dolomiten, die Kriegsereignisse an der Dolomitenfront, die Anfänge des Alpinismus und die touristische Entwicklungsgeschichte des

↑ Drei Zinnen Hütte: die bekannteste und meistbesuchte Hütte Italiens
↓ Liegt auf dem Weg nach Cortina: der Toblacher See

Hochpustertals (Dolomitenstr. 37, Tel. +39 0474 973017, naturparks.provinz.bz.it/de/naturparkhaus-drei-zinnen).
Wer die Vorräte im Wohnmobil auffüllen will, stattet dem **Feichterhof** in Toblach einen Besuch ab. Neben selbst gebackenem Brot bietet Familie Feichter in ihrem Bioladen hofeigene biologisch-dynamische Demeter-Produkte an: Gerste, Dinkel-, Weizen- und Roggenmehl, Kartoffeln und Gemüse der Saison, Gewürze, Kräuter und Natursäfte (Zipfanger Str. 1, Tel. +39 0474 972324).

TIROLS ÄLTESTER KREUZWEG

Tirols ältester Kreuzweg nimmt bei der Pfarrkirche in Toblach seinen Anfang. Insgesamt fünf Kapellen säumen den Weg. Die erste steht an der heutigen Friedhofsmauer und ist mit einem gotischen Sandsteinrelief geschmückt, das den Leidensweg Christi zeigt. Endpunkt ist die auf dem Victoria-Hügel am Toblacher Feld gelegene, weithin sichtbare Rundkapelle Zum heiligen Josef in Lerschach, die letzte mittelalterliche Grabeskirche Tirols.
Kaiser Maximilian I. führte zwischen 1508 und 1511 gegen die Republik Venedig Krieg. Die **Herbstenburg** in Toblach, im Grenzgebiet zwischen dem mitteleuropäischen und dem mediterranen Raum, diente dem Kaiser als Hofquartier. Auf ausdrücklichen Wunsch Maximilians wurde 1519 der Kreuzweg bis zu der Lerschachkapelle errichtet.

TOBLACHER SEE UND DÜRRENSEE

Südlich von Toblach, auf der Strecke nach Cortina, liegt der idyllische **Toblacher See**. Vor langer Zeit durch Felsstürze geformt, wird der See von der unter den Drei Zinnen entspringenden Rienz be- und entwässert. Bis heute bildet der See mit seiner Umgebung eines der wenigen Feuchtgebiete, die es noch in den Alpen gibt. Der Toblacher See ist deshalb auch bei Vogelfreunden beliebt: Im Frühjahr und Herbst können hier seltene Zugvögel beobachtet werden.

Der älteste Kreuzweg Tirols

Ein **Naturlehrpfad** lädt zu einer 4,5 Kilometer langen Wanderung rund um den See. In knapp zwei Stunden führt er an elf verschiedenen Infotafeln vorbei, die über die Flora und Fauna des geschützten Gebietes informieren. Im Sommer vermietet ein Bootsverleih Ruderboote. Im Winter sind auf dem gefrorenen See Curling und Eislaufen angesagt. Auch die Haupt-Langlaufloipe des Hochpustertals verläuft rund um den Toblacher See.
Zum Planschen und Baden in den Sommermonaten lädt der **Dürrensee**, der kleinste, zugleich aber wärmste der drei Hochpustertaler Seen und einer der höchstgelegenen Badeseen Europas. Der Lago di Landro, wie

Der Dürensee liegt im Naturpark Drei Zinnen

er auf Italienisch heißt, liegt einige Kilometer weiter Richtung Süden im Höhlensteintal auf 1400 Meter Meereshöhe. An warmen Sommertagen trifft man am türkisfarbenen, seichten See häufig Familien mit Kindern bei ungetrübtem Badespaß. Da der See nur wenige kleine Zuflüsse und keinen Abfluss hat, ist er im Verhältnis zu den anderen Bergseen bedeutend wärmer. Ein feiner Kieselstrand befindet sich am Nordufer des Sees.
Hier an der Grenze zwischen dem Naturpark Drei Zinnen und dem Naturpark Fanes-Sennes-Prags hat man einen herrlichen Blick auf die Cristallogruppe und den Monte Piana. Kurz vor dem Dürrensee trifft man auf den bekannten »Drei-Zinnen-Blick«, der von der Straße aus eine einzigartige Panoramasicht zu den weltberühmten Drei Zinnen bietet.

UNESCO-WELTNATURERBE DOLOMITEN

Die Dolomiten bilden eine Gebirgsgruppe der südlichen Kalkalpen. Ihre charakteristischen und bizarren Formationen mit Zinnen und Türmen aus Kalk- oder Dolomitgestein werden nur von Bergseen, Almen und Wäldern unterbrochen. Ihren Ursprung haben die Dolomiten in einem prähistorischen Tropenmeer. Vor rund 250 Millionen Jahren lag der heutige Alpenraum weiter südlich innerhalb des tropischen Klimagürtels der Erde. Geformt wurde das Aussehen des Dolomitengebirges dann nach der Eiszeit: Wasser, Wind und Eis wurden zu den Bildhauern der Landschaft.
Der bekannte Architekt Le Corbusier (1887–1965) beschrieb die Dolomiten als »die schönste natürliche Architektur der Welt«. Für den Südtiroler Extrembergsteiger Reinhold Messner sind sie »zwar nicht die höchsten, aber die schönsten Berge der Welt«. Mittendrin stehen als Höhepunkt die **Drei Zinnen**. Das Wahrzeichen der Dolomiten übt seit jeher eine spezielle Anziehungskraft aus und hat bis heute nichts an Zauber und Faszination verloren.
Das Gebiet im Naturpark Drei Zinnen, im nordöstlichen Teil der Dolomiten, ist für alle Bergfreunde ein wahres Eldorado: Wer einfache Wanderungen mit grandiosen Ausblicken ohne große Höhenunterschiede bevorzugt, kommt genauso auf seine Kosten wie Klettersteig-Liebhaber und Extrembergsteiger.
Von Toblach aus führt die Straße zu den Drei Zinnen Richtung Cortina und zweigt dann in Schluderbach/Landro Richtung Misurina/Auronzo ab. Der 1756 Meter hoch gelegene **Misurinasee** wird aufgrund des klaren Wassers und der beeindruckenden Bergkulisse, die den See umgibt, gern als »Perle des Cadore« bezeichnet. Kurz vor dem Misurinasee geht es über eine sieben Kilometer lange, steile Mautstraße hinauf zum Parkplatz bei der **Auronzohütte** am Fuße der Drei Zinnen.
Die Straße ist von 7 bis 19 Uhr geöffnet, Camper und Fahrzeuge über 2,10 Meter zahlen 45 Euro Mautgebühr. Je nach Schnee-

AUSFLUG

RUND UM DIE DREI ZINNEN

Startpunkt für die Umrundung der Drei Zinnen ist die Auronzohütte an der Südseite der Berggipfel auf 2320 Metern. Der Steig Nr. 101 führt Richtung Lavaredohütte (2344 m) und dann über einen schmalen Weg links hinauf zum Paternsattel (2454 m) – mit herrlichem Blick in die 500 Meter hohen Nordwände der Drei Zinnen. Weiter geht es leicht abwärts am Fuße des Paternkofels entlang zur Dreizinnenhütte (2405 m). Nach 1,5 Stunden Marsch ist es Zeit für eine Pause, ehe man auf dem Weg Nr. 105 Richtung Lange Alm (2232 m) und entlang der Westseite der Drei Zinnen wieder die Auronzohütte erreicht. Für den 9,5 Kilometer langen Panoramaweg müssen 2,5 bis 3 Stunden Gehzeit eingeplant werden.

lage ist die Straße zur Auronzohütte in der Regel von Ende Mai bis Ende Oktober befahrbar. Die Parkplätze bei der Auronzohütte können nicht online gebucht werden. Sobald alle Plätze belegt sind, kann es zu einer Straßensperre für Autos kommen (comune.auronzo.bl.it; Tel. Auronzohütte: +39 0435 39002).

Drei Zinnen
Auronzohütte
Umrundung der Drei Zinnen
Misurinasee
Cortina d'Ampezzo
Toblach
12 km
Innichen/Sexten

Von Misurina aus ist es nicht weit bis nach **Cortina d'Ampezzo**. Die »Königin der Dolomiten« liegt auf 1224 Meter Höhe und ist das renommierteste Winter- und Bergsportzentrum Venetiens. Alpiner Lifestyle vereint sich hier mit Dolce Vita: Ob Skifahren, Wandern, Klettern oder Radeln – über allem liegt ein dekadenter Hauch von Genuss, Stil und Leichtigkeit. Zahlreiche Veranstaltungen, nationale und internationale Sportevents,

Die Auronzo-Hütte ist Ausgangspunkt für die Wanderung um die Drei Zinnen.

Blick auf Cortina d'Ampezzo, die »Königin der Dolomiten«

eine lebhafte Atmosphäre im Zentrum, elegante Geschäfte und Boutiquen, renommierte Restaurants und herzliche Gastlichkeit machen Cortina zu einem der bekanntesten Urlaubsgebiete der südlichen Alpen.
1956 war Cortina Austragungsort der Olympischen Winterspiele. 2021 fanden in Cortina Weltmeisterschaften statt. 2026 ist Cortina gemeinsam mit Mailand erneut Austragungsort der Olympischen Winterspiele (dolomiti.org/de/cortina).

INNICHEN UND SEIN DOM

Die Grenz- und Marktgemeinde Innichen liegt am Fuße des Haunold und punktet mit einem städtischen Flair. Die belebte Fußgängerzone lädt zum Flanieren und Shoppen ein. Der **Erlebnisberg Haunold** und das Schwimmbad **Acquafun Innichen** sind nicht nur bei Familien beliebt.
Im Jahr 769 gründete der bayerische Herzog Tassilo III. das Benediktinerkloster zum heiligen Candidus in Innichen. 1143 wurde dieses in ein Kollegiatstift umgewandelt und man begann mit dem Bau einer neuen Kirche. Seine heutige Gestalt bekam der schönste romanische Sakralbau in den Ostalpen aber erst um 1280.
Auf den ersten Blick erinnert das monumentale Bauwerk an die mittelalterlichen Burgen aus der Zeit der Stauferkaiser und an die Architektur der Kreuzritterfestungen. Die **Stiftskirche von Innichen** sollte eine ebenso starke Burg Gottes werden. Erbaut wurde die dreischiffige Basilika mit Vierungskuppel und drei Apsiden unter Mitwirkung lombardischer Baumeister. Der Grundriss hat die Form eines lateinischen Kreuzes. Der mächtige Glockenturm wurde 1326 fertiggestellt, die einladende Vorhalle kam um 1415 hinzu. Wegen ihrer schlichten, auf das Wesentliche reduzierten Eleganz trägt die Kirche den Beinamen »Dom von Innichen«. Im Inneren finden sich einige wertvolle, absolut sehenswerte Kunstschätze. Beim Betreten sticht gleich die Kreuzigungsgruppe mit dem mächtigen Kruzifix im Altarraum ins

Auge – ein Meisterwerk romanischer Bildhauerkunst. 2,20 Meter hoch ist der gekrönte »Große Herrgott von Innichen«, der gemeinsam mit Maria und Johannes um 1220 von einheimischen Künstlern geschaffen wurde. Seit Jahrhunderten ist das Kreuz ein Ziel vieler Pilger von nah und fern.
Sehenswert sind die freigelegten spätromanischen Fresken in der polygonalen Kuppel. Sie werden auf etwa 1285 datiert und zeigen Szenen aus der Schöpfungsgeschichte – darunter ausdrucksstarke Bilder von der Vertreibung Adams und Evas aus dem Paradies. Die stimmungsvolle Krypta unter dem heutigen Chor stammt aus dem älteren Vorgängerbau um das Jahr 1000. Am romanischen Südportal befinden sich ein Christus-Relief und Fresken von Michael Pacher, welche Candidus und Korbinian sowie Kaiser Otto I., den Gründer des Stifts Freising, zu dem Innichen früher gehörte, darstellen (kunsthistorische Führungen: Tourismusverein Innichen, Tel. +39 0474 913149, drei-zinnen.info/de/innichen).
Den Dolomiten gewidmet ist hingegen das **Museum DoloMythos** in Innichens Fußgängerzone. Das Museum in der Villa Wachtler entführt auf eine Zeitreise von der Urzeit bis in die Gegenwart. Die Exponate erzählen von Flora und Fauna, von Dinosauriern und Höhlenbären in den Dolomiten (Peter Paul Rainer Str. 11, Tel. +39 0474 913462, dolomythos.com).

IDYLLISCHES SEXTEN

In Innichen zweigt Richtung Südosten auch das Sextnertal ab. Das idyllische Bergdorf Sexten liegt auf 1300 Meter Meereshöhe, eingebettet in die traumhafte Bergwelt der Sextner Dolomiten. Die **Pfarrkirche Petrus und Paulus**

Innichen/Sexten
Dom von Innichen
Fußgängerzone
Museum DoloMythos
Fischleintal, Sexten
Sextner Sonnenuhr
Museum Rudolf Stolz
Pfarrkirche Petrus und Paulus
Totentanz Rudolf Stolz

Tipp

HOFKÄSEREI VEIDERHOF

Echten Südtiroler Graukäse sowie Sauerrahmbutter produziert die Familie Weitlaner in der Hofkäserei Veiderhof in Untervierschach bei Innichen. Ein Kurzausflug dorthin lohnt (Hieblerweg 1, 39038 Vierschach/Innichen, Tel. +39 0474 910032, veiderhof.it).

Innichen: die Stiftskirche und die Michaelskirche

Hauptort St. Veit in der Gemeinde Sexten

mit ihren wunderbaren Deckengemälden und dem bekannten **Totentanz** des Künstlers Rudolf Stolz am Eingang zum Friedhof ist ebenfalls einen Besuch wert.

Mit den beiden Ortsteilen Moos und St. Veit ist Sexten längst kein Geheimtipp mehr – weder im Sommer noch im Winter. Spätestens seit den Erfolgen des gebürtigen Sextner Tennisstars Jannik Sinner ist die Gemeinde in aller Munde.

Im Sommer stehen Wandern und Klettern, Radfahren und Naturgenuss auf dem Programm. Die knapp 4,5 Kilometer lange Wanderung ins berühmte **Fischleintal**, das von den Gipfeln der bekannten **Sextner Sonnenuhr** umgeben ist, begeistert große wie kleine Gäste. Die Bergsonnenuhr ist eine der markantesten Skylines, die die Natur geschaffen hat. Die hoch über Sexten aufragenden Dolomiten-Gipfel Neuner, Zehner (Sextner Rotwand), Elfer, Zwölfer und Einser bilden zusammen das imposante steinerne Uhrwerk. Am Stand der Sonne über den bezeichnenden Gipfeln lässt sich an klaren Tagen die Uhrzeit ablesen.

Vom Fischleintal aus starten unzählige Wanderwege, darunter einer hoch zu den Drei Zinnen. Mitten in den Sextner Dolomiten trifft man beim Wandern und Klettern immer wieder auf alte Kriegsstellungen und auf Klettersteige aus dem Ersten Weltkrieg. Im Freilichtmuseum im Gebiet Anderter Alpe auf der Rotwand, direkt am einstigen Kriegsschauplatz, können die originalen Stellungen und Schützengräben besichtigt werden. Der Verein Bellum Aquilarum bietet im Sommer mehrmals wöchentlich geführte historische Wanderungen zum **Freilichtmuseum Erster Weltkrieg** auf der Rotwand an (bellumaquilarum.it). Im Winter sind Skifahren und Langlaufen, Rodeln und Winterwandern oder eine Skitour angesagt.

AUSFLUG

SEXTNER HÜTTENRUNDE

Ein Wander-Klassiker für Bergerfahrene schlechthin ist die Sextner Hüttenrunde. Die mit sechs Stunden veranschlagte Tagestour führt vom Fischleintal ausgehend durch das Bacherntal zur Zsigmondyhütte, der imposante Zwölferkofel ist dabei immer im Blick. Über die Büllelejochhütte erreicht man die Dreizinnenhütte – und wird dort mit der grandiosen Aussicht auf die imposanten Nordwände der Drei Zinnen belohnt. Zurück geht es dann vorbei an den Bödenseen und durchs Altensteintal nach Sexten.

PRAKTISCHE HINWEISE

TOURISTINFORMATIONEN

Ferienregion Gitschberg Jochtal
Jochtalstr. 1,
39037 Mühlbach/Vals,
Tel. +39 0472 886048,
gitschberg-jochtal.com

Tourismusverein Bruneck Kronplatz
Rathausplatz 7,
39031 Bruneck,
Tel. +39 0474 555722,
bruneck.com

Tourismusverein Sand in Taufers
Josef-Jungmann-Str. 8,
39032 Sand in Taufers,
Tel. +39 0474 678076,
ahrntal.com

Tourismusverein Ahrntal
Ahrner Str. 22,
39030 Luttach/Ahrntal,
Tel. +39 0474 671136,
ahrntal.com

Tourismusverein Antholzertal
Niederrasner Str. 35f,
39030 Rasen-Antholz,
Tel. +39 0474 496269,
antholzertal.com

Tourismusverein Gsieser Tal
St. Martin 10a, 39030 Gsieser Tal, Tel. +39 0474 978436,
gsieser-tal.com

Tourismusverband Hochpustertal
39034 Toblach,
Tel. +39 0474 913156,
drei-zinnen.info

Tourismusverein Pragser Tal
Außerprags 78, 39030 Prags,
Tel. +39 0474 748660,
drei-zinnen.info

Tourismusverein Toblach
Dolomitenstr. 3,
39034 Toblach,
Tel. +39 0474 972132,
drei-zinnen.info

Tourismusinformation Auronzo
Via Roma 24,
32041 Auronzo di Cadore,
Tel. +39 0435 99603,
auronzomisurina.it

STELL- UND CAMPINGPLÄTZE

C 200 **Camping Maurlechnhof** (S. 185 G2)
Weißenbachstr. 8,
39030 Luttach,
Tel. +39 348 3389988,
maurlechnhof.com
GPS: 46.95253, 11.91764
Campingplätze sind im Ahrntal rar. Da kommt der Camping Maurlechnhof in Luttach gerade recht. 16 Stellplätze bieten auf dem Gelände des Bauernhofs Platz zum individuellen Übernachten und Verweilen. Durch die Anbindung an den Urlaubsbauernhof müssen die Gäste nicht auf den gewünschten Komfort verzichten. Geboten wird Bauernhofurlaub mit Wellnessvergnügen: Speis & Trank, Wellness & Sanitär.

C 201 **Camping Ansitz Wildberg** (S. 185 G5)
St. Martin 16a,
39030 St. Lorenzen,
Tel. +39 0474 474080,
campingwildberg.com
GPS: 46.77889, 11.89863
Gepflegte Standard-, Komfort- und Premium-Stellplätze bietet die Familie Steinkasserer ihren Gästen in ihrem einladenden Campingplatz Ansitz Wildberg direkt am Pustertaler Fahrradweg. Im Sommer lockt ein beheiztes Schwimmbad mit Wasserfall. Das Dorfzentrum liegt nur drei Gehminuten entfernt. Ein idealer Ausgangspunkt für Ausflüge nach Bruneck und in die umliegenden Seitentäler.

Camping Ansitz Wildberg

Wohnmobilstellplätze bei der Aurozohütte

C 202 **Camping Antholz** (S. 186 A4)
Obertaler Str. 10,
39030 Rasen/Antholz,
Tel. +39 0474 492204,
camping-antholz.it
GPS: 46.86495, 12.10959
Der Naturcamping Antholz ist ein idealer Campingplatz sowohl zum Sommer- als auch zum Wintercamping. Drei Wohnkategorien werden angeboten: 80 m² große Standard-Stellplätze, 120 m² große Komfort-Stellplätze mit Elektroanschlüssen (16A), Kabelanschluss (DVB-T) und Abwasser- und Trinkwasseranschlüssen (Trinkwasseranschlüsse nur im Sommer) sowie besondere Schlaffässer.

C 203 **Camping Olympia** (S. 186 B6)
Camping 1, 39034 Toblach,
Tel. +39 0474 972147,
camping-olympia.com
GPS: 46.734586, 12.194146
Der Vier-Sterne-Camping der Familie Klettenhammer mit 200 Stellplätzen hat ganzjährig geöffnet. Es gibt zwei Restaurants, ein beheiztes Schwimmbad, ein kleines Wellnessparadies, einen Supermarkt, einen Spielplatz und einen Minizoo auf dem Platz.

C 204 **Camping Toblacher See** (S. 186 B6)
Toblacher See 3,
39034 Toblach,
Tel. +39 0474 973138,
toblachersee.com
GPS: 46.70660, 12.21846
Die Panorama-Lage am idyllischen Toblacher See zwischen den UNESCO-Naturparks Drei Zinnen und Fanes-Sennes-Prags machen den Campingplatz der Familie Panzenberger zum ausgezeichneten Urlaubsquartier für alle Outdoor-Verliebten. 2 km von Toblachs Zentrum entfernt, ist der Platz der ideale Ausgangspunkt zum Wandern, Mountainbiken und Klettern sowie für reichlich Wasser- oder Wintersportvergnügen.

S 205 **Wohnmobilstellplatz Auronzohütte** (S. 191 G2)
Via Monte Piana,
32040 Misurina,
Tel. +39 0435 400116,
comune.auronzo.bl.it
GPS: 46.61253, 12.29378
Gebührenpflichtiger Stellplatz für 40 Mobile, geschottert. Am Platz Frischwasser, Entsorgung Grauwasser, Entsorgung Chemie-WC. In den Mautgebühren ist die Stellplatzgebühr für eine Übernachtung inbegriffen. Das mag zwar teuer sein – das Erlebnis ist es aber wert. Das Feedback eines Gastes: »Im Prinzip ein Schotterplatz zum Parken mit sonst nichts! Aber die Möglichkeit, abends und morgens diese grandiose Aussicht, dieses Licht und die Ruhe dort oben zu genießen, entschädigt für alles und ist jeden Cent wert!«

Der Campingplatz Antholz ...

... liegt inmitten grüner Natur.

C 206 **Caravan Park Sexten & Mountain Resort Patzenfeld** (S. 186 D6)
St.-Josef-Str. 54,
39030 Sexten/Moos,
Tel. +39 0474 710444,
caravanparksexten.it
GPS: 46.66833, 12.39946
Der Fünf-Sterne-Campingplatz in Sexten – eingebettet in die einmalige Naturkulisse des Dolomiten-UNESCO-Welterbes – bietet höchsten Komfort und jeden nur erdenklichen Luxus. Großzügige Stellplätze, einladende Lodges und heimelige Chalets laden zum Camping-Abenteuer. Mehrere Gourmetrestaurants mit Taverne, Weinkeller und Bauernstadel verwöhnen die Gäste und auch das Wellnessangebot lässt nichts zu wünschen übrig.

↑ Luxus-Camping Caravan Park Sexten
↓ Camping Olympia

Der Ansitz Glurnhör beim Schloss Sonnenburg in St. Lorenzen

3

IM WELTNATURERBE DOLOMITEN

Durch das Gadertal und über die Dolomitenpässe

»Die schönste natürliche Architektur der Welt« nannte der bekannte Architekt Le Corbusier die Dolomiten. Absolute Gegensätze treffen hier aufeinander: imposante Felswände, hohe, spitze Türme, unüberwindbare Überhänge, zerklüftete Grate und grüne Almwiesen. Unsere Dolomitentour führt durch das Gadertal, über den Campolongopass und das Pordoijoch rund um das Sellamassiv ins Fassatal und über den Karerpass nach Bozen.

Nach der Anreise über die Brennerautobahn A22 fahren wir bei der Ausfahrt Brixen auf die Landesstraße 49 in Richtung Pustertal. Nach knappen 25 Kilometern zweigen wir kurz vor St. Lorenzen bei Bruneck nach rechts ins Gadertal (Val Badia) ab. Das Tal führt in Nord-Süd-Richtung hinein in die faszinierende Welt der nördlichen Dolomiten. Die etwa 35 Kilometer lange Straße durch das Gadertal, die heutige Strada Statale 244 di Val Badia, wurde ab 1885 gebaut und führt bis hinauf zum Campolongopass.

Hutterer-Austellung auf der Michelsburg

IM GADERTAL

Das Gadertal wird wegen seiner einmaligen Lage gern als »Herz der Dolomiten« und wegen seiner sprachlichen und kulturellen Geschichte als »Herz Ladiniens« bezeichnet. Die einstigen Bewohner der Alpen waren die Räter, die nach der Eingliederung der Gebiete ins Römische Reich um 15 v. Chr. das Vulgärlatein der römischen Soldaten und Handelsleute übernommen und mit ihrer Sprache vermischt hatten. Daraus entwickelte sich allmählich das Ladinische oder Rätoromanische. Die ladinische Sprache ist somit eine neulateinische Sprache, die in ihrer Grundsubstanz mit dem Italienischen, dem Französischen, dem Provenzalischen und dem Katalanischen verwandt ist.
Die in den Dolomitentälern lebenden Ladiner bilden heute eine Volksgemeinschaft von etwa 30 000 Menschen, die auf fünf Täler – das Gadertal und Gröden, Fassatal, Buchenstein und Ampezzo – und drei Provinzen – Südtirol, Trentino und Belluno – verteilt sind. Ladinisch wird außer in den Dolomitentälern heutzutage in Graubünden und im Friaul gesprochen. Kultur und Traditionen werden in den ladinischen Tälern noch heute besonders hochgehalten, Feste mit traditionellen Umzügen und kunstvollen Trachten gefeiert.

ROUTE 3

START- UND ENDPUNKT
St. Lorenzen (Bruneck) und Bozen

STRECKEN
Staats- und Landesstraßen sowie Berg- und Passstraßen

STRECKENLÄNGE
ca. 160 km

REISEDAUER
3 bis 5 Tage

BESTE JAHRESZEIT
Mai bis Oktober (für die Dolomitenpässe)

Start
St. Lorenzen
11 km
Zwischenwasser

ENNEBERG / MAREO

Die ersten Kilometer auf der Staatsstraße 244 durch das Gadertal zwängen sich durch die enge Schlucht, die die Gader im Laufe der Jahrtausende hier in die Landschaft gegraben hat. Nach knapp zehn Kilometern zweigt im unteren Gadertal die Straße bei Zwischenwasser/Longega links ab in das nach Südosten führende Seitental bis nach Enneberg, auf Ladinisch Mareo und auf Italienisch Marebbe genannt.
Enneberg ist nördlichste Gemeinde des ladinischsprachigen Gadertals. Der Hauptort des Tals, St. Vigil/Al Plan, liegt auf 1250 Metern. Die idyllischen Fraktionen Hof/Curt, Montal/Mantëna, Pfarre/La Pli de Mareo, Zwischenwasser/Longega, Plaiken/Pliscia und Welschellen/Rina sowie zahlreiche für die Gegend typische Weiler, die Viles, liegen verstreut auf dem Gebiet der flächenmäßig größten Gemeinde des Gadertals.
Das weitläufige Enneberger Gemeindegebiet reicht im Südosten bis zur Grenze der Provinz Belluno (Venetien). Es umfasst große Flächen im **Naturpark Fanes-Sennes-Prags** mit markanten Dolomitengipfeln wie dem 2907 Meter hohen Heiligkreuzkofel/Sas dla Crusc oder dem 3026 Meter hohen Zehner/Sas dles Diesc sowie die ausgedehnten **Hoch-**

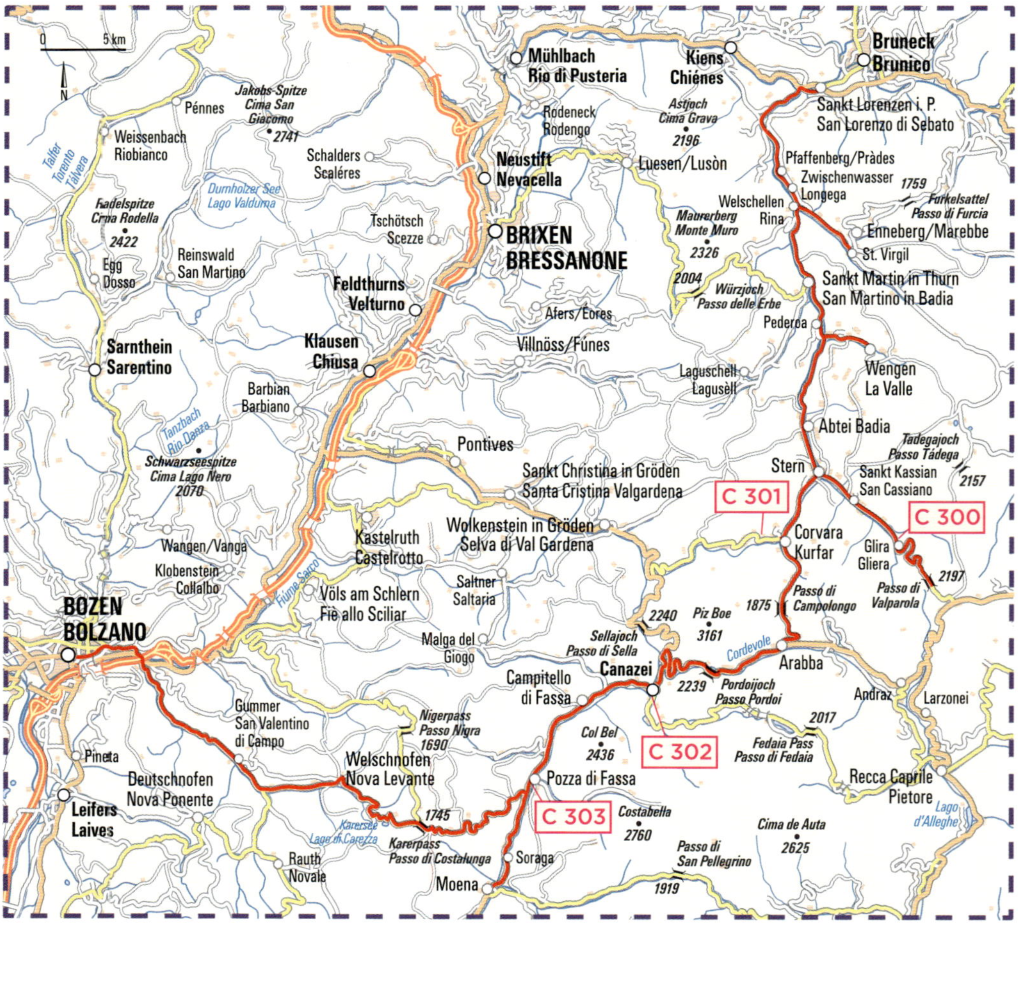

Wandern im Naturpark Fanes bei der Lavarella Hütte

almen von Sennes und Fanes. Der 1789 Meter hohe Furkelpass/Ju de Furćia führt von Enneberg aus Richtung Kronplatz und verbindet das Gadertal von dieser Seite mit Olang im Pustertal.
Die Dolomiten mit ihren abgelegenen Tälern sind reich an Sagen und Mythen. Am bekanntesten ist die Sage von den bleichen Bergen. Sie erklärt, wie die Dolomiten zu ihrer hellen Farbe gekommen sind: Zwerge spinnen das Mondlicht, um es wie ein Netz über die Gipfel des Gebirges zu werfen. So scheinen diese bleich wie die Oberfläche des Mondes und die Mondprinzessin kann glücklich mit ihrem irdischen Prinzen leben. Das Gebiet der Fanes-Alm gilt als Reich der Königstochter Dolasilla.
Die Gemeinde Enneberg hat sich in den letzten Jahrzehnten zur großen Tourismushochburg entwickelt. Für Mountainbiker und Wanderer ist die **Fanes-Sennes-Runde**, die sich quer durch den Naturpark zieht, ein lohnenswertes Ziel. Im Winter punktet Enneberg mit seiner Lage zu Füßen des Kronplatzes, Südtirols größtes Skigebiet.
Die **Wallfahrtskirche in Enneberg-Pfarre** ist Maria, der Mutter vom Guten Rat geweiht und ein beliebtes Pilgerziel. Der Hochaltar der kreuzförmig angelegten Barockkirche wurde 1712 vom Künstler Michael Rasner

Zwischenwasser
5 km
St. Vigil in Enneberg
Naturpark Fanes-Sennes-Prags
Hochalmen Fanes und Sennes
Fanes-Sennes-Runde
Wallfahrtskirche Enneberg-Pfarre
Museum Al Plan Dolomites
Zwischenwasser

KULTUR

MUSEUM AL PLAN DOLOMITES

In Räumlichkeiten des Hotels Al Plan Dolomites zeigt Familie Trebo eine private Sammlung von Wanduhren, Masken, Korkenziehern, Pfeifen, Kaffeemühlen und religiösen Gegenständen, zahlreichen Oldtimern und Vespas, die bis zu 150 Jahre alt sind. Zum Inventar gehören auch sechs lebensgroße Holzfiguren in historischen Gadertaler Trachten (Ciasè-Str. 11, 39030 St. Vigil in Enneberg, Tel. +39 0474 501025, alplan.it).

Der Kreuzkofel im Abendlicht

- **Zwischenwasser**
  6 km
- **St. Martin in Thurn**
  Schloss Thurn
  Museum Ladin
  Die Viles
  7,2 km
- **Wengen**
  Pfarrkirche zum Heiligen Genesius
  St. Barbara Kapelle
  Viles Tolpëi
  Armentara-Wiesen
  11 km
- **Abtei**

aus Bruneck angefertigt. Der 52 Meter hohe Glockenturm ist im gotischen Baustil errichtet.

Die **Kirche von St. Vigil** wurde 1293 erstmals urkundlich erwähnt. 1780 musste das alte Kirchengebäude einem neuen Bau weichen. An der Decke über dem Altar sieht man die Predigt des heiligen Franz Xaver in Goa dargestellt. Das Wandgemälde im Gewölbe des Langschiffs zeigt das Martyrium des heiligen Vigilius. Beide Werke stammen vom deutschen Maler Matthäus Günther.

ST. MARTIN IN THURN/ SAN MARTIN DE TOR

Weiter geht unsere Entdeckungsreise durch das Gadertal. Zuerst fahren wir von St. Vigil in Enneberg zurück nach Zwischenwasser und dann talaufwärts nach St. Martin in Thurn (ladinisch San Martin de Tor, italienisch San Martino in Badia), das neben Enneberg, Wengen, Abtei und Corvara zu den fünf ladinischen Gemeinden des Gadertals gehört. Hausberg von St. Martin in Thurn ist der mächtige, 2875 Meter hohe Peitlerkofel, der zur Besteigung einlädt.

Vier größere Siedlungen verteilen sich über das Gebiet der 1800-Seelen-Gemeinde im mittleren Gadertal: St. Martin/San Martin, Pikolein/Picolin, Campill/Lungiarü und Untermoi/Antermëia. St. Martin wurde erstmals 1260 als Sant Martin in Geder erwähnt. Das spätere Thurn lässt sich auf das Schloss Thurn zurückführen.

Schloss Thurn (Ćiastel de Tor) liegt am Hang oberhalb der Ortschaft und gilt als ein Wahrzeichen Ladiniens. Die Geschichte des Schlosses, das lange Zeit Gerichtssitz von Thurn an der Gader war, reicht bis in das frühe 13. Jahrhundert zurück. Im Auftrag des Bischofs von Brixen wurde ein frei stehender Wohnturm errichtet, der später um Palas, Umfassungsmauer und zwei eckständige kleine Rundtürme erweitert wurde.

Seit 1996 ist das Schloss Eigentum des Landes Südtirol und beherbergt heute das **Museum Ladin Ćiastel de Tor**. Der Gang durch das Museum greift aus Geschichte und Gegenwart der Dolomitenladiner signifikante Situationen heraus, beleuchtet einschneidende Einflüsse des überregionalen Geschehens auf deren Leben und lenkt den Blick auf die Wechselbeziehung zwischen Landschaftsformen und Lebensweisen (Torstr. 65, Tel. +39 0474 524062, museumladin.it).
In St. Martin in Thurn hat auch das ladinische Kulturinstitut zur Förderung der ladinischen Sprache und Kultur **Micurá de Rü** seinen Sitz (micura.it/de/istitut-ladin).

WENGEN / LA VAL

Von St. Martin in Thurn sind es knappe sieben Kilometer talaufwärts bis nach Wengen (ladinisch La Val, italienisch La Valle). Wengen liegt in der Mitte des Gadertals in ruhiger Lage im gleichnamigen Wengental am Fuße des 2907 Meter hohen Heiligkreuzkofels und ist mit seinen 1300 Einwohnern die kleinste Gemeinde im Gadertal. Das ruhige, traditionsbehaftete Dorf ist südtirolweit die Gemeinde mit dem höchsten Anteil ladinischsprechender Personen.
Hauptort der Gemeinde ist das 1320 bis 1400 Meter hoch gelegene St. Genesius/San Senese. Im nach Osten vom Haupttal abzweigenden Wengental/Val de Spëscia, das vom Wengener Bach durchflossen wird, liegen zahlreiche kleinere Weiler. Einen Besuch lohnen

↑ Museum Ladin Ćiastel de Tor
↓ Rechenmacher in Wengen

AUSFLUG

RUNDWANDERUNG ZU DEN VILES

Eine leichte Wanderung, die auch für Kinder und Ungeübte gut zu bewältigen ist, führt zu den ladinischen »Viles«. Die kleinen bäuerlichen Hofgruppen und verstreuten Weiler prägen das Landschaftsbild und bilden architektonische Besonderheiten des Gadertals. Sie sind die älteste Siedlungsform im Tal. Die »Roda dles Viles« startet in Campill bei St. Martin in Thurn und führt in gut drei Stunden durch Wälder und Weiden vorbei an den traditionellen Viles, die als stumme Zeugen die Jahrhunderte nahezu unbeschadet überstanden haben.

St. Kassian unter dem Kreuzkofelmassiv

hier vor allem die Viles von Cians, Ciampëi, Runch, Rü und Tolpëi. Ältester Weiler der Gemeinde ist Tolpëi hinter der Barbara-Kapelle.

Die neuromanische **Pfarrkirche zum heiligen Genesius** von Rom wurde von 1868 bis 1874 mitten im neuen Dorfzentrum von St. Genesius erbaut. Sie ersetzte die alte Pfarrkirche aus dem Jahr 1382, deren Ruine sich etwas erhöht in Alt-Wengen befindet und von der nur noch der Turm steht.

Die gotische **St.-Barbara-Kapelle** wurde um 1490 auf einer kleinen Anhöhe errichtet. Einen besonderen künstlerischen Wert hat hier das im 15. Jahrhundert angebrachte Kreuzigungsfresko an der Außenmauer, das Einflüsse des Brunecker Meisters Michael Pacher aufweist. Die Barbara-Kapelle ist mittlerweile zum Wahrzeichen von Wengen geworden. Der Besinnungsweg »Memento vivere« führt in einer halben Stunde vom Dorfzentrum hinauf zur »Santa Berbura«, die etwas einsam, aber in schönster Panoramalage auf dem Hügel über Wengen thront. Wengen ist das erste zertifizierte Wanderdorf Südtirols und Ausgangspunkt für zahlreiche Bergtouren im Naturpark Fanes-Sennes-Prags. Fünf zertifizierte Wege führen in die umliegende Bergwelt. Über den Bergweg »Tru di Pra« kommen die Wanderer in einer Stunde zu den geschützten und in Europa einzigartigen **Armentara-Wiesen** hinauf. Sie befinden sich auf einer Höhe von 1600 bis 2000 Metern unterhalb des Heiligkreuzkofels und können auch auf der »Roda de Armentara« erlebt werden. Besonders im Spätfrühling und Frühsommer begeistert das 300 Hektar große Gebiet durch seine Blumenvielfalt: An die 200 verschiedene Blumenarten erblühen hier jedes Jahr. Der Weg »Ju de Sant Antone« führt zum Naturpark Fanes-Sennes-Prags.

ABTEI / BADIA

Elf Kilometer sind es von Wengen nach Abtei (auf Ladinisch und Italienisch Badia), das den Hauptteil des oberen Gadertals einnimmt. Neben dem Hauptort Abtei am Talboden gehören die Fraktionen Pedratsches/Pedraces westlich der Gader und St. Leonhard/San Linert östlich der Gader unter dem mächtigen Heiligkreuz-Massiv, Stern/La Ila und St. Kassian/San Ćiascian im südöstlichen Seitenast des Gadertals zur Gemeinde. Zahlreiche charakteristische Viles prägen den ländlichen Charme und die bäuerlich-alpine Bautradition von Abtei.
Die einmalige Lage zwischen den zwei Naturparks Fanes-Sennes-Prags und **Puez-Geisler** lädt im Sommer zum Wandern und Klettern, Mountainbiking und Naturgenuss ein. Direkt vom Dorf aus starten die Lifte zu Ausflugszielen wie dem **SummerPark La Crusc** und der Gardenacia-Hütte. Im Winter zieht es die Sportfreunde zum Langlaufen, Schneeschuhwandern, Rodeln oder Eislaufen und das **Skigebiet Alta Badia** mit seinen 130 Kilometern Pisten verspricht Ski- und Snowboardspaß.

In Pedratsches lädt der 1460 Meter hoch gelegene **Sompuntsee** mit einem herrlichen Blick auf die Kreuzkofelwände zum Besuch. Ein Wander- und Radweg führt zum See, der sich im Winter in einen Eislaufplatz verwandelt. Auf einem Uferweg kann das malerische Gewässer umrundet werden. Im weitläufigen **Wildgehege Paraciora** leben Rehe und Rothirsche, die von einem Rundweg aus beobachtet werden können.
Zum kulturellen Erbe von Abtei zählt die zwischen 1776 und 1778 auf Resten einer gotischen Kirche aus dem 14. Jahrhundert erbaute **Pfarrkirche St. Jakob und St. Leonhard**. Sie gilt als das bedeutendste Denkmal des Rokokos in Ladinien.
Auf über 2000 Meter Meereshöhe, am Fuße des Heiligkreuzkofels, liegt die **Wallfahrtskirche Heilig Kreuz/La Crusc**, ein beliebtes Wanderziel, das auch mit dem Lift erreichbar ist. Die idyllische Kapelle wurde 1484 von Bischof Konrad von Brixen dem heiligen Kreuz geweiht und zog im Laufe der Zeit

Abtei
Pfarrkirche St. Jakob und St. Leonhard
Wallfahrtskirche Heilig Kreuz/ La Crusc
Geburtshaus des hl. Josef Freinademetz
Sompunt See
6,8 km
St. Kassian

Romantischer Gebirgssee auf dem Weg vom Valparolapass zur Pralongià-Alm

viele Pilger an. 1650 wurde die Kapelle im Rokokostil erweitert und mit einem Glockenturm ausgestattet. Im Kirchenaltar werden Reliquien der Heiligen Leonhard, Hippolyt, Virgilius, Maria Magdalena, Agnes und Barbara aufbewahrt. Noch heute findet alljährlich Anfang Juni eine Prozession statt: »Der kreuztragende Heiland« wird von der Pfarrkirche St. Leonhard nach Heilig Kreuz hinauf- und Anfang Oktober wieder zurückgetragen.
1718 errichtete man neben der Kapelle das Heilig-Kreuz-Hospiz, das zur Unterbringung der Pilger und als Wohnstätte für den Mesner diente. Heute lädt im denkmalgeschützten Gebäude die **Schutzhütte Heilig Kreuz** zur Einkehr.

AUSFLUG

WANDERUNG NACH HEILIG KREUZ

Die Wanderung zur Wallfahrtskirche Heilig Kreuz/La Crusc startet in St. Leonhard und führt über Oies, den Geburtsort des heiligen Freinademetz, in gut 2,5 Stunden weiter nach Heilig Kreuz. Von Wengen führt ein Kreuzweg zur Wallfahrtskirche. Am bequemsten ist der Wallfahrtsort mit dem Vierersessellift La Crusc 1 oder der Gondelbahn La Crusc 2 ab St. Leonhard zu erreichen. Von der Bergstation auf 2050 Meter Höhe ist man in wenigen Minuten bei der Wallfahrtskirche.

Wanderung zur Wallfahrtskirche Heilig Kreuz

In St. Leonhard steht auch das **Geburtshaus von Josef Freinademetz**. Der erste Heilige Südtirols wurde im Weiler Oies am 15. April 1852 geboren. Mit 23 Jahren wurde Freinademetz zum Priester geweiht. Vier Jahre später zog er als Missionar nach China in die Provinz Süd-Shantung, von wo er nie mehr zurückkam. Er starb dort am 28. Januar 1908 an Typhus. 1975 wurde Josef Freinademetz von Papst Paul VI. in Rom seliggesprochen, am 5. Oktober 2003 erfolgte die Heiligsprechung durch Papst Johannes Paul II.
Heute ist das Geburtshaus ein viel besuchter Wallfahrtsort und ganzjährig zugänglich. Erinnerungsstücke und Briefe des Heiligen sind ausgestellt (Oies 6, 39036 Abtei, Tel. +39 0471 839635, freinademetz.it). Das Geburtshaus ist zu Fuß über die zwei Kilometer lange Via Crucis P. J. Freinademetz von Abtei aus zu erreichen.

ST. KASSIAN / SAN ĆIASCIAN

Auf der Weiterfahrt durch das obere Gadertal teilt sich wenige Kilometer nach Abtei bei Stern/La Ila das Tal in einen südöstlichen

Col di Lana Gipfel und Gedenkstätte Erster Weltkrieg

und einen südwestlichen Arm. Der südöstliche Arm führt nach St. Kassian und über den Valparolapass ins benachbarte Buchenstein in der Provinz Belluno.

Die Tourismushochburg St. Kassian (ladinisch San Ćiascian, italienisch San Cassiano) gehört als Fraktion noch zur Gemeinde Abtei und liegt auf 1537 Höhenmetern am Fuße der imposanten Felswände des Piz Cunturines, des Piz Lavarela, des Settsass und des Lagazuoi. Das Dorf ist Teil der Ferienregion Alta Badia und sowohl im Sommer als auch im Winter eines der beliebtesten Urlaubsziele im Tal.

Die **Pfarrkirche zum heiligen Kassian** wurde im Jahr 1782 errichtet. Auf dem vom schlesischen Künstler Carl Henrici gestalteten Gemälde am Hauptaltar ist das Martyrium des heiligen Kassian dargestellt. Auf der belebten und beliebten Fußgängerzone mit Cafés, Bars, Restaurants und vielen Einkaufsmöglichkeiten gilt das Motto »Sehen und gesehen werden«.

Das Museum Ladin in St. Martin in Thurn eröffnete 2011 in St. Kassian einen zweiten Sitz, das **Museum Ladin Ursus ladinicus**. Es widmet sich dem Fund der Überreste eines Höhlenbären in einer Höhle am Piz Cunturines am 23. September 1987 durch den Hotelier Willy Costamoling. In einer auf drei Stockwerke verteilten Ausstellung erfahren Besucher alles über die Geschichte und den Lebensraum der vor rund 40 000 Jahren lebenden Höhlenbären. Am Fuße des Cunturines kann man bei einer geführten Wanderung die gut erhaltene Grotte des prähistorischen Höhlenbären besuchen (Micurà de Rü Str. 26, 39036 St. Kassian, Tel. +39 0474 524062, museumladin.it).

St. Kassian
Pfarrkirche zum heiligen Kassian
Museum Ladin Ursus ladinicus
Col Di Lana Weltkriegsmuseum Tre Sassi

Valparolapass

17 km

Corvara

ZU FUSS AUF DEN COL DI LANA

Der Col di Lana ist zum blutigen Inbegriff der Dolomiten-Gebirgsfront während des Ersten Weltkriegs geworden. Im Rahmen der Kampfhandlungen zwischen den österreichungarischen und den italienischen Soldaten wurde im April 1916 von Letzteren der gesamte Gipfel des Berges in die Luft gesprengt.

↑ Blick vom Col di Lana auf die Marmolada
↓ Auf den Spuren der Alpini und Kaiserjäger:
Museum Sperre Tre Sassi

Vor der atemberaubenden Kulisse der Dolomiten gibt eine Wanderung auf den Col di Lana eine Vorstellung von den Schrecken der damaligen Zeit.
Wir fahren vom Campingplatz Sass Dlacia in St. Kassian hinauf auf den Valparolapass (2180 m). Dort gibt es beim ehemaligen österreichischen Fort und heutigen Kriegsmuseum »Tre Sassi« einen kostenlosen Parkplatz. Von hier aus geht es zuerst etwas bergab zum kleinen, seichten Valparolasee. Dann beginnt der Aufstieg durch Zirben- und Lärchenwälder hinauf zum lang gestreckten Graskamm, der den Settsass-Gipfel (2571 m) und den Monte Sief (2425 m) verbindet. Am Passo Sief (2209 m) stoßen wir auf die ersten Relikte des Ersten Weltkriegs: zugewachsene Schützengräben, Baracken und Frontunterkünfte der Kaiserjäger, die uns bis zum Gipfelziel begleiten. Über den Buckel des Monte Sief, dem ersten tollen Panoramapunkt, geht es (nach knapp zwei Stunden Wanderzeit) über einen etwas felsigen und zersplitterten Kamm hinüber zum Col di Lana auf 2452 Meter Meereshöhe.

SPECIAL

WELTKRIEGSMUSEUM TRE SASSI

Das ehemalige österreichische Fort Tre Sassi am Valparolapass wurde 1897 zur Verteidigung der südlichen Grenzen des österreichisch-ungarischen Reiches erbaut. 1915 wurde die Festung in Trümmer gelegt. Heute beherbergt die restaurierte Anlage ein Museum über den Ersten Weltkrieg. Ausgestellt werden Ausrüstung und Gegenstände des damaligen Soldatenlebens (Valparolapass, 32043 Cortina d'Ampezzo, Tel. +39 0436 861112, cortinamuseoguerra.it).

Zwar sind die Reste aus dem Ersten Weltkrieg eindrucksvoll, doch die Wanderung lohnt schon allein wegen der einmaligen Aussicht von hier oben: Sie reicht zur Tofana di Rozes, zur Marmolata und zum Sellastock bis hin zum Rosengarten.

Corvara
Sellaronda
Sellaronda Bike-Tour
Golfclub Alta Badia
6,6 km
Campolongopass

CORVARA / CORVARA IN BADIA

Ab Stern/La Ila führt der südwestliche Arm des Gadertals nach Corvara (italienisch Corvara in Badia) und verzweigt sich dort im Talschluss erneut: Richtung Westen geht die SS243 auf das 2121 Meter hohe Grödner Joch/Ju de Frara, im Südwesten die SS244 auf den 1875 Meter hohen Campolongopass/Ju de Ćiaulunch.
Corvara liegt 1500 Meter hoch, auf einem weiten Plateau inmitten der beeindruckenden Bergkulisse der Dolomiten. Mit 3252 Metern höchster Punkt der Gemeinde ist der Piz Boè, wo Corvara an das Trentino und die Provinz Belluno in Venetien grenzt. 1400 Einwohner verteilen sich auf drei Dörfer, die im Laufe des 20. Jahrhunderts beinahe zusammengewachsen sind: auf Corvara als Hauptort der Gemeinde auf der südlichen Talseite, Pescosta auf der gegenüberliegenden nördlichen Talseite und Kolfuschg/Calfosch/Colfosco, die höchstgelegene Siedlung nordwestlich vom Hauptort.
Corvara ist heute das unumstrittene Zentrum des Tourismus in Alta Badia, wird als »Wiege des Tourismus in Alta Badia« bezeichnet und gehört zu den beliebtesten Urlaubszielen im Alpenraum. In den 1930er-Jahren wurde in Corvara die erste Skischule des Gadertals gegründet. Mit der Errichtung des Schlittenlifts Col Alto im Jahr 1938 begann der Wintertourismus in größerem Stil. 1947 wurde dieser durch den ersten Sessellift

Italiens ersetzt. Heute verfügt Corvara, das direkt am weltgrößten Skikarussell **Dolomiti Superski** mit 130 Kilometern Pisten liegt, über ein Netz modernster Liftanlagen. Einzigartig und spektakulär ist die Skitour um den **Sellastock**, die Sellaronda. Die zusammenhängende Tour verbindet die vier ladinischen Täler Gröden und Alta Badia (Südtirol), Arabba (Venetien) und Fassatal (Trient) und führt über die vier Dolomitenpässe Grödner Joch, Sella- und Pordoijoch und Campolongopass. Die Länge der Sellaronda beträgt insgesamt 40 Kilometer (Aufstiegsanlagen und Pisten), davon sind 26 Kilometer Skipisten. Die Tour schafft

↑ Sellaronda: per Ski ...
↓ ... oder per Fahrrad um den Sellastock

man an einem Tag in einer der beiden Richtungen. Im Uhrzeigersinn in oranger, gegen den Uhrzeigersinn in grüner Beschilderung (sellaronda.info).

SELLARONDA FÜR BIKE-FANS

Zwischen Juni und Juli treffen sich die Radfahrer in Corvara: Ein einmaliges Erlebnis ist die berühmte **Sellaronda MTB-Tour**, eine Mountainbikefahrt über die vier Dolomitenpässe rund um den Sellastock im Grödnertal: das Grödner Joch, den Campolongopass sowie das Pordoi- und das Sellajoch. Beim **Sellaronda Bike Day**, zweimal pro Jahr, im Juni und im September, stehen die Passstraßen mitten in dieser zauberhaften Bergkulisse allen Radlern offen. Danach folgt der **Maratona dles Dolomites** für Rennradfahrer, die sich insgesamt sieben Dolomitenpässen stellen (sellarondabikeday.com, maratona.it). 30 bestens beschilderte Mountainbike-Routen in Höhenlagen zwischen 700 und 2450 Metern und mit unterschiedlichen

SPECIAL

DER TRAUM VOM FLIEGEN

Wer träumt nicht davon, einmal im Leben abzuheben, über den Wolken zu schweben, einfach zu fliegen ... Die Gebrüder Gabriel und Marco Kostner machen diesen Traum mit ihrem Hubschrauberservice Elikos wahr. Traumhafte Hubschrauber-Rundflüge für jeweils bis zu sechs Personen starten in die grandiose und atemberaubende Bergwelt der Dolomiten (Office: Via Dantercëpies-Str. 16, 39048 Wolkenstein Gröden, Heliport: Pontives 26a, 39040 Lajen, Tel. +39 331 8877888, elikos.com).

Der Campolongo Pass im Abendlicht

Schwierigkeitsgraden in einer der weltschönsten Bergkulissen stehen den Sportlern das ganze Jahr über zur Verfügung (mtb-dolomites.com).

CAMPOLONGOPASS

Ab Corvara beginnt unsere eigentliche Dolomitentour. Es geht knappe sechs Kilometer auf der Staatsstraße SS244 auf den 1875 Meter hohen Campolongopass (Ju de Ćiaulunch auf Ladinisch, Passo di Campolongo auf Italienisch). Von Corvara aus hat der Anstieg eine durchschnittliche Steigung von fünf und eine maximale Steigung von neun Prozent. Die Abfahrt vom Pass nach Arabba weist ein durchschnittliches Gefälle von sechs und ein maximales Gefälle von zehn Prozent auf.

Der Campolongopass liegt zwischen dem Sellamassiv und der Fanesgruppe und verbindet das Gadertal mit dem Buchensteintal samt der Ortschaften Livinallongo del Col di Lana und Arabba in Belluno. Er ist der niedrigste der vier Pässe rund um das Sellamassiv und Etappenziel sowohl bei der Sellaronda-Skitour als auch bei der Sellaronda MTB-Tour. Die herrliche Aussicht mitten in der einzigartigen Gebirgslandschaft des Dolomiten UNESCO-Welterbes – mit tollem Blick zur Marmolata – machen den Pass zu einem beliebten Ausflugsziel.

Campolongopass
3,3 km
Arabba

Die Fahrt zum Campolongopass ist nur in den schneefreien Sommermonaten erlaubt. In dieser Zeit ist auf allen Dolomitenpässen mit Staus und Überlastung zu rechnen. Die Parkplätze am Pass sind limitiert und gebührenpflichtig (Münzautomat). Das Parken am Straßenrand wird von den Ordnungshütern bestraft. Für Informationen zur aktuellen Verkehrslage oder zu eventuellen Passschließungen empfehlen wir die Südtiroler Landesverkehrsmeldezentrale zu konsultieren (Tel. +39 0471 200198, verkehr.provinz.bz.it). Zu Fuß, mit dem Rad, mit der Kabinenbahn oder den öffentlichen Verkehrsmitteln

Blick von der Passo Pordoi Straße auf den Sellastock

können die Pässe auf sanfte Weise am besten erobert werden – die nachhaltigste Art, die Dolomiten zu genießen.

ARABBA / RÈBA

Das hübsche, knapp 300 Einwohner zählende Bergdorf Arabba, ladinisch Rèba, liegt auf 1600 Meter Höhe im oberen Buchensteintal/ Valle di Fodom am Fuß der grandiosen Sellagruppe. Arabba ist eine Fraktion der Gemeinde Livinallongo del Col di Lana in der Provinz Belluno. Die beiden Pässe Campolongo und Pordoijoch verbinden das Dorf mit den benachbarten ladinischen Tälern, dem Gadertal und dem Fassatal im Trentino. Arabba ist sommers wie winters ein beliebter Urlaubsort.

Wahrzeichen des Fodom-Tals ist das im Jahr 1207 errichtete **Schloss Buchenstein** (ladinisch Ciastel d'Andrac, italienisch Castello di Andraz). Die antike Festung an der ehemaligen Grenze zwischen Tirol und der Republik Venedig war jahrhundertelang das Verwaltungszentrum des ganzen Tals und ein strategischer Punkt für die Kontrolle der Handelswege zwischen Venedig und Tirol. Schloss Buchenstein öffnet heute seine Tore mit einem interessanten Museum, das die historische Entwicklung von Andraz und die Geschichte der nahe gelegenen Eisenbergwerke zeigt. Im Sommer finden im Schloss kulturelle Veranstaltungen statt (castellodiandraz.it).

PORDOIJOCH / JOUF DE PORDOI

Knappe zehn Kilometer beträgt die Strecke auf der Strada Regionale 48 delle Dolomiti von Arabba auf das 2239 Meter hohe Pordoijoch – Passo Pordoi auf Italienisch. Der Pass liegt zwischen dem Sellamassiv, dem Sass Pordoi und dem Langkofel und verbindet das Buchensteintal im Belluno mit dem Fassatal im Trentino. Gleich mehrere imposante

3000er-Gipfel aus dem Sellamassiv und der Marmolatagruppe bilden die einmalige Kulisse oben am Pass. Das Pordoijoch selbst ist Ausgangspunkt für spektakuläre Klettertouren und zahlreiche Wanderungen.
Am Pass stehen ein Denkmal für die hier Gefallenen des Ersten Weltkriegs sowie – am höchsten Punkt des Giro d'Italia – ein Denkmal für den italienischen Radrennfahrer und dreifachen Weltmeister Fausto Coppi (1919–1960). Der »Campionissimo«, der »Meister der Meister«, war einer der erfolgreichsten und populärsten Radrennfahrer der Geschichte. Das historische Passhotel Pordoi wurde bereits 1905 erbaut.
Die gut 22 Kilometer lange Straße von Arabba über das Pordoijoch nach Canazei fordert mit Steigungen von bis zu acht Prozent und insgesamt 50 Kehren dem Fahrer schon einiges ab. Zur Fahrt über das Pordoijoch gilt im Übrigen dasselbe wie für den Campolongopass.

DOLOMITENKÖNIGIN MARMOLATA

Die 3343 Meter hohe Marmolata (Marmolada auf Italienisch) – um genau zu sein, die Punta Penia – ist der höchste Gipfel der Dolomiten. Der Gletscher auf seiner Nordseite ist der größte der Dolomiten, auch wenn er in den letzten Jahren arg geschrumpft ist. Vom Skiort **Malga Ciapela** aus führt eine Seilbahn mit traumhaftem Fernblick über drei Stationen hinauf zum Gipfel. An der Station Punta Serauta auf 2950 Metern präsentiert ein Kriegsmuseum die Geschichte der Marmolata und ihre Bedeutung während des Ersten Weltkriegs.
Im Winter wartet ein einzigartiges Skigebiet auf die Sportler. Im Sommer führen Klettersteige wie die Via Ferrata della Marmolada und die Via Tomasson zum Gipfel Punta Penia.

FASSATAL / VAL DE FASCIA

Arabba
Schloss Buchenstein/Castello di Andraz
Alte Mühle
9,5 km
Pordoijoch
Marmolada
Gefallenendenkmal Erster Weltkrieg
Denkmal Fausto Coppi
13 km
Canazei
Fedaia See
14 km
San Giovanni di Fassa

Vom Pordoijoch geht es auf der 13 Kilometer langen und kurvenreichen Strecke hinunter nach Canazei ins Trentiner Fassatal (ladinisch Val de Fascia, italienisch Val di Fassa). Dank seiner einzigartigen Lage zwischen den berühmtesten Gipfeln der Dolomiten zählt Val di Fassa zu den bekanntesten Tälern der Alpen und zu den wichtigsten touristischen Destinationen des Trentino. Das Fassatal ist zudem das einzige ladinischsprachige Tal im Trentino und wird

↑ Das historische Hotel Passo Pordoi
↓ Auf dem Weg zur Via ferrata delle trincee

noch stark von den Traditionen der ladinischen Kultur geprägt. Die sechs Gemeinden des Tals gehören zur Talgemeinschaft Comun General de Fascia.
Canazei (ladinisch Cianacéi) liegt auf 1465 Metern zwischen den imposanten Gipfeln der Marmolata (3342 m), der Sellagruppe (3152 m) und dem Gran Vernèl (3058 m). Die 2000 Einwohner zählende Gemeinde ist eines der wichtigsten Touristenziele des Fassatals und Hauptzentrum des Skisports: Das große Skikarussell mit den vier Gebieten Belvedere, Ciampac, Col Rodella und Marmolata und den modernen Aufstiegsanlagen mit bestens präparierten Skipisten ist leicht und schnell vom Dorf aus erreichbar.

Die Pfarrkirche San Floriano in Canazei

AUSFLUG

HINAUF ZUM FEDAIASEE

Die Wanderung über den Bindelweg zum Fedaiasee zu Füßen der mächtigen Marmolata bietet spektakuläre Ausblicke auf die Dolomiten. Gestartet wird in Canazei mit der Belvedere-Kabinenbahn zum Pecol. Von dort aus geht es zum Col dei Rossi, wo der Bindelweg zur Hütte Viel dal Pan führt. Dann geht es über einen Wanderpfad weiter in Richtung Fedaiapass und zum Fedaiasee auf 2057 Meter Höhe (fassa.com).

CAMPITELLO DI FASSA & MAZZIN

Auf der Weiterfahrt durch das Fassatal Richtung Moena kommen wir zuerst in **Campitello di Fassa** und dann in **Mazzin**, der kleinsten Gemeinde des Fassatals, vorbei. Campitello di Fassa liegt auf 1450 Meter Meereshöhe an der Mündung des Val Duron und zählt zu den ersten alpintouristischen Zentren des Tals. Aus Mazzin, dem Dorf der »Pitores«, zogen einst Wanderhandwerker als Dekorateure und Maler aus und verbrachten einige Monate des Jahres damit, Häuser zu verzieren und zu bemalen.
Auf dem Doss dei Pigui wurden in den 1960er-Jahren Überreste einer befestigten Räter-Siedlung aus dem 5. Jahrhundert v. Chr. entdeckt. Die Gegenstände und Bronzeschmuckstücke sind im Museum Ladin de Fascia in Vigo di Fassa ausgestellt (istladin.net). Mazzin ist zudem das einzige Dorf im Tal mit einer Burg: der **Casa Battel** mit Spitzturm und wertvollen dekorativen Elementen und Fresken. In der Nähe von Mazzin befindet sich der bezaubernde und von ladinischen Sagen umwobene **Antermoiasee**.

Festung aus dem Ersten Weltkrieg über dem Fedaiasee am Fuß der Marmolada

SAN GIOVANNI DI FASSA/ SÈN JAN

Die Gemeinde San Giovanni di Fassa, ladinisch Sèn Jan, ist aus dem Zusammenschluss der Gemeinden Pozza di Fassa (Poza) und **Vigo di Fassa** (Vich) hervorgegangen. Vigo di Fassa liegt auf 1380 Meter Höhe am Fuße von Rosengartengruppe und Elferkofel in einer zentralen Lage im Tal. Der Ort ist Sitz des ladinischen Kulturinstituts des Fassatals, welches sich um die Förderung der rätoromanischen Sprache und Kultur bemüht.

In Vigo di Fassa befindet sich auch das **Museum Ladin de Fascia**, ein modernes Gebäude, in dem die ethnografischen Sammlungen des ladinischen Kulturinstituts ausgestellt sind. Das Museum lädt zum Entdecken der ladinischen Kultur des Fassatals ein und informiert über die Geschichte des Ortes von der Urzeit bis heute in einem multimedialen Rundgang mit 17 Infotafeln und 74 Filmen in verschiedenen Sprachen (Strada de Sèn Jan 9, 38036 San Giovanni di Fassa/Sèn Jan, Tel. +39 0462 760182, istladin.net). Das **Mineralienmuseum Monzoni** beherbergt eine der größten Mineraliensammlungen der Dolomiten (Strada de Pilat 10, 38039 Vigo di Fassa, Tel. +39 0462 764173, visittrentino.info).

Eine moderne Seilbahn verbindet das Dorfzentrum mit der Hochebene des Ciampedìe auf 2000 Höhenmetern. Von hier aus starten zahlreiche Routen in die umliegende Bergwelt – von einfachen, ruhigen Wanderwegen bis hin zu adrenalingeladenen Trekkingstrecken und Klettertouren.

Pozza di Fassa wird von den Gipfeln Cima Undici (2507 m), Cima Dodici (2446 m) und den majestätischen Torri del Vajolet (2812 m) überragt. Pozza lädt vor allem zu Wellness und Entspannung. Die **Schwefelquelle Aloch** ist einzigartig im Trentino. Das Thermalwasser wird in vielen örtlichen Wellnesszentren zur Hautpflege verwendet, vor allem in den

San Giovanni di Fassa
Museum Ladin de Fascia
Mineralienmuseum Monzoni
Schwefelquelle Aloch
8,3 km
Moena

Die Pfarrkirche San Vigilio hoch über Moena

AUSFLUG

FASSA- UND FLEIMSTAL PER RAD

Ein schöner Radweg durch das Fassatal und das Fleimstal startet in Canazei am Ende des Fassatals und verläuft dem Fluss Avisio entlang bis nach Molina di Fiemme. Der Radweg ist asphaltiert und für alle Fahrradtypen geeignet. Auf der rund 48 Kilometer langen Strecke werden etwa 650 Höhenmeter überwunden. Wegweiser: Pista ciclabile Val di Fiemme e Fassa Nr. 5 (visitfiemme.it).

Thermalbädern Dolomia, QC Terme Dolomiti und Aquapark Vidor.

SORAGA DI FASSA

Nur wenige Kilometer weiter liegt talauswärts die kleine Ortschaft Soraga di Fassa, eine der ältesten Siedlungen des Tals. Soraga di Fassa gilt als Ort der Künstler. Hier arbeiten und treffen sich Bildhauer, Schnitzer und Maler und präsentieren ihre Kunstwerke in den örtlichen Kunsthandwerksläden, die sich auf alpine Kunst und Möbel spezialisiert haben.

Der in der Nähe gelegene Lago Pezzè, ein künstlich angelegter See aus dem aufgestauten Wasser des Avisio, sorgt mit seinem türkisfarbenen Wasser für eine besondere Stimmung mitten in der bizarren Bergwelt der Dolomiten.

Im Winter ist Soraga ein Paradies für Langläufer, vor allem auf den bestens präparierten Loipen der Marcialonga, die immer am letzten Sonntag im Januar abgehalten wird. Ein Gratis-Shuttlebus bringt die Skiläufer in die nahen Skigebiete. Im Sommer locken Wanderungen auf die umliegenden Almen und die Gipfel von Roda di Vael (2804 m), Cima Dodici (2446 m) und Dirupi di Larséch (2734 m).

MOENA

Das auf 1200 Meter Meereshöhe liegende Moena ist der größte Ort des Fassatals und eines der beliebtesten Touristenzentren des Tals. Der Ort am Beginn des Fassatals umfasst die kleinen, traditionsbewussten Weiler Forno, Medil, Peniola, Sorte und Someda. Der Blick schweift hinauf zu den Glockentürmen des 2790 Meter hohen Latemar auf der einen und zum Passo San Pellegrino auf der anderen Seite. Sonnenaufgang und Sonnenuntergang zaubern hier eindrucksvolle

AUSFLUG

AUF DIE MALGA SECINE

Ein sieben Kilometer langer Forstweg führt von Moena auf die Malga Secine unter dem Karerpass zwischen Latemar und Rosengarten. Zur Belohnung gibt's für Wanderer eine einmalige Sicht auf die umgebende Bergwelt. Darüber hinaus lockt das gemütliche Almrestaurant Malga Secine mit typischer Küche der Region auf 1760 Meter Meereshöhe zur Einkehr (agriturmalgasecine.it).

Lichtspiele. Im Winter ist Moena das Herz des Skigebiets **Alpe Lusia – San Pellegrino** mit einem ausgedehnten Netz von Skiliften und Skipisten mit verschiedenen Schwierigkeitsgraden für jeden Geschmack.
Moena ist auch für seine gastronomischen Höhepunkte und Spitzenprodukte bekannt. Besonders beliebt ist der »Puzzone di Moena«, ein würziger Käse mit geschützter Ursprungsbezeichnung. Im **Agritur El Mas**, einem Bauernhof mit eigenen Produkten und bodenständiger Küche, lässt es sich gut einkehren (Strada de Saslonch 176, Località Col de Soldai, Moena, Tel. +39 0462 574221, agriturelmas.it).

Moena
Malga Secine
17 km
Karerpass
Rosengarten-Bergmassiv
Grand Hotel Carezza
Karersee
9,4 km
Welschnofen
21 km
Bozen

KARERPASS / JOUF DE CIAREJA

Von Moena aus geht es auf einer Strecke von 17 Kilometern über die Strada Statale 241 di Val d'Ega e Passo di Costalunga hinauf auf den Karerpass, den Passo Costalunga. Der 1752 Meter hohe Karerpass liegt in Panoramalage zwischen dem Rosengarten und dem Latemar und verbindet das Fassatal mit dem Südtiroler Eggental. Der Pass ist Ausgangspunkt vieler Wanderungen und Bergtouren. Die durchschnittliche Steigung der kurvenreichen Passstraße beträgt fünf bis sechs Prozent, die maximale zehn bis zwölf Prozent.

Der Fluss Aviso fließt durch Moena.

Die Pardeller Stube im Restaurant Pardeller in Welschnofen

Der Karerpass zählt zu den alten Dolomiten-Übergängen für Hirten und Säumer. Mit dem Bau der Karerpassstraße hat man von Südtirol aus im Jahr 1861 begonnen. Aber erst 1896 wurde die gesamte Strecke von Birchabruck nach Vigo di Fassa fertiggestellt und konnte durchgängig vom Verkehr genutzt werden. In den 1930er-Jahren wurde die Strecke als Teil der »Großen Dolomitenstraße« verbessert und die Straßenbreite von drei Metern auf sechs verdoppelt.

Das acht Kilometer lange **Rosengarten**-Bergmassiv erstreckt sich vom Karerpass im Süden bis zum Schlernmassiv im Norden. Tiefe Schluchten, steile Felswände und hohe Felstürme prägen die raue Berglandschaft im Reich von Sagenkönig Laurin. Wenn die Sonne aber abends untergeht, erstrahlen die bleichen Dolomitenfelsen in leuchtendem Rot.

Das Alpenglühen des Rosengartens ist eines der schönsten Naturschauspiele in den Dolomiten. Um das »Enrosadira« ranken sich dementsprechend viele Sagen: Der Zwergenkönig Laurin soll hoch oben auf dem Berg einen Rosengarten besessen haben. Laurin belegte diesen mit einem Fluch, sodass sowohl bei Tag als auch bei Nacht niemand mehr den wunderschönen Garten sehen konnte. Dabei vergaß er jedoch die Dämmerung, in der der Rosengarten bis heute in wunderschönen Rottönen von Rosa bis Orange und Karminrot erstrahlt. Das Schauspiel variiert von Saison zu Saison, sogar von Tag zu Tag, abhängig von der Position der Sonne, den Wolken und der Klarheit der Luft.

Im noblen, 1896 eingeweihten **Grand Hotel Carezza** haben einst berühmte Persönlichkeiten Urlaub gemacht, darunter Kaiserin Sisi, Winston Churchill und Agatha Christie.

Tipp

RUND UM DEN KARERSEE

Eine Rundwanderung führt in 20 Minuten um den See, der sich im Winter in eine zauberhafte Winterlandschaft mit einem idyllischen Weihnachtsmarkt verwandelt. Am besten genießt man die Idylle an dem smaragdgrünen Gewässer früh am Morgen, wenn der See noch spiegelglatt und unberührt von den später vorbeiziehenden Touristenströmen daliegt. Ein gebührenpflichtiger Parkplatz befindet sich auf der gegenüberliegenden Straßenseite. Der kleine Ort Karersee ist übrigens beinahe genauso bezaubernd wie der namensgebende Märchensee.

Agatha Christie wählte den Ort als Kulisse für ihre Romane »Poirot« und »Die großen Vier«.

DER SCHÖNSTE DOLOMITEN-BERGSEE

Kurz unterhalb des Passes, auf 1543 Metern, liegt auf der Südtiroler Seite der smaragdgrün schimmernde **Karersee**, einer der schönsten Alpenseen in den Dolomiten. Im glasklaren, smaragdgrün schimmernden Wasser des Märchensees spiegeln sich die schroffen Zinnen des Latemar-Gebirgszugs. Der 300 Meter lange und 130 Meter breite See wird von unterirdischen Quellen der Latemargruppe gespeist, wobei sich sein Wasserstand ständig ändert. Im Frühjahr erreicht der See seinen höchsten Stand mit 22 Meter Tiefe.
Einer Sage zufolge lebte im Karersee einst eine wunderschöne Wasserjungfrau, in die sich der Hexenmeister Masaré verliebte. Um ihre Gunst zu gewinnen, empfahl ihm die Hexe Lanwerda, sich als Juwelenhändler zu verkleiden und einen Regenbogen vom

Karersee und Latemarmassiv: der schönste Bergsee der Dolomiten

Die Berghütte Oberholz: moderne Architektur unter dem Latemar

Rosengarten bis zum Latemar zu schlagen. Diesen Rat befolgte er, vergaß jedoch, sich zu verkleiden. So wurde er von der Wasserjungfrau entdeckt, die für immer im See verschwand. Der Hexenmeister war so wütend, dass er die Regenbogenstücke und Juwelen in den See warf. Deshalb schimmert der See heute immer noch in prächtigen Regenbogenfarben.

ÜBER WELSCHNOFEN NACH BOZEN

Knappe zehn Kilometer sind es vom Karerpass nach Welschnofen im Südtiroler Eggental – mitten durch die einzigartige Welterbe-Dolomiten-Natur mit ausgedehnten Nadelwäldern, grünen Wiesen und schroffen Bergspitzen. Der Hauptort des Eggentals liegt 1182 Meter hoch. Der Kirchturm der **Welschnofner Pfarrkirche** mit seinem leuchtenden »Latemarrot« ist schon von Weitem sichtbar. Die Farbe wurde aus einem roten Farbstein gewonnen, der bis in die 1930er-Jahre hinein am Latemar abgebaut wurde. Mitten in Welschnofen startet die **Kabinenbahn** hinauf auf den Rosengarten, in König Laurins Reich.

Von Welschnofen geht es dann die letzten 20 Kilometer unserer Dolomitentour durch das Eggental abwärts Richtung Bozen (siehe Tour 1). Die meist stark befahrene Straße verläuft entlang des Eggentaler Bachs, führt durch zwei längere Tunnel und weist ein Gefälle von durchschnittlich knappen fünf bis sechs Prozent auf. Bei Birchabruck geht's nach rechts hinunter ins Eisacktal nach Karneid. Dort biegen wir rechts ab und kommen nach wenigen Hundert Metern bei Bozen-Nord auf die Brennerautobahn A22.

Pfarrkirche zum Heiligen Nikolaus in Eggen

PRAKTISCHE HINWEISE

TOURISTINFORMATIONEN

Tourismusverein Alta Badia
Strada Col Alt 36,
39033 Corvara Badia,
Tel. +39 0471 836176,
altabadia.org

Tourismusverein St. Vigil in Enneberg
Strada Catarina Lanz 14,
39030 St. Vigil in Enneberg,
Tel. +39 0474 501037,
sanvigilio.org/de/tourismusverein-st-vigil.htm

Tourismusverein St. Martin in Thurn
Strada Tor 18/C,
39030 St. Martin in Thurn,
Tel. +39 0474 523175,
ladinia.it

Tourismusverein Wengen
Strada San Senese 1,
39030 Wengen,
Tel. +39 0471 843072,
ladinia.it

Tourismusverein Abtei
Strada Pedraces 40,
39036 Abtei,
Tel. +39 0471 839695,
ladinia.it

Tourismusverein Corvara
Strada Col Alt 36,
39033 Corvara,
Tel. +39 0471 836176, ladinia.it

APT Val di Fassa
Strèda Roma 36,
38032 Canazei,
Tel. +39 0462 609500,
fassa.com

Tourismusbüro Canazei
Piaz G. Marconi 5,
38032 Canazei,
Tel. +39 0462 609600,
fassa.com

Tourismusbüro Moena
Piaz de Navalge 4,
38035 Moena,
Tel. +39 0462 609770,
fassa.com

Eggental Tourismus
Dolomitenstr. 4,
39056 Welschnofen,
Tel. +39 0471 619500,
eggental.com

CAMPINGPLÄTZE

C 300 **Camping Sass Dlacia** (S. 190 D3)
Sciarè 11, 39036 San Cassiano, Alta Badia,
campingsassdlacia.it
GPS: 46.55438, 11.96999
Mit 1680 m Meereshöhe ist der Campingplatz Sass Dlacia der höchstgelegene Camping Europas. Der Platz stellt einen idealen Ausgangspunkt für unzählige Spaziergänge und Wanderungen, Fahrrad- und Mountainbiketouren dar und bietet das ganze Jahr über eine große Auswahl an Outdoor-Aktivitäten und eine breite Palette an Dienstleistungen, die ganz auf die Bedürfnisse der Gäste abgestimmt sind.

C 301 **Campingplatz Colfosco Corvara** (S. 190 C3)
Strada Sorega 15,

Canazei: Camping Marmolada

Pozza di Fassa: Camping Catinaccio Rosengarten

39033 Colfosco,
Tel. +39 0471 836515,
campingcolfosco.org
GPS: 46.550991, 11.861309
Am Fuße der majestätischen Sellagruppe bietet der familiengeführte Campingplatz zwischen Corvara und Kolfuschg alles, was das Camperherz begehrt. Die modernen Gemeinschaftsbereiche enthalten Wäscheraum (Münz-Waschmaschine & -Trockner) und Wäschetrockner, Geschirrspülbereich, Sanitäreinrichtungen, Bad für Behinderte und im Winter eine beheizte Ski- und Schuh-Aufbewahrung. Beliebt sind Camper-Service (Wasserversorgung, chemische Toilette), Gas-Service, 24-Stunden-Warmwasser, eigene Dusche, Telefon, WLAN (kostenpflichtig), CEE-Steckdosen und Gasanschluss direkt am Stellplatz.

C 302 **Camping Marmolada** (S. 190 B4)
Strèda di Parèda 60,
38032 Canazei,
Tel. +39 0462 601660,
campingmarmolada.com
GPS: 46.47331, 11.77561
Ein perfekter Rückzugsort für Erholungsuchende und gleichzeitig der ideale Ausgangspunkt für Abenteuer in den Bergen. Alle Stellplätze verfügen über eine Steckdose (6A) und haben einen einfachen Zugang zu den sanitären Einrichtungen.

C 303 **Camping Catinaccio Rosengarten** (S. 190 B5)
De Pucia Str. 4,
38036 Pozza di Fassa,
Tel. +39 0462 763305,
catinacciorosengarten.com
GPS: 46.42631, 11.68623
Der familiengeführte Campingplatz Catinaccio Rosengarten liegt in Panoramalage auf 1320 Höhenmetern, nur 200 m vom Zentrum von Pozza di Fassa entfernt. Der Platz bietet jeden erdenklichen Komfort, der mit der Tradition und Kultur der Berge verbunden ist.

Kirchturm der Pfarrkirche Maria Himmelfahrt in Terlan

4

DIE SÜDTIROLER WEINSTRASSE

Von Nals über Salurn zurück nach Terlan

Stolze 4300 Hektar Rebfläche teilen sich die über 70 Kellereien und Weingüter entlang der Südtiroler Weinstraße zwischen der nördlichsten Gemeinde Nals und Salurn ganz im Süden untereinander auf. Ihre Wein- und Obstgärten begleiten den Aufenthalt an der 150 Kilometer langen »Strada del Vino dell'Alto Adige« auf Schritt und Tritt. Auch die 16 Weindörfer sind sehenswert, denn jedes besitzt einen ganz individuellen Charme.

Wir fahren auf der Schnellstraße MeBo Meran–Bozen Richtung Meran und biegen bei der Ausfahrt Vilpian-Nals in Richtung Nals ab. Hier startet unsere Rundreise durch das berühmte Südtiroler Weinanbaugebiet mit langer Tradition.

NALS UND ANDRIAN

Das Rosendorf **Nals** ist die südlichste Gemeinde im Meraner Land und ein idealer Ausgangspunkt für Wanderungen, Radtouren und Ausflüge in die nähere und fernere Umgebung. Das schmucke Dörfchen liegt auf halbem Weg zwischen der Kurstadt Meran und der Landeshauptstadt Bozen, die beide in 15 Minuten erreichbar sind. Das 1800-Seelen-Dorf erstreckt sich von seinem Dorfkern im Tal auf 300 Meter Höhe bis hinauf nach Sirmian und Obersirmian auf 1000 Meter Höhe. Die Geschichte des Ortes reicht bis in die Antike zurück. In zwei Bergwerken wurde hier an der römischen Via Claudia Augusta Silber abgebaut.

ROUTE 4

START- UND ENDPUNKT
Nals und Terlan

STRECKEN
überwiegend Landes- und Staatsstraßen

STRECKENLÄNGE
ca. 100 km (ohne Exkursionen)

REISEDAUER
5 bis 7 Tage

BESTE JAHRESZEIT
ganzjährig

Start Nals
Schwanburg
Schloss Payersberg
4,1 km
Andrian
10 km
Eppan an der Weinstraße

Innenhof der Schwanburg in Nals

Eine Wanderung wert sind die vier Burgen von Nals. Am Ausgang der Sirmianerbachschlucht steht die wohlerhaltene und bewirtschaftete **Schwanburg**, 1286 urkundlich erstmals erwähnt und ab dem 14. Jahrhundert lange Zeit im Besitz der Herren von Boymundt-Payersberg. Die Burg besteht aus einer malerischen Gruppe von Einzelbauten mit Loggiagängen und Freitreppen, die einen Binnenhof umschließen, befindet sich in Privatbesitz und kann leider nicht besichtigt werden, ebenso wenig wie **Schloss Payersberg**, das hoch über Nals thront. Payersberg wurde von den seit 1165 als Ministerialen der Grafen von Eppan erwähnten Payr im ersten Drittel des 13. Jahrhunderts errichtet. Heute gehört Schloss Payersberg der Familie Malpaga und dient als Wohn- und Wirtschaftsgebäude.
Die **Stachelburg**, ein typischer Frührenaissancebau am Dorfausgang Richtung Tisens, wird heute als Restaurant geführt. Etwas höher, in Unterkasatsch, liegt die Ruine

Eppan an der Weinstraße

Schloss Korb
Schloss Hocheppan
Schloss Boymont
St. Pauls
Girlan
Montiggler Seen
Frühlingstal
Eislöcher bei Eppan
Messner Mountain Museum
MMM Firmian

6,2 km

Kaltern an der Weinstraße

Pfeffersburg. Erbaut im 13. Jahrhundert von den Herren von Tisens, wurde die Burg ab 1600 nicht mehr bewohnt und sie verfiel. Nach knappen vier Kilometern durch Obstwiesen und Weinberge Richtung Süden erreichen wir die 1000 Einwohner zählende Gemeinde **Andrian**. 50 der insgesamt 490 Hektar Gemeindefläche sind hier mit Reben bepflanzt. Archäologische Funde belegen, dass der Ort schon zur Römerzeit besiedelt war. Bereits zu jener Zeit wurde an den sonnigen Hanglagen der Ortschaft Weinbau betrieben. Die Etsch war bis Andrian und Nals schiffbar, was eine wichtige strategische und wirtschaftliche Bedeutung mit sich brachte. Seit dem 12. Jahrhundert ist hier die Existenz einer Fähre über die Etsch belegt. Wahrzeichen Andrians ist die **Burgruine Festenstein**, die sich hoch über der Gemeinde auf einem schwindelerregenden Felssporn der Gaider Schlucht erhebt und nur über einen abschüssigen und steilen Bergsteig zugänglich ist. Die Burg unter der Herrschaft der Grafen von Eppan wurde im 13. Jahrhundert erstmals urkundlich erwähnt. Im Lauf der Zeit wechselte sie mehrfach den Besitzer. 2008 ging die Ruine in das Eigentum von Meinhard Graf Khuen-Belasi über. In den Jahren 2012/2013 kam es zu aufwendigen Restaurierungen, die im Wesentlichen der Sicherung des Mauerbestandes dienten.

SPECIAL

ANDRIAN RUND UMS JAHR

In Andrian ist rund ums Jahr einiges geboten: Das Andrianer Apfelfest lockt zur Apfelblüte im April, die Gartenwochen verzaubern im Mai, die Kastanientage im Oktober und ebenfalls im Herbst zieht die Konzertreihe »WeinKlänge an der Südtiroler Weinstraße«, welche Weingenuss und Musik zusammenbringt, die Besucher an (andrian.info).

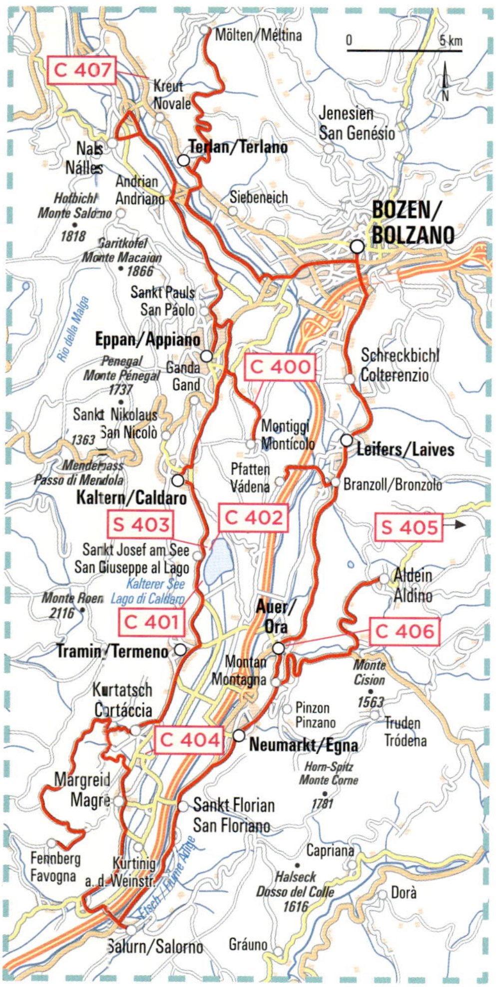

BURGENDORF EPPAN

Die Südtiroler Hügellandschaft Überetsch ist das burgenreichste Gebiet Europas. Allein in Eppan und Umgebung befinden sich

Eppan: Weinbau in der größten Weinanbaugemeinde in Sudtirol

über 200 kunsthistorische Baulichkeiten, darunter, neben historischen Ansitzen, Kirchen und Kapellen, an die 20 Burgen und Schlösser.

Das Gebiet der Großgemeinde Eppan umfasst die Orte St. Michael, St. Pauls, Girlan, Montiggl, Unterrain, Frangart, Missian, Perdonig und Gaid. Ein eigenes Dorf namens Eppan gibt es nicht. Im Volksmund versteht man unter »Eppan« meist den Hauptort St. Michael. Die Marktgemeinde liegt auf 200 bis 1800 Meter Meereshöhe und zählt an die 15 000 Einwohner. Der Überetscher Baustil prägt das Bild mit zahlreichen Ansitzen und Kulturdenkmälern mit zinnenbewehrten Mauern, Erkern, Doppelbogenfenstern und Freitreppen. Beispiele für die spätgotische Bauweise mit Einflüssen der italienischen Renaissance gibt es zur Genüge.

Mit 950 Hektar Rebfläche ist Eppan die größte Weinanbaugemeinde in Südtirol. Die Initiative EPPAN WEIN versammelt an die 20 Weinproduzenten, Sekthersteller und Brennereien aus dem gesamten Gemeindegebiet (eppanwein.it).

Etschtal bei Andrian: die Burg Festenstein

Blick von Eppan Berg auf St. Pauls

DAS EPPANER BURGENDREIECK

Ein kunsthistorischer Rundgang im Burgendreieck von Eppan vermittelt einen guten Eindruck vom Mittelalter in Südtirol. Ausgangspunkt der zweistündigen Wanderung ist der Parkplatz unterhalb von **Schloss Korb** in Missian. Der viereckige Wohnturm des Schlosses wurde um 1235 von den Herren von Korb erbaut. 1834 kamen der schlossartige, romantisierende Umbau mit dem mit Zierzinnen gekrönten Wohnbau sowie die Schlosskapelle hinzu. Das Schloss ist heute ein Hotel mit Restaurant.

Auf dem Weg Nr. 12, vorbei an Weinbergen und Obstwiesen, erreicht man den Burgenweg Nr. 14. Über einen Steig geht es bergauf zum Kreideturm und von dort weiter zur **Burg Hocheppan** mit herrlichem Panoramablick auf das Tal und Bozen. Hocheppan zählt zu den wichtigsten Wehrbauten Südtirols und beeindruckt mit seiner Burgkapelle, der »Sixtinischen Kapelle der Alpen«. Die Burg wurde um 1153 von Ulrich II. von Eppan erbaut. Die Burgkapelle mit ihren wertvollen, erst 1926 gänzlich freigelegten Fresken ist eines der wichtigsten romanischen Kunstdenkmäler in Südtirol. Neben den religiösen Motiven verdient vor allem die Jagdszene aus dem 13. Jahrhundert an der Außenwand Beachtung, das sogenannte Knödelfresko: Bei der Geburt Jesu sitzt eine Frau mit einer Pfanne voll Knödel im rechten unteren Bildrand und führt gerade einen Knödel zum Mund. Maria – die »Knödelmadonna« von Hocheppan – blickt nicht auf ihr eben geborenes Kind, sondern wendet sich mit ausgestrecktem Zeigefinger der Knödelesserin zu (hocheppan.it).

Weiter führt der Burgenweg zum 1230 erbauten romanischen **Schloss Boymont**, heute eine gut restaurierte Burgruine. Im Innenhof bietet eine Burgschänke Getränke und mittelalterliche Speisen an. Gestärkt geht es wieder bergab zum Ausgangspunkt der Wanderung.

ST. PAULS' DOM AUF DEM LANDE

Die Pfarrkirche von **St. Pauls**, wegen ihrer majestätischen Größe auch »Dom auf dem Lande« genannt, ist mit ihrem wuchtigen Zwiebelturm schon von Weitem zu sehen: Stattliche 86 Meter ragt dieser in den Himmel. Hier läutet die größte Glocke Südtirols, die »Anna Maria« mit einem Durchmesser von über 1,8 Metern und einem Gewicht von gut 3,5 Tonnen.
Im Frühjahr 2005 wurden oberhalb des Dorfzentrums im Ortsteil Aich die Überreste einer römischen Villa gefunden, welche der Öffentlichkeit zugänglich gemacht werden sollen. Ein beinahe vollständig erhaltenes buntes Fußbodenmosaik sticht besonders hervor.
St. Pauls lädt im Jahreslauf zu zahlreichen kulturellen und geselligen Veranstaltungen, etwa zum Paulsner Dorffest und den **WeinKulturWochen** mit ihrem Highlight, der »Gastlichen Tafel in den Gassen von St. Pauls«, einer über 130 Meter langen, geschmückten Tafel mitten im Dorf.

KULTUR

MMM FIRMIAN

Von St. Pauls über die SS42 ist das Messner Mountain Museum Firmian auf Schloss Sigmundskron schnell erreicht. Das Museum legt den Fokus auf die Auseinandersetzung Mensch und Berg. Bilder, Skulpturen, symbolische Gegenstände und Reliquien erzählen von der Bedeutung der Berge für die Menschen. MMM Firmian ist ein einzigartiger Begegnungsraum mit großartigen Ein- und Ausblicken (Sigmundskronerstr. 53, 39100 Bozen, Tel. +39 0471 631246, messner-mountain-museum.it).

GIRLAN UND DER WEIN

Eingebettet in die Rebenlandschaft Eppans liegt auf einem sonnenverwöhnten Plateau Girlan. Bereits in grauer Vorzeit besiedelt, wird Girlan erstmals als »Curilan« im 11. Jahrhundert erwähnt. Die **Pfarrkirche**, die den historischen Ortskern ziert, hat ihre

Sigmundskron: MMM Messner Mountain Museum Firmian

↑ Kellerei Girlan an der Weinstraße
↓ Die Genossenschaftskellerei Schreckbichl

Ursprünge im 13. Jahrhundert und ist dem heiligen Martin von Tours geweiht. Ihm zu Ehren findet am 11. November jeden Jahres der traditionelle **Martinimarkt** in Girlan statt.
Auch in Girlan dreht sich natürlich alles um den Wein. Dank der fruchtbaren Böden gehören Weinreben, Bauernhöfe und Kellereien seit jeher zum Ortsbild. Der **Gschleier-Weinlehrpfad** startet im Zentrum des Dorfes. Veranstaltungen wie das Girlaner Kellerfest, der Weinsommer in Girlan oder »Die letzte Traubenfuhre« zeugen von der Begeisterung für den edlen Tropfen.

DIE MONTIGGLER SEEN

Zwischen Obst- und Weingärten und dem dichten Montiggler Wald liegt der kleine Ort Montiggl mit seinen etwa 100 Einwohnern. Bekannt ist der idyllische Ort für seine beiden Seen und für das Frühlingstal, das hier beginnt und bis zum Kalterer See hinunter verläuft.
Der **Große Montiggler See** erstreckt sich mitten in einem dichten Mischwald auf 492 Meter Meereshöhe. Der See hat eine Uferlinie von über zwei Kilometern, seine Oberfläche misst etwa 18 Hektar. An seiner tiefsten Stelle ist er 11,5 Meter tief. Auf 514 Meter Meereshöhe liegt der **Kleine Montiggler See**. Er hat eine Uferlinie von 890 Metern und ist knapp fünf Hektar groß. Damit ist er zwar deutlich kleiner, mit einer Maximaltiefe von fast 15 Metern aber tiefer als sein großer Bruder. Von Mai bis September lässt es sich in beiden Seen vorzüglich baden.
Rund um die Montiggler Seen führt ein schöner Wanderweg. Wer ihm folgt, findet immer wieder gemütliche Plätze zum Ab-

AUSFLUG

BLÜHENDES FRÜHLINGSTAL

In einem abfallenden Becken zwischen dem Großen Montiggler See und dem Kalterer See befindet sich das Frühlingstal. Nirgendwo sonst in Südtirol blühen im März so viele Frühlingsknotenblumen, Veilchen, Schneeglöckchen, Leberblümchen und Schlüsselblumen. Die Wanderung mit Ausgangspunkt am Parkplatz des Großen Montiggler Sees ist auch für Familien mit Kindern geeignet und führt hinunter bis zum Kalterer See.

kühlen oder Entspannen. Für Fußgänger und Radfahrer wurde durch den Schilfgürtel ein neuer Holzsteg geschaffen, auf dem man die Tierwelt des Biotops ungestört beobachten kann.

DIE EISLÖCHER BEI EPPAN

Ein kühlender, kalter Luftzug mitten in einem märchenhaft smaragdgrün leuchtenden Wald – auch in den heißen Sommermonaten? Bei den Eislöchern am Fuß des **Gandberges** in einer 200 Meter langen und 40 Meter breiten Mulde zwischen Eppan und Kaltern treffen wir auf ein Naturphänomen der ganz besonderen Art.
In dem von Felstrümmern übersäten, moosbedeckten Waldstück ganz in der Nähe der Mendelstraße auf knapp 500 Meter Meereshöhe wartet eine geologische Attraktion: Die Luft strömt durch ein unterirdisches Spaltensystem zwischen den Porphyrblöcken des Bergsturzes des Gandberges von oben nach unten, kühlt sich dabei ab und erreicht eine Temperatur von null bis neun Grad. Die schwerere kalte Luft bleibt als Kaltluftsee von etwa fünf Meter Höhe in der Mulde rund um die sogenannten Eislöcher liegen. So findet man sogar im Sommer kleine Eiszapfen in den Felslöchern. Das Phänomen wird mit dem physikalischen Prinzip der Windröhre erklärt. In der warmen Jahreszeit kann man hier ein herrlich erfrischendes Gefühl erleben, wenn man bei einem Spaziergang plötzlich mitten im Wald in ein völlig anderes Klima eintaucht.
Aber noch etwas anderes macht die Eislöcher zur Attraktion: Durch das kühle Klima finden hier auch Pflanzen, die normalerweise in höheren Regionen ab 1200 Meter Meereshöhe gedeihen, einen idealen Lebensraum, und so wachsen an diesem Platz auf engstem Raum über 500 unterschiedlichste alpine Pflanzenarten.

Zu den eisigen Löchern lotst ein gemütlicher Wanderweg: Er startet auf dem Dorfplatz in St. Michael Eppan, führt hinauf zur idyllisch gelegenen Gleifkirche und von dort durch Weinberge in den Wald hinein. Auf dem Rückweg kommt man an den Schlössern Gandegg, Englar und Moos-Schulthaus vorbei. Für den Ausflug sollte man gute zwei Stunden Gehzeit berechnen.
Auf dem Weg zu den Eislöchern liegt das einladende Wanderer-Hotel Steinegger. Das Restaurant bietet durchgehend warme Küche, das Hotel auch zwei Campingstellplätze (Matschatscherweg 9, 39057 Eppan an der Weinstraße, Tel. +39 0471 662248, steinegger.it).

Das Lido vom Montigglersee

↑ Das Weindorf Kaltern
↓ Der Kalterer See inmitten von Weinbergen

KALTERN UND SEIN WEIN

Kaltern zählt zu den bekanntesten und schönsten Urlaubsorten Südtirols. Dazu hat nicht nur der Kalterer See, der wärmste Badesee der Alpen mit seinen vielen Freizeitmöglichkeiten beigetragen. Seit Jahrhunderten ist das Leben hier vom Wein und seinem Anbau geprägt. Herrschaftliche Ansitze, alte Keller und traditionsreiche Winzerfamilien zeugen von einer lebendigen Weinkultur. Kaltern und der Wein gehören zusammen wie Kaltern und sein See. Und beim Wein ist es wie beim Fremdenverkehr: Direkt oder indirekt lebt das ganze Dorf davon.

Das Projekt **wein.kaltern** hat das Weindorf mobilisiert und in den letzten Jahren entscheidend mitgeprägt. wein.kaltern versteht sich als Qualitätsoffensive für den Wein, insbesondere den Kalterersee-Wein. Bei der Gründung im Jahr 1999 stand deshalb ein Gedanke im Mittelpunkt: dem Kalterersee, über Jahrzehnte hinweg einer der beliebtesten Rotweine des Landes, wieder neue Qualität und ein zeitgemäßes Image zu geben. Erstklassige Kalterersee-Weine sind das Ziel der neuen Kalterersee-Charta. Seit dem Jahrgang 2010 überprüft eine Fachjury in Blindverkostungen die Qualität der eingereichten Weine. Wer den strengen Kriterien entspricht, erhält das Qualitätssiegel mit dem Jahrgang und dem Vermerk »Selection Kalterersee Charta«.

Im **Weinhaus Punkt** am Kalterer Marktplatz können in gemütlicher Atmosphäre die Kalterer Weine der Weingüter und Kellereien von wein.kaltern verkostet werden (Tel. +39 0471 964965, wein.kaltern.com).

Das **winecenter** der Kellerei Kaltern liegt direkt an der Südtiroler Weinstraße. Das moderne Gebäude (Architektur: feld72) lebt vom Dialog mit dem alten Baubestand der Kellerei aus dem Jahre 1911. An sieben Tagen in der Woche kann man hier die Produkte der Kellerei Kaltern kennenlernen und erwerben (Bahnhofstr. 7, 39052 Kaltern an der Weinstraße, Tel. +39 0471 966067, kellereikaltern.com).

SÜDTIROLER WEINMUSEUM

Das Südtiroler Weinmuseum lädt in der ehemaligen Kellerei Di Pauli im Kalterer Dorfzentrum zum Besuch. Die Dauerausstellung dokumentiert die Arbeitsabläufe im Jahreskreislauf sowie das Brauchtum im Südtiroler Weinbau und zeigt Zeugnisse einer jahrhundertealten Kulturgeschichte. Trink- und Traggefäße, Weinfässer und Keltergeräte, religiöse Volkskunst sowie eine Vielzahl von Exponaten erzählen von der Geschichte und der Bedeutung des Weines. Die über 2500 Jahre alten Traubenkerne sind ein Beweis für die jahrtausendealte Weinbaugeschichte Südtirols. Auch die Tradition des Saltners kommt im Weinmuseum nicht zu kurz: Die Südtiroler hatten zum Schutz vor Traubendiebstahl Flurhüter, die sogenannten Saltner angestellt. Noch im Jahr

Kaltern an der Weinstraße

wein.kaltern
Südtiroler Weinmuseum
Mendelpass
Kirchenruine St. Peter in Altenburg
Rastenbachklamm
Kalterer See
Naturschutzgebiet und Vogelparadies

9,7 km

Tramin an der Weinstraße

Weinmuseum Kaltern: römische Weinamphoren

1914 gab es in Kaltern neun solcher Traubenwächter. Im kleinen Weingarten vor dem Museum werden selten gewordene Rebsorten angebaut (Goldgasse 1, 39052 Kaltern an der Weinstraße, Tel. +39 0471 963168, weinmuseum.it).

MIT DER STANDSEILBAHN AUF DIE MENDEL

Bei ihrer Inbetriebnahme 1903 war die Bahn von St. Anton bei Kaltern auf die Mendel die erste elektrisch betriebene Bahn Tirols und die steilste Standseilbahn Europas. Die Fahrt mit der **Mendelbahn** wird noch heute zu einem besonderen Erlebnis. 2,37 Kilometer lang ist die Strecke von Kaltern hinauf auf den 1363 Meter hohen Pass. 854 Meter Höhenunterschied sind zu überwinden – in zwölf Minuten Fahrtzeit (kaltern.com/de/die-mendelbahn-in-kaltern.html).

↑ Die Standseilbahn auf die Mendel
↓ Der Mendelpass über Kaltern

Der **Mendelpass** verbindet das Überetsch mit dem Nonstal und somit auch Südtirol mit dem Trentino. Bereits zur Römerzeit führte ein Saumpfad über die Mendel. Die heutige Straße von Kaltern hinauf auf den Pass wurde in den Jahren zwischen 1880 und 1885 erbaut und ist bei Bikern sehr beliebt. Nach der Erschließung durch Straße und Bahn entwickelte sich der Mendelpass zum beliebten Kurort und zur attraktiven Erholungszone. Die österreichische Kaiserin Sisi und Kaiser Franz Joseph besuchten den Ort ebenso wie Karl May und später Mahatma Gandhi.

Nicht nur die herrliche Aussicht über das Überetsch und das Bozner Unterland bis weit hinein in die Bergwelt der Dolomiten ziehen viele Besucher hinauf auf die Höhe. Vom Mendelpass aus starten eine Vielzahl von markierten Wander-, Reit- und Mountainbikewegen: hinauf auf den Penegal, auf den Gantkofel oder auf den Roen. Das **Panoramahotel Penegal** auf dem Mendelkamm ist mit seinem spektakulären 360-Grad-Panorama ein lohnendes Ausflugsziel (penegal.it).

KIRCHENRUINE ST. PETER

Altenburg ist die höchstgelegene Fraktion der Gemeinde Kaltern, ein kleines idyllisches Dörfchen. An dessen Rande steht die gotische **Kuratiekirche St. Vigilius** aus dem 14. Jahrhundert mit ihren bunt glasierten Dachziegeln. An den Mauern des Turmes kann man das älteste Wandgemälde Kalterns aus dem Jahre 1320 betrachten, den heiligen

Christophorus. Zwei Schritte von der Kirche entfernt öffnet sich eine wunderbare Aussicht mit einer kleinen Wiese und einem herrlichen Panoramablick auf den Kalterer See.

Etwas versteckt im Wald liegt auf 612 Meter Meereshöhe die **Kirchenruine St. Peter**. Sie reicht in ihren Ursprüngen auf das 6. Jahrhundert zurück und zählt damit zu den ältesten Kirchen in Südtirol. Die Bauform erinnert an Kirchenbauten in Aquileia und Mailand, wobei die dreischiffige Basilika über eine gewölbte Apsis mit Rundbogen im Osten und einen Nebenraum im Nordosten verfügt. Der Legende nach hat sich hier eine prähistorische Opferstätte und spätere christliche Taufstätte sowie die Schlafstätte des um 405 verstorbenen heiligen Vigilius befunden. Die Schließung der Kirche unter Kaiser Joseph II. im Jahr 1782 führte zum Verfall. Nach Errichtung einer 37 Meter langen Hängebrücke anstelle der mittelalterlichen Steinbrücke und Sanierungsmaßnahmen an der Ruine erfolgte im Jahr 2000 eine neue Weihe der Kirchenruine.

Von der Ruine St. Peter führt ein **Friedensweg** mit sieben von Künstlern gestalteten Besinnungsstationen über die **Rastenbachklamm** hinab zum Kalterer Ortsteil St. Anton. Mit ihren Wasserfällen und Wasserbecken, den efeubewachsenen Bäumen, umgefallenen Stämmen und dem dahinplätschernden kühlen Wasser ist die Klamm ein beeindruckendes Naturdenkmal. Trittsicherheit und gutes Schuhwerk sind gefordert.

↑ Kirche St. Vigil in Altenburg über Kaltern
↓ Ruine St. Peter bei Altenburg

Tipp

ABENTEUERPARK KALTERN

Kurz vor Altenburg, in der Sportzone St. Anton, fordert der Hochseil-Abenteuerpark Kaltern mit 21 Parcours in unterschiedlichen Schwierigkeitsgraden die gesamte Familie heraus (Tel. +39 347 8010960, abenteuerpark.it).

DER WÄRMSTE SEE DER ALPEN

Umgeben von Reben, Wald und Schilf liegt der **Kalterer See** in einer vom alten Flussbett der Etsch gebildeten Senke auf 216 Metern über dem Meer. Allzu groß ist er zwar nicht:

Blick von Altenburg auf den Kalterer See

rund zwei Kilometer lang und einen breit, mit 147 Hektar Oberfläche. Aber er ist der wärmste natürliche Badesee der Alpen. Aufgrund seiner geringen Tiefe – 5,6 Meter maximal, 3,5 Meter im Durchschnitt – erwärmt sich das Wasser sehr rasch. Von Mai bis September verwöhnt der Kalterer See die Badehungrigen. Bereits im Frühjahr erreicht er Temperaturen von 17 bis 19 Grad und im Hochsommer steigen die Wassertemperaturen auf bis zu 28 Grad.
Sonnenhungrige und Wasserratten finden am Kalterer See alles, was ihr Herz begehrt. Pünktlich gegen 13 Uhr kommt von März bis September fast täglich die »Ora«, ein frischer Südwind, über das Etschtal vom Gardasee herauf. Für den Segelsport und die Windsurfer bestehen ideale Voraussetzungen. Das Segeln am Kalterer See hat Tradition und geht bis in die 1930er-Jahre zurück. Der Surfsport begann in Kaltern Mitte der 1970er-Jahre. Eislaufen und Eisstockschießen stehen im Winter am Kalterer See an der Tagesordnung, vorausgesetzt, der See friert zu.

Das 80 Hektar große Schilfgelände im Süden des Kalterer Sees ist ein einmaliges Naturschutzgebiet von internationaler Bedeutung,

SPECIAL

DER KALTERER PLENT

Auf Betreiben der Initiative wein.kaltern gibt es seit einigen Jahren wieder echten Kalterer Plent – angebaut auf einem Acker direkt am Kalterer See. Plent oder Polenta wird aus gelbem Maismehl zubereitet und kam einst als Grundnahrungsmittel fast täglich auf den Tisch. Der Plent hat noch immer einen festen Platz in der Küche des Landes und bildet die Grundlage für schmackhafte Gerichte. Am Römerhof in Tramin verarbeitet man alte Maissorten schonend nach traditionellem Verfahren (Römerhof, Andreas-Hofer-Str. 48, 39040 Tramin an der Weinstraße, Tel. +39 339 5955989).

SPECIAL

WEIN & ARCHITEKTUR

Die Kellerei Tramin hat sich zur Botschafterin des Gewürztraminers entwickelt. Der 2010 fertiggestellte Neubau der Kellerei am nördlichen Dorfeingang ist von der Rebe und ihrer Morphologie inspiriert und wächst wie zwei überdimensionale Rebstöcke aus dem Boden. Bizarre, in eine Stahlkonstruktion übersetzte Formen von blattlosen, winterlichen Rebstöcken prägen das weithin sichtbare Erscheinungsbild und sind mittlerweile Erkennungszeichen des Gewürztraminer-Dorfs. Besucher können die Kellerei besichtigen und an Verkostungen teilnehmen (Weinstr. 144, 39040 Tramin, Tel. +39 0471 096634, cantinatramin.it).

das größte Biotop zwischen Brennerpass und Verona. Auf dem 7,5 Kilometer langen Seerundweg können die unzähligen Facetten dieser reichen Natur- und Kulturlandschaft entdeckt werden. 14 Informationstafeln machen mit den Besonderheiten der Gegend vertraut.

TRAMIN UND DER GEWÜRZTRAMINER

Von Kaltern im Überetsch nach Tramin im Südtiroler Unterland sind es gerade mal zehn Kilometer – mitten durch prachtvolle Weinberge und am Kalterer See vorbei. Tramin liegt auf 276 Meter Meereshöhe, umgeben von Weinbergen, so weit das Auge reicht. Das urige Weindorf mit seinen Kellereien und Brennereien pflegt und lebt seine Weinbautradition und seine landwirtschaftliche Kultur. Vor allem die Gewürztraminer-Rebsorte ist seit jeher Teil der lokalen Kultur und Tramin die Heimat des Gewürztraminers. Tramin hat bei der Namensgebung für den würzig-aromatischen Gewürztraminer Pate gestanden.
Südtiroler Gewürztraminer-Weine erfreuen sich großer Beliebtheit, vor allem auf dem italienischen Markt. 625 Hektar sind in Südtirol mit Gewürztraminer-Rebstöcken bepflanzt. Je nach Boden, Klima, Lage und der Kunst der Kellermeister variiert der Wein in Stil, Geruch und Geschmack, von mild-trocken bis lieblich über frisch-leicht mit zarten Rosendüften bis hin zu voll und üppig. Neben Gewürznoten sind Anklänge von Nelken, Rosen und Litschis spürbar. Seine ansprechende Aromatik und seine ausgeprägte Individualität machen ihn zu einem Wein für Liebhaber und Kenner.
Das berühmteste Kunstwerk Tramins steht auf dem Hügel Kastelaz über dem Dorf. Die kleine **St.-Jakobs-Kirche** besitzt einen gut erhaltenen romanischen Freskenzyklus aus der Zeit um 1220. Was man sonst eher als steinerne Plastiken kennt, ist hier als farbiges Gemälde zu bewundern: seltsame Mischwesen aus Mensch und Tier bevölkern die Wand des Altarraumes. Miteinander kämp-

Tramin an der Weinstraße
St.-Jakobs-Kirche
Hoamet-Tramin Museum
Egetmann-Umzug
4,6 km
Kurtatsch an der Weinstraße

Kellermeister Willi Stürz

Kurtatsch an der Weinstraße
Museum
Zeitreise Mensch
Wallfahrtskirche
St. Vigilius
Fennberger See
Kurtatscher
Weinlehrpfad
Märchenpark
Castel Turmhof
3,3 km
Margreid an der Weinstraße

fende Fisch- und Vogelmenschen, ein Kentaur, ein Hundsköpfiger, ein Schattenfüßler und andere der mittelalterlichen Fantasie entsprungene Wesen verkörpern offensichtlich den sündigen Gegensatz zur darüber befindlichen würdevollen Apostelreihe und Christus in der Mandorla. Beachtung verdienen auch die laut Inschrift 1441 fertiggestellten Malereien von Ambrosius Gander im südlichen Anbau, wo unter anderem die bekannte Pilgerlegende in qualitätsvollen bunten Bildern erzählt wird.

Das **Hoamet-Tramin Museum** am Traminer Dorfplatz mit dem Schwerpunkt »Leben an der Grenze« zeigt auf, dass sich die Traminer eine wohlbestellte Heimat geschaffen haben, gerade weil sie im Grenzbereich dreier Kulturen leben, die alle ihre Spuren hinterlassen haben. Eingeladen wird zu Führungen mit Erläuterungen, Kurzfilm und Verkostung von drei Gewürztraminern aus Tramin, Europa und Übersee (Rathausplatz 9, 39040 Tramin, hoamet-tramin-museum.com).

Zu den bekanntesten und wichtigsten Faschingsbräuchen des ganzen Alpenraumes zählt der Traminer **Egetmann-Umzug.** Zieht der Egetmann Hansl mit seinem Gefolge am Faschingsdienstag durch Tramin, dann ist feuchtfröhliches Vergnügen garantiert. Knapp 800 ausschließlich männliche Traminer gestalten mit viel Einsatz die fantasievollen Umzugswagen und das Rahmenprogramm und beteiligen sich mit Leidenschaft an diesem lauten, fröhlichen Treiben. Die Erhaltung und Pflege des auf das Jahr 1591 zurückgehenden traditionsreichen Umzugs mit viel Einfallsreichtum, Fantasie und Spielfreude steht im Mittelpunkt (egetmann.com).

Tipp

ALTE POST

Im Restaurant Alte Post im historischen Ortskern von Tramin stehen Arno und Doris Baldo für gutes Essen, guten Wein und die schönen Dinge des Lebens. Sie servieren eine leichte mediterrane Küche sowie innovativ verfeinerte, regionale Südtiroler Köstlichkeiten (Rathausplatz 7, Tel. +39 0471 1885636, alte-post-tramin.com).

Polentabauer Christian Giovanett vom Römerhof

KURTATSCH AN DER WEINSTRASSE

Die Gemeinde Kurtatsch an der Weinstraße thront auf einem Sonnenbalkon über dem Etschtal auf einer Höhe zwischen 212 Metern in der Talsohle und 1856 Höhenmetern am Grauner Joch. Die knapp 2300 Einwohner verteilen sich auf den Hauptort selbst sowie auf die Fraktionen Entiklar (256 m), Penon (605 m), Graun (823 m) und Oberfennberg (1163 m). Funde aus der Mittelstein- und aus der Bronzezeit belegen eine frühe Besiedelung der Gegend. Auch die Römer haben ihre Spuren hinterlassen. Die erste urkund-

↑ Die beiden Kirchtürme der Pfarrkirche und von St. Jakob prägen das Bild von Tramin.
↓ Fassade der Neuen Traminer Kellerei – inspiriert von den Ranken der Rebe

Blick vom Fenberg Klettersteig auf das Etschtal

liche Erwähnung der Gemeinde findet sich im sogenannten Vigilius-Brief aus dem Jahr 1191.
An die 6000 ausgewählten Exponate aus der Geschichte des Weindorfes sind im **Museum Zeitreise Mensch** zu besichtigen. Das Museum im »Ansitz am Orth«, einem der ältesten Höfe von Kurtatsch, gibt spannende Einblicke in das Leben der Menschen im Süden Südtirols – von der Steinzeit über die Römerzeit bis hin zur Moderne. Eine Führung macht den Besuch zu einem spannenden und einzigartigen Erlebnis mit allen Sinnen (Botengasse 2, 39040 Kurtatsch, Tel. +39 0471 880267, museumzeitreisemensch.it).
Einen Besuch wert ist die bekannte und 1337 erstmals urkundlich erwähnte Kurtatscher **Wallfahrtskirche St. Vigilius**. Der Taufstein der Kirche trägt die Inschrift MXXXIII (1033). Wallfahrer wenden sich schon seit Jahrhunderten mit ihren Bitten an das Gnadenbild der Schmerzhaften Gottesmutter. Der Überlieferung nach sollen im 18. Jahrhundert vier Jahre lang Tränen auf dem Gesicht der Maria sichtbar gewesen sein.

KURTATSCHER WEINLEHRPFAD

Der Kurtatscher Weinlehrpfad ist ein Tipp für alle Natur- und Weinliebhaber. Die rund zwei Kilometer lange Wanderung durch die geschlossene Reblandschaft informiert über die Entwicklungen im Weinbaujahr, Rebsorten und Weinbereitung. Man kann den Lehrpfad auf eigene Faust entdecken, sich aber auch gezielt von orts- und weinkundigen Personen führen lassen. Wöchentlich werden geführte Duft- und Genusswanderungen angeboten.
Die Wanderungen starten im Zentrum von Kurtatsch und führen durch die Weinberge in einer knappen Stunde bis nach Entiklar.

Eine »Saltnerpratze«, eine große hölzerne Hand, die früher Zeichen der Anwesenheit des Weinbergwächters war, begleitet die Wanderer. 18 Schautafeln geben Einblick in das Weinbaujahr, informieren über Rebsorten und Erziehungssysteme und bieten die Möglichkeit, die verschiedenen Duftnoten der Weine zu erschnuppern. Verkostet werden können die Weine – darunter die typischen Südtiroler Rebsorten Weißburgunder und Gewürztraminer, Vernatsch und Lagrein – direkt bei den einzelnen Weingütern und Kellereien entlang der Weinstraße.

MÄRCHENPARK UND SCHLOSSKELLEREI

Die idyllisch gelegene Fraktion Entiklar ist schon seit vorgeschichtlicher Zeit besiedelt. Bereits die Räter und später die Römer haben hier Wein angebaut. Das Gut Linticlar wird erstmals 1225 erwähnt und ist seit 1675 als **Castel Turmhof** in Familienbesitz. Die Familie Tiefenbrunner lädt zum Besuch in den antiken Schlossgarten mit seinen uralten Bäumen, zu einem guten Glas Wein und einer zünftigen Marende. Eine Führung im romantischen Märchenpark von Castel Turmhof mit seinen Höhlen und Grotten, seinen Sagengestalten und fantastischen Kreaturen begeistert Jung und Alt (Schlosskellerei Turmhof, Schlossweg 4, Entiklar, 39040 Kurtatsch, Tel. +39 0471 880122, tiefenbrunner.com).

AUSFLUG

DER FENNBERGER SEE

Der Fennberger See liegt auf 1043 Metern in Unterfennberg, einer Fraktion von Margreid. Trotz der Höhenlage findet man hier eine Flora und Fauna vor, die jener des Gardasees ähnelt. Auf das Hochplateau befördert von Kurtatsch aus eine kurvenreiche Straße. Eine Wanderung mit einem Höhenunterschied von 850 Metern führt ebenfalls nach Fennberg. Sie startet in Kurtatsch und geht über den Grubenweg und den Weg Nr. 7 nach Penon, von dort über den Römerweg Nr. 2 nach Fennhals (Jausenstation) bis nach Oberfennberg und zum Fenner See.

↑ Weinberg über Entiklar
↓ Castel Turmhof: die Kellerei Tiefenbrunner

WEINDORF MARGREID

Margreid zählt nur 1300 Einwohner und wurde 1182 erstmals urkundlich erwähnt. Münz- und Siedlungsfunde aus der Römerzeit deuten aber auf eine viel frühere Besiedlung. Das kleine Weindorf auf 240 Meter Meereshöhe schmiegt sich an die Felswände des Fennbergs. Der historische, gut erhaltene, schmucke Ortskern strahlt eine besondere Ruhe und Gelassenheit aus und wird durch südliches Flair gleichermaßen geprägt wie durch alpine Bodenständigkeit: mit gotischen Bauten und Renaissance-Ansitzen, alten Bauernhäusern, versteckten Gassen und schönen Dorfbrunnen.

↑ Keller im Ansitz Paradeis vom Weingut Lageder
↓ Die Margreider Urrebe wurde 1601 gepflanzt.

In den Ansitzen Löwengang und Hirschprunn hat das bekannte Südtiroler **Weingut Alois Lageder** seinen Sitz. Im Renaissance-Palast Hirschprunn lädt Lageders Vineria Paradeis mit biologisch zertifiziertem Restaurant zu Weinverkostungen, Weineinkauf, Führungen und kulinarischem Genuss (Casòn Hirschprunn Str. 1, 39040 Margreid, Tel. +39 0471 809580, paradeis-aloislageder.eu). In der Grafengasse rankt die wohl **älteste Hausrebe Europas**. Der Marmorstein, der das Holzgerüst trägt, ist mit Oktober 1601 beschriftet. Der Rebsteckling wurde in jenem Jahr an der Hausmauer des Anwesens im Ortszentrum gesetzt. Hausreben wurden bei Hochzeiten, der Geburt des Stammhalters oder einer Hofübergabe als Symbol von Fruchtbarkeit und Erneuerung gepflanzt. Neben der Rebe steht ein Kragstein aus Trientner Marmor, auf dem die Pflanzdaten in deutscher und ladinischer Abkürzung festgehalten wurden. Bei der Margreider Hausrebe handelt es sich um eine Tafeltraube, die heute noch durchschnittlich 80 Kilo Trauben im Jahr trägt.

KLEIN VENEDIG KURTINIG

Das einige Kilometer weiter südlich gelegene Kurtinig ist mit knapp zwei Quadratkilometern die zweitkleinste Gemeinde Südtirols und das Südtiroler Dorf mit dem geringsten Höhenunterschied in seinem Gemeindegebiet: Er beträgt lediglich vier Meter. Die 650 Einwohner zählende Gemeinde liegt ausschließlich auf dem intensiv landwirtschaftlich genutzten Talboden, 212 Meter über Meereshöhe. Der historische Ortskern wurde einst mitten im Talboden errichtet. Die teils sumpfigen Etschauen waren schon früh ein ertragreiches Jagd- und Fischereigebiet. Vor Abschluss der Etschverbauung im Jahre 1893 war der Ort von Seitenarmen der Etsch umschlossen, was zu häufigen Überschwemmungen führte und ihm den Beinamen »Klein-Venedig« eingebracht hat. Den Mittelpunkt des verschlafenen Ortes bildet der steingepflasterte **Dorfplatz** mit seinem Ziehbrunnen und der gotischen **Pfarrkirche zum heiligen Martin** aus dem 15. Jahrhundert. Ein besonderes Schmuckstück ist die alte Glocke aus dem Jahr 1449, eine der ältesten Kirchenglocken in Südtirol. Der traditionelle Martini-Gänselauf bildet alljährlich die Hauptattraktion des Kurtiniger Martinimarktes. Da haben dann Clementina, Serafina, Tusnelda, Dagobert und Donald ihren großen Auftritt.

Die gotische Kirche zum hl. Martin in Kurtinig

SALURN UND DER SÜDEN SÜDTIROLS

Das 3500-Seelen-Dorf Salurn auf der anderen Seite der Etsch ist nicht nur das größte Weißweinanbaugebiet Südtirols, sondern auch die südlichste Gemeinde des Landes an der deutsch-italienischen Sprachgrenze. Hier trennt die Salurner Klause, eine Verengung des Etschtals, das Unterland von der anschließenden Piana Rotaliana in der Provinz Trient. Der Ortsteil Buchholz liegt auf 560 Meter Meereshöhe über dem Tal, das kleine Bauerndorf Gfrill gar auf einer Höhe von 1300 Metern. Salurn wurde bereits zu Zeiten der Römer auf einem leichten Schuttkegel erbaut und war so vor Überschwemmungen durch die Etsch teilweise geschützt. Kein Geringerer als Albrecht Dürer musste auf seiner Italienreise 1505 von hier einst hoch hinauf und über das Cembratal ausweichen, weil das Unterland mit Wasser überflutet war. Der **Dürerweg** auf derselben Strecke erinnert heute noch an den Künstler.

Margreid an der Weinstraße
ältesteHausrebe Europas
3 km
Kurtinig an der Weinstraße
Dorfplatz
Pfarrkirche zum heiligen Martin
4,8 km
Salurn
Dürerweg
Haderburg
11 km
Neumarkt

AUSFLUG

AUF DEM DÜRERWEG

Der mit »AD« ausgeschilderte Dürerweg empfiehlt sich in zwei Etappen: Der erste Abschnitt ist 7,5 Kilometer lang und führt vom Klösterle in St. Florian nach Buchholz. Kurz vor Buchholz lädt in einem kleinen Waldstück der Skulpturengarten »Garten der Sehnsucht« ganzjährig und rund um die Uhr zum Besuch. Hier hat die Künstlerin Sieglinde Tatz-Borgogno mehr als 200 Werke, vorwiegend Marmor- und Bronzeskulpturen, ausgestellt. Von Buchholz aus führt die zweite, 8,5 Kilometer lange Etappe über den Sauchpass zum romantischen »Heiligen See« hoch über dem Cembratal.

Blick von der Haderburg über Salurn nach Norden über das Etschtal

Schloss Salurn, später als **Haderburg** bekannt, wurde von den Grafen von Salurn in der ersten Hälfte des 13. Jahrhunderts auf dem steil aufragenden Kalkfelsen an der deutsch-italienischen Sprachgrenze Tirols erbaut. Um 1514 wurde der Bau erweitert. Aber bereits einige Jahrzehnte später verlor die Haderburg ihre strategische Bedeutung und wurde dem Verfall überlassen. Seit 1648 gehört die Burg der venezianischen Grafenfamilie Zenobio-Albrizzi, welche sie konsolidieren und sanieren ließ. Seit 2003 ist die Haderburg für das Publikum geöffnet, Austragungsort kultureller Veranstaltungen und Sitz einer urigen Burgschänke.
Knapp 20 Minuten dauert der Aufstieg zur Burg über den sogenannten **Weg der Visionen**. Dieser lädt dazu ein, »kurz innezuhalten und sich darauf zu besinnen, was Natur und Mensch alles schaffen können«. Ein besonderer Anziehungspunkt ist die Burgschänke. Der zentrale Burghof mit seinen markanten Zinnen ist mit rustikalen Ritterbänken und einer mittelalterlichen Räucherküche ausgestattet (Tel. +39 334 7775843, zum18tenfass.it).
Alljährlich zur Faschingszeit wird in Salurn eine alte Tradition wiederbelebt: **Perkeos Maschggra**. Eine ganze Woche lang feiert das Dorf im Zeichen des trinkfesten Zwerges Perkeo vom Heidelberger Schloss. Perkeo wurde vermutlich 1702 in Salurn geboren und kam unter Kurfürst Karl Philipp III. als Hofnarr und Mundschenk auf das Heidelberger Schloss. »Perché no?« (Warum nicht?) soll er stets geantwortet haben, wenn ihm ein Glas Wein angeboten wurde. So kam Perkeo zu seinem Namen. Und die Salurner gedenken seiner noch heute gern.

NEUMARKT & MONTAN

Verschlafen und verträumt, dafür aber umso idyllischer wirkt der alte Ortskern von **Neumarkt** mit seinen malerischen mittelalterlichen Lauben. Längst vergangen sind die Zeiten, als der Ort aufgrund seiner zentralen Lage an den Handelsstraßen zwischen Nord

und Süd und insbesondere durch die Etschschifffahrt noch große wirtschaftliche und kulturelle Bedeutung besaß. Ein Hauch von Geschichte und Mittelalter sind hängen geblieben. Die Lauben im Ortskern wurden zwischen 1300 und 1600 erbaut. Stattliche Häuser mit stimmungsvollen Innenhöfen und herrschaftliche Ansitze prägen das Bild. Zur Tradition gehört das traditionelle **Laubenfest** Ende August.
Als einzigartige, mystisch anmutende Landschaft mit wechselvoller Siedlungsgeschichte präsentiert sich **Castelfeder**, die hügelige Felsenkuppe zwischen Neumarkt und Auer. Allein schon die karge Vegetation des heutigen Schutzgebietes unterscheidet sich radikal von der Umgebung. Der Naturerlebnisweg **Biotop Castelfeder** führt durch mediterrane Flora, Steppenrasen, Strauchwerk, Buschwald, Weiher und Moore. Prähistorische, römische und frühmittelalterliche Siedlungsreste prägen die Bedeutung dieses »Arkadien Tirols«, darunter Urnengräber mit Grabbeigaben aus dem zweiten Jahrtausend v. Chr. oder die weithin sichtbare Ruine der Barbarakappelle aus dem 6. Jahrhundert (castelfeder.info).
Der Luftkurort **Montan** mit seinen 1700 Einwohnern liegt auf 497 Meter Meereshöhe auf einem sonnigen Hochplateau über dem Südtiroler Unterland zwischen Neumarkt und Auer. Die Gemeinde besteht aus den verstreut liegenden Weilern Pinzon, Kalditsch, Kaltenbrunn, Glen und Gschnon an der Dolomitenstraße ins Trentiner Fleimstal. Im Gemeindegebiet befinden sich einige der besten Südtiroler Weinlagen. Vor allem der Blauburgunder (Pinot noir) hat in den warmen, sonnenverwöhnten Lagen ein ideales Habitat gefunden.
Über dem Dorf thront weithin sichtbar **Schloss Enn**, das leider nicht für Besichtigungen geöffnet ist. Mit einer Ausnahme: Einmal im Sommer gibt die Musikkapelle von Montan ein Konzert im Schlosshof. Die **Montaner Pfarrkirche** mit einem Glockenturm aus dem 12. Jahrhundert sowie die **Stephanuskirche** in Pinzon sind einen Abstecher wert. Hier findet sich ein wertvoller Flügelaltar des Brixner Künstlers Hans Klocker.
Von Neumarkt und Montan aus lohnt sich ein Abstecher hinauf nach Aldein – 14 Kilometer sind es von Neumarkt aus. Der Bletterbach-Canyon lädt hier

Neumarkt
Lauben
Castelfeder
3,8 km
Montan
Geoparc Blettenbach in Aldein
Wallfahrtsort Maria Weißenstein
4,1 km
Auer

↑ Idylle pur in Neumarkt
↓ Die St. Wolfgang Kirche in Oberradein

zu einer Reise durch die Jahrmillionen der Erdgeschichte. Und nicht weit von Aldein entfernt öffnet Südtirols größte Wallfahrtskirche Maria Weißenstein ihre Tore.

BLETTERBACH-CANYON IN ALDEIN

Zu einer Zeitreise ins Erdaltertum lädt der **GEOPARC Bletterbach** in Aldein. 16 Informationstafeln erklären dem Wanderer in dieser einzigartigen Schlucht die verschiedenen Gesteinsschichten, die sich vor 280 Millionen Jahren in der Perm- und Trias-Zeit gebildet haben und dann vom Bletterbach wieder freigelegt worden sind.
Der Bletterbach-Canyon ist das Ergebnis von Verwitterung und Abtragung. Seit der Eiszeit vor etwa 15 000 Jahren hat sich der Wildbach auf einer Strecke von acht Kilometern bis zu 400 Meter tief durch unterschiedliche Erdzeitalter gegraben. Schicht um Schicht wurde freigelegt. Zehn Milliarden Tonnen Gestein wurden abgetragen und ins Etschtal verfrachtet. In diesen Schichten kann nun geblättert werden wie in einem Buch. Der Aufbau der Gesteine in der Schlucht gibt Hinweise auf die Entstehung, das Klima und die Umweltbedingungen vor etwa 250 Millionen Jahren. Saurierspuren, gut erhaltene Abdrücke von Pflanzenteilen, Muscheln, Schnecken und Kopffüßler berichten vom Leben in längst vergangenen Zeiten.
Das **Besucherzentrum GEOPARC** oberhalb von Aldein zeigt, wie es zur Entstehung der Gesteine in der Bletterbachschlucht gekommen ist. Es beherbergt fossile Funde aus der Schlucht, versteinerte Fische, Muscheln und Pflanzen. Zudem gibt es dort alle nötigen Informationen für einen spannenden, erlebnis- und lehrreichen Tag im Geopark. Unter dem Motto »Bletterbach for Kids« bietet das Besucherzentrum spannende Programme speziell für Kinder: etwa zu den Themen Geheimnisse der Natur oder zur faszinierenden Welt der Sagen und Legenden (Lerch 40, 39040 Aldein, Tel. +39 0471 886946, bletterbach.info).
Die kleine Berggemeinde **Aldein** selbst liegt auf einer Meereshöhe von 1200 bis 1500 Metern auf dem Hochplateau des Regglberges.

Spaziergang durch die Bletterbachschlucht

AUSFLUG

GEO-WEG IN DEN CANYON

Ausgangspunkt für den Geo-Weg in den Canyon ist das Besucherzentrum in Aldein. Der Weg Nr. 3 führt zur Schlucht, dann bachaufwärts zum Butterloch-Wasserfall und über Leitern zur Aussichtsplattform. Von dort geht es weiter zur Lahner Alm (Einkehrmöglichkeit) und über den Wald-Lehrpfad wieder zurück zum Ausgangspunkt. Eine Wanderung mit ausgebildeten Führern bietet unvergessliche Naturerlebnisse und eröffnet neue Blickwinkel. Helme (Verleih im Besucherzentrum), Bergschuhe und Wanderbekleidung sind unbedingt erforderlich.

Vom Gipfel des Weisshorns hat man einen herrlichen Blick auf den weit auslaufenden Unterlandler Regglberg.

Die Ortschaften Aldein, Radein und Holen sind in eine zauberhafte Wald- und Wiesenlandschaft eingebettet. 150 Kilometer gut markierte Wanderwege führen von Aldein zu Füßen des Schwarz- und Weißhorns in die unberührte Natur. In der kalten Jahreszeit sorgt das kleine Familienskigebiet Jochgrimm für Schneevergnügen, Skifahren und Snowboarden ohne Stress und Hektik.

WEISSHORN UND SCHWARZHORN

Weißhorn (2317 m) und Schwarzhorn (2439 m), die zwei ungleichen Zwillinge, rahmen das Gebiet von Jochgrimm oberhalb von Radein ein. Das Weißhorn besteht aus hellem Gestein, der Gipfel aus weißem Sarldolomit. Das Gestein des benachbarten Schwarzhorns besteht hingegen aus rötlich grauem Bozner Quarzporphyr.
Das **Weißhorn** ist leicht ersteigbar und ein lohnenswerter Aussichtsberg. Die beliebteste Tour beginnt am Jochgrimm und führt über Wiesen und durch Latschenfelder hinauf zum Gipfelkreuz auf 2313 Meter. Der höchste Punkt des Weißhorns befindet sich jedoch auf 2317 Metern. Von hier aus genießt man einen herrlichen Rundblick auf die umliegenden Berge und Täler: von der Ortlergruppe über die Ötztaler Alpen, von Schlern und Rosengarten bis zur Brentagruppe sowie über das Südtiroler Unterland. Einige Kilometer weiter Richtung Deutschnofen, in Petersberg, liegt **Maria Weißenstein**, der größte Wallfahrtsort Südtirols – inmitten von grünen Wiesen und dunklen Fichtenwäldern auf 1520 Meter Meereshöhe. Die Geschichte des Wallfahrtsortes beginnt 1553 mit der Auffindung des Gnadenbildes, einer Pietà aus Alabaster, durch den Bauern Leonhard Weißensteiner. Mit dem Bau der Wallfahrtskirche wurde 1638 begonnen (weissenstein-pietralba.com).

Auer
St. Peter Marienkirche
9 km
Branzoll – Pfatten

AUER, BRANZOLL & PFATTEN

Die Marktgemeinde **Auer** mit ihren 3900 Einwohnern präsentiert sich als schmuckes Weindorf mit einem sehenswerten histori-

Der 14 km lange Mitterberg schiebt sich mitten durch das Etschtal und trennt Auer von Kaltern.

schen Zentrum, mit historischen Ansitzen, ländlichem Charme und mediterranem Flair.

Am südlichen Ortseingang, an der alten Staatsstraße in Richtung Neumarkt, lädt die ehemalige Pfarrkirche **St. Peter** zum Besuch. Die erstmals 1183 urkundlich erwähnte Kirche zählt zu den ältesten Bauwerken der Gemeinde. Der heutige gotische Bau stammt aus dem 16., der romanische Kirchturm aus dem 12. Jahrhundert. Aufgrund häufiger Überschwemmungen und daraus resultierender Gesteins- und Erdablagerungen liegt die Pfarrkirche etwa fünf Meter tiefer als das umliegende Gelände. Der Kircheneingang ist deshalb über eine nach unten führende Treppe erreichbar. Im Inneren befindet sich die älteste Orgel des gesamten Alpenraums. St. Peter ist im Rahmen von Messfeiern zugänglich.

Die **Marienkirche**, die heutige Pfarrkirche, befindet sich im historischen Ortszentrum von Auer. Sie wurde 1674 als Ausweichkirche für die häufig vermurte St. Peterkirche geweiht. Im Inneren steht ein barocker Hochaltar aus Marmor mit einer lebensgroßen Muttergottesstatue. Die beiden hölzernen Seitenaltäre sind dem heiligen Antonius und dem heiligen Josef geweiht.

Im nördlichen Teil des Südtiroler Unterlandes liegt auf 238 Meter Meereshöhe das

AUSFLUG

RADELN RUND UM AUER

Oberhalb von Auer führt die Trasse der ehemaligen Fleimstalbahn vorbei. Die heute stillgelegte Bahnstrecke, auch »Vecia Ferrovia« genannt, ist bei Mountainbikern sehr beliebt: Auf der zum Radweg ausgebauten Strecke kommt man über San Lugano ins Fleimstal. Im Tal führt der vor allem für Familien mit Kindern geeignete Etschradweg direkt an der Ortschaft vorbei.

2700 Einwohner zählende **Branzoll**. Auf dem Dorfplatz mit seinen geschichtsträchtigen Ansitzen wie dem Palais Thomsen und der spätgotischen St.-Leonhard-Kirche begegnet man noch echtem Unterlandler Dorfleben. Bis zum Bau der Eisenbahn war das direkt an der Etsch gelegene Branzoll jahrhundertelang ein wichtiger Holz- und Warenumschlagplatz der Etschschifffahrt mit eigener Post- und Zollstation. Die Reichsstraße, die das ruhige Dorf durchquert, ist vermutlich ein Teil der römischen Via Claudia-Augusta. Das kleine Dörfchen **Pfatten** liegt westlich der Etsch unter dem Mitterberg, wenige Kilometer südlich von Bozen. Erreichbar ist Pfatten über die weithin sichtbare neue Pfattner Brücke, die über die Etsch führt. An den sonnigen Hängen des Mitterbergs gedeihen Weinreben bis zum Kalterer See, dessen Ostufer mit der Örtlichkeit Klughammer ebenfalls zu Pfatten gehört. In vom Tourismus noch weitgehend verschont gebliebenen Dorf befinden sich die Landwirtschaftsschule und das land- und forstwirtschaftliche Versuchszentrum Laimburg mit seinem berühmten Felsenkeller.

BOZEN

(siehe Tour 1)

TERLAN – WEIN & SPARGEL

Terlan mit seiner über 2000 Jahre alten Geschichte zählt zu den bekanntesten Weindörfern Südtirols. Neben dem Hauptort auf 250 Meter Meereshöhe gehören die Fraktionen Siebeneich und Vilpian zum Gemeindegebiet. Die ältesten Spuren menschlicher Siedlungen in der Gegend um Terlan stammen aus der Jungsteinzeit um 2000 v. Chr. Der Name Terlan wird urkundlich erstmals 923 als »Torilan« erwähnt. Im 16. Jahrhundert blühte in Terlan der Bergbau, wobei vor allem Bleiglanz, aus dem man Silber gewann, abgebaut wurde.

Weithin sichtbar ist der aus rot schimmerndem Porphyrgestein erbaute Turm der **Pfarrkirche Maria Himmelfahrt**, mit 75 Metern der dritthöchste in Südtirol. Der Kirchturm wurde im spätgotischen Stil im 16. Jahrhundert erbaut. Er neigte sich im Lauf der Jahrhunderte, bis er eine Schieflage von zehn

Branzoll – Pfatten
15 km
Bozen
10 km
Terlan
Pfarrkirche Maria Himmelfahrt
Kirchturm
Burgruine Neuhaus
Burg Greifenstein
Mölten am Tschögglberg

↑ Blick auf den Ortskern von Terlan
↓ Im engen Porphyrstollen im Silberbergwerk

Frühling in Mölten am Tschöggelberg

Metern erreichte. Daher wurde er abgetragen und von 1891 bis 1893 mit den originalen, einzeln durchnummerierten Steinen wiederaufgebaut. Eine Besonderheit stellt die Kirchturmuhr dar: Der große Zeiger zeigt die Stunden, der kleine Zeiger die Minuten an. Die Pfarrkirche wurde als hochgotischer Bau im 14. Jahrhundert errichtet. Der kleinere, romanische Seitenturm bestand bereits im 13. Jahrhundert. Auffallend sind sein bunt glasiertes Ziegeldach und das bunt gedeckte Dach der Kirche.
Die auf einem Felsvorsprung oberhalb von Terlan thronende **Burgruine Neuhaus** geht auf eine Burg aus dem Jahr 1206 zurück. Seit 1733 ist sie im Besitz der Grafen Tannenberg und der Grafen Enzenberg. Der Legende nach wohnte die letzte Tiroler Landesfürstin, Margarete von Görz-Tirol, Margarete Maultasch genannt, auf der Burg. Im Volksmund ist diese deshalb als Burg Maultasch bekannt. Die Ruine ist über einen Wanderweg von Terlan aus in einer halben Stunde erreichbar.
Hoch über der Terlaner Fraktion Siebeneich, auf dem Gebiet der Gemeinde Jenesien, erhebt sich die **Burg Greifenstein**. Die im Jahre 1159 erstmals erwähnte Burg wird im Volksmund auch als »Sauschloss« bezeichnet. Zu erreichen ist die Ruine in einer einstündigen Wanderung, ausgehend von Siebeneich.
Terlan ist – neben seinem mächtigen Kirchturm – vor allem für seine Weine und seinen Spargel bekannt. Das Gebiet zwischen Terlan, Vilpian und Siebeneich wird als »Goldenes Spargeldreieck« bezeichnet. Spargel-Fans lassen sich alljährlich im Frühjahr die köstlichen Gerichte der **Terlaner Spargelwochen** schmecken. Dazu wird Terlaner Sauvignon, der ideale Spargelwein, getrunken.
Die Terlaner Weinberge beginnen am Fuß des Tschögglbergs auf 250 Meter Meereshöhe und ziehen sich bis auf über 900 Meter hinauf. Terlans Weißweine zeichnen sich durch Eleganz und Finesse und durch besondere Langlebigkeit aus. Manche der Weine zeigen ihr volles Potenzial erst nach Jahrzehnten.
Die historische **Kellerei Terlan** zählt heute mit zum Besten, was Südtirols Weinwelt zu bieten hat (Silberleitenweg 7, 39018 Terlan, Tel. +39 0471 257135, cantina-terlano.com).

AUSFLUG

NACH MÖLTEN AM TSCHÖGGLBERG

Von Terlan aus empfiehlt sich ein Abstecher hinauf nach Mölten, ein idyllisches Bergdorf auf rund 1100 Metern. Die Gemeinde liegt am Salten, Europas größtem Lärchenhochplateau mit Blick auf die Bergwelt der Dolomiten. Das Gebiet ist vor allem für leichte Wanderungen und Biketouren sehr geeignet. Der Tschögglberg ist auch der Ursprungsort der Haflingerpferde. In Mölten lädt außerdem Europas höchstgelegene Sektkellerei Arunda zum Besuch (Prof.-Josef-Schwarz-Str. 18, 39010 Mölten, Tel. +39 0471 668033, arundavivaldi.it).

PRAKTISCHE HINWEISE

TOURISTINFORMATIONEN

Südtiroler Weinstraße
Kellereistr. 10, 39052 Kaltern,
Tel. +39 0471 860659,
suedtiroler-weinstrasse.it

Südtirol Information
Südtiroler Str. 60,
39100 Bozen,
Tel. +39 0471 999999,
suedtirols-sueden.info

Tourismusverein Nals
Rathausplatz 1a, 39010 Nals,
Tel. +39 0471 678619,
merano-suedtirol.it

Tourismusverein Andrian
Wehrburgstr. 1a,
39010 Andrian,
Tel. +39 0471 510100,
andrian.info

Tourismusverein Eppan
Bahnhofstr. 7,
39057 St. Michael-Eppan,
Tel. +39 0471 662206,
eppan.com

Tourismusverein Kaltern am See
Marktplatz 8,
39052 Kaltern am See,
Tel. +39 0471 963169,
kaltern.com

wein.kaltern
Marktplatz 8,
39052 Kaltern am See,
Tel. +39 0471 965410,
wein.kaltern.com

Tourismusverein Tramin
Mindelheimer Str. 10,
39040 Tramin,
Tel. +39 0471 860131,
tramin.com

Tourismusverein Südtiroler Unterland – Kurtatsch-Margreid-Kurtinig
Hauptmann Schweiggl Platz 8, 39040 Kurtatsch an der Weinstraße,
Tel. +39 0471 880100,
suedtiroler-unterland.it

Tourismusgenossenschaft Castelfeder – Auer-Montan-Neumarkt-Salurn
Hauptplatz 5, 39040 Auer,
Tel. +39 0471 810231,
castelfeder.info

Tourismusverein Terlan
Dr.-Weiser-Platz 2,
39018 Terlan,
Tel. +39 0471 257165,
terlan.info

STELL- UND CAMPINGPLÄTZE

C 400 **Camping Montiggl**
(S. 189 F3)
Montiggler Str. 62a, 39057 Eppan an der Weinstraße,
Tel. +39 0471 662320,
campingmontiggl.com
GPS: 46.43990, 11.28183
Camping Montiggl liegt mit-

In Südtirol sind kostenlose Stellplätze rar.

Italo-Outfit: Kaffee und Sonnenbrille

Ein Glas Wein direkt am Kalterer See

ten im Naturschutzgebiet Montiggler Wald in unmittelbarer Nähe zu den beiden Montiggler Seen. Der 2019 eröffnete moderne Campingplatz mit 80 Plätzen und Camperstop mit 16 Plätzen wird von Familie Trettl geführt und bietet neben perfektem Service alle notwendigen Infrastrukturen, einen hauseigenen Schwimmteich, Pizzeria, Restaurant, Konditorei, Café und Eisdiele. Gute Busanbindung nach Eppan und Bozen.

C 401 **Camping St. Josef am See** (S. 189 F4)
St. Josef 75, 39052 Kaltern,
Tel. +39 0471 960170,
camping-kalterersee.com
GPS: 46.37259, 11.25315
Am Südwestufer des Kalterer Sees, dort, wo der See nahtlos in unberührtes Uferbiotop übergeht, fügt sich der Campingplatz St. Josef ganz sanft ins Landschaftsbild, zwischen dichtem Schilf und hohen Zypressen, nah am Seeufer. Der Campingplatz bietet 100 Stell- und Zeltplätze mit privatem Badesteg, ein Restaurant, einen kleinen Laden und saubere sanitäre Einrichtungen. Bushaltestelle direkt vor dem Camping.

C 402 **Camping Gretl am See** (S. 189 F4)
St. Josef am See 18,
39052 Kaltern,
Tel. +39 0471 960244,
camping-gretl.it
GPS: 46.38227, 11.25764
Der Camping Gretl am See liegt direkt am Kalterer See und verfügt über eine eigene Liegewiese am See und einen kostenlosen Zugang zum beheizbaren Freibad Gretl am See. Die Sanitäranlagen sind gut ausgestattet. Lebensmittelmarkt und ein Café-Restaurant sind vor Ort, ebenso wie die öffentliche Bushaltestelle.

S 403 **Caravan Park am Kalterer See** (S. 189 F4)
St. Josef am See 18a,
39052 Kaltern,
Tel. +39 0471 1552330,
caravanpark-kalterersee.it
GPS: 46.38348, 11.25709
Ruhige Lage direkt am Kalterer See mit neuem Sanitärgebäude mit Duschen, WCs, einer Entsorgungseinrichtung und neuem Asphalt. In unmittelbarer Nachbarschaft liegt das öffentliche Lido-Seebad mit großem Badesteg, Bootsverleih und Freischwimmbad.

C 404 **Camping Obstgarten** (S. 189 E5)
Breitbach 9, 39040 Kurtatsch an der Weinstraße,
Tel. +39 0471 880709,
camping-obstgarten.it
GPS: 46.30433, 11.22292
Der familiengeführte Camping Obstgarten liegt in Kurtatsch im Süden Südtirols, eingebettet in sattgrüne Obstwiesen und Weinberge. Er bietet 25 gekieste und ge-

pflegte Stellplätze mit Wasser-, Abwasseranschluss und Strom (6A), einen großzügig angelegten Naturbadeteich, komfortable Sanitärräume, Kiosk, einen Kräutergarten für die Gäste sowie Brötchen- und Zeitungsservice. Die Bushaltestelle befindet sich am Campingeingang.

S 405 **Stellplatz Maria Weißenstein** (S. 189 G4)
Maria Weißenstein,
39050 Maria Weißenstein,
Tel. +39 0471 619540,
eggental.com/de/infos/parkplatz-maria-weissenstein_2089
GPS: 46.39181, 11.41305
Gebührenfreier Stellplatz für 30 Mobile gleich unter der Wallfahrtskirche von Weißenstein – mit teilweise unebenem, befestigtem und geschottertem Untergrund. Das Urteil eines Besuchers: »Alle paar Jahre kommen wir hierher und sind immer wieder von der Gegend begeistert. Ja, es ist nur ein Parkplatz, aber was soll's ... wandern, Berge schauen und die Seele baumeln lassen.« Ganzjährig nutzbar.

C 406 **Camping Hotel Markushof** (S. 189 F5)
Truidn 1, 39040 Auer,
Tel. +39 0471 810025,
hotelmarkushof.it
GPS: 46.34840, 11.30035
Camping Markushof versteht sich als exklusiver Rückzugsort für erwachsene Gäste. Besonders Rad- und Wanderfreunde kommen auf ihre Kosten, aber auch für Kulturinteressierte gibt es reichlich Gelegenheit, die Eigenheiten der Region zu entdecken. Mit Bus und Bahn gelangt man zu den besten Ausgangspunkten für Ausflüge jeglicher Art. Angrenzend an den Campingbereich befindet sich das solarbeheizte Schwimmbad.

Wer einen Stellplatz am Campingplatz St. Josef am See ergattert, parkt seinen Bus direkt am See.

C 407 **Camping Ganthaler** (S. 189 E2)
Meranerstr. 50,
39018 Vilpian/Terlan,
Tel. +39 0471 678716,
campingganthaler.com
GPS: 46.56789, 11.22361
Der kleine, terrassenförmig angelegte Campingplatz liegt inmitten von Obstbäumen. Zur Anlage gehören 30 Caravan-Stellplätze, behindertengerechte sanitäre Anlagen, ein Sandtennisplatz, ein Freischwimmbad, Restaurant und Pizzeria.

Die Gärten von Schloss Trauttmansdorff über Meran: ein Erlebnis für alle Sinne

5

DURCH DEN VINSCHGAU

Von Meran zum Reschenpass

Der Vinschgau bietet eine große kulturelle Vielfalt und ist reich an kunst- und kulturhistorisch bedeutsamen Sehenswürdigkeiten. Die Kurstadt Meran begeistert mit alpin-mediterraner Atmosphäre und urbanem Flair. Jahrhundertealte Waalwege durchkreuzen die steilen Hänge. Zahlreiche Wanderwege laden ein und ein dichtes Netz von Mountainbike-Trails und Radwegen schlängelt sich durch die prägnante Kulturlandschaft.

Die Anreise für unsere Tour von Meran durch den Vinschgau zum Reschenpass erfolgt über die Brennerautobahn A22 bis zur Ausfahrt Bozen-Süd und dann über die Schnellstraße MeBo Meran–Bozen bis nach Meran. Hier empfiehlt es sich, einen Campingplatz anzufahren und das Wohnmobil dort abzustellen. Die Stadt lässt sich gut mit öffentlichen Verkehrsmitteln oder mit dem Fahrrad erkunden.

Sisi-Denkmal in Meran

KUR- UND GARTENSTADT MERAN

Meran vereint mediterrane Eleganz und Leichtigkeit mit Tradition und kultureller Vielfalt. Diese Vielfalt bringt ein südländisch angehauchtes Lebensgefühl mit sich, begünstigt durch das milde Meraner Klima. Eine alpin-mediterrane Atmosphäre und urbanes Flair prägen heute die Meraner Altstadt mit ihren mittelalterlichen Laubengängen und den Prunkbauten der Belle Époque.
Jahrhunderte hindurch war Meran Mittelpunkt der fürstlichen Grafschaft Tirol, das Schloss Tirol im nahe gelegenen Dorf Tirol Stammsitz der Grafen von Tirol. Aus dieser Zeit stammen viele historische Bauwerke in Meran und Umgebung, Burgen, Ansitze und Schlösser.
Seit Mitte des 19. Jahrhunderts ist die Stadt vor allem als Kurort bekannt. Als Kaiserin Elisabeth, die »Sisi« von Österreich, in den 1870er-Jahren den Weg nach Meran fand, wurde die Stadt schlagartig zum beliebten Kurort für Aristokratie und Bürgertum aus ganz Europa. Luxuriöse Hotels, Prachtbauten wie das elegante Jugendstil-Kurhaus an der Kurpromenade, eines der Wahrzeichen von Meran, sowie das Stadttheater veränderten das Stadtbild, das heute von großzügig angelegten Parks und gepflegten Promenaden geprägt wird. Der oberhalb von Meran

ROUTE 5

START- UND ENDPUNKT
Meran und Reschenpass

STRECKEN
überwiegend Landes- und Staatsstraßen

STRECKENLÄNGE
ca. 80 km (Hauptstrecke durchs Tal, ohne »Seitensprünge«)

REISEDAUER
5 bis 7 Tage

BESTE JAHRESZEIT
ganzjährig, vor allem aber April bis Oktober

Start
Meran
Laubengasse
Pfarrkirche St. Nikolaus
Stadtviertel Steinach
Kurhaus
Stadttheater
Therme Meran
Gärten Schloss Trauttmansdorff
Tourismusmuseum
Frauenmuseum
Schloss Tirol

37 km
(bis Pfelders)

Passeiertal

gelegene **Tappeinerweg** ist eine der längsten Promenaden Europas und bietet auf vier Kilometern eine üppige, mediterrane Vegetation sowie herrliche Aussichtspunkte auf den Meraner Talkessel.

SPAZIERGANG DURCH DIE ALTSTADT

Ein Bummel durch Merans Altstadt führt zurück bis ins Mittelalter. Eine reizvolle Route umfasst die **Laubengasse**. Diese wurde im 13. Jahrhundert vom Grafen von Tirol Meinhard II. erbaut und besteht aus einer zweireihigen Häuserflucht mit niedrigen Laubengängen. Sie beginnt am Pfarrplatz und endet nach 400 Metern am Kornplatz. Die Fassaden aus verschiedenen Stilepochen sind mit zierlichen Erkern und zahlreichen Torbögen geschmückt. Schon im Mittelalter waren die Lauben die Lebensader der Geschäftsleute und noch heute bildet die Laubengasse Merans Haupteinkaufsstraße.

Die **Pfarrkirche St. Nikolaus** am oberen Ende der Lauben ist eines der ersten rein gotischen Baudenkmäler Tirols. 1220 wurde sie erstmals urkundlich erwähnt und 1465 in der heutigen Form geweiht. Sie beherbergt eine Vielzahl wertvoller Fresken, eine schöne Fensterrose über dem Spitzbogenportal, Glasfenster aus der Spätgotik sowie zahlreiche Skulpturen und Bilder. Neben der Pfarrkirche steht der achteckige gotische Bau der St.-Barbara-Kapelle.

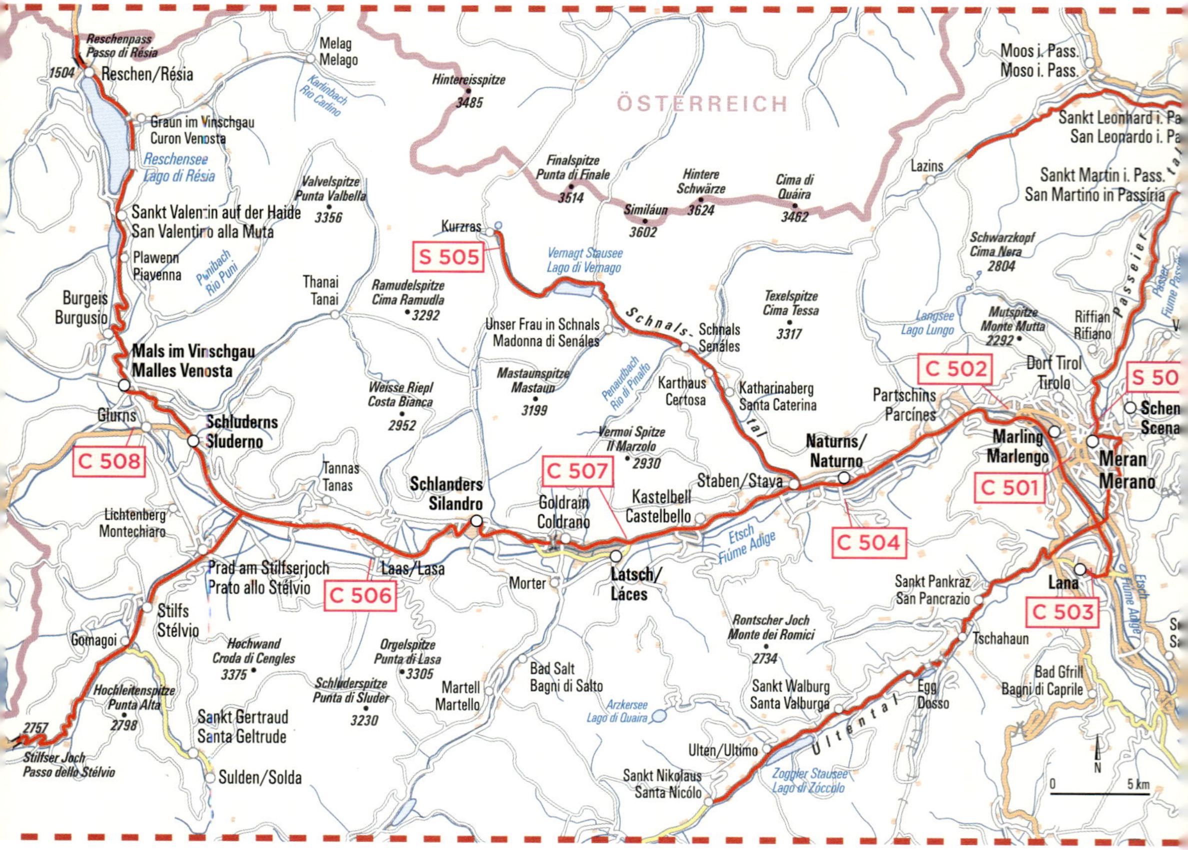

Meraner Kurhaus mit dem Pavillon des Fleurs

Zwischen der Pfarrkirche, dem **Passeirer Tor** und dem rechten Passerufer liegt das **Stadtviertel Steinach**, das zu Zeiten der Grafen von Tirol den Stadtkern bildete. Im 13. Jahrhundert wurde hier mit dem Stadtbau begonnen. Viele der gut erhaltenen Bauten erinnern noch heute an den ursprünglichen Charakter der Stadt, besonders in der Nähe des Passeirer Tors.

KURHAUS UND STADTTHEATER

Ein Schmuckstück im Jugendstil und Wahrzeichen Merans ist das **Kurhaus** an der Kurpromenade, eines der schönsten Mehrzweckgebäude des Alpenraums. Es besteht aus zwei Teilen: jenem im historischen Stil aus dem Jahr 1874 und dem neueren Teil, der von 1912 bis 1914 angebaut wurde. Die heutige Form des Kurhauses wird vom jüngeren Trakt bestimmt, der 1914 mit dem neuen Kursaal hinzukam. Das elegante Jugendstilprojekt stammt vom Wiener Sezessionisten Friedrich Ohmann und dient heute als Veranstaltungszentrum.

Das **Meraner Stadttheater** mit seiner perfekten Kombination aller bisher bekannten Formen und Stilrichtungen sowie seinen überreichen Verzierungen mit Marmor und Stuck wurde am 1. Dezember 1900 eröffnet. Martin Dülfer, Vertreter der Münchner Gruppe und einer der Begründer des Jugendstils, schuf den Entwurf dazu. 1937 wurde das Theater nach dem Komponisten Giacomo Puccini benannt.

SPECIAL

THERME MERAN

Entspannung pur bietet die Therme Meran mit ihrer Rundum-Wohlfühlwelt: 26 In- und Outdoor-Pools, eine 2200 Quadratmeter große Saunalandschaft, das moderne MySpa und der wunderschöne Thermenpark laden dazu ein, einen Wellnesstag hier zu verbringen – das ganze Jahr über, denn die Therme ist jeden Tag geöffnet (termemerano.it).

Weinberge im Herbst über Meran

Das mondäne Meraner Kurhaus öffnet alljährlich im November seine Tore für eines der exklusivsten und elegantesten Weinevents in Europa: das **Merano WineFestival**. Weinproduzenten aus aller Welt stellen ihre edlen Tropfen vor, während in der GourmetArena erlesene Delikatessen aus ganz Italien angeboten werden (meranowinefestival.com).

DIE SCHÖNSTEN GÄRTEN ITALIENS

Die **Gärten von Schloss Trauttmansdorff** in Meran stellen auf zwölf Hektar über 80 Garten-, Natur- und Kulturlandschaften mit Pflanzen aus aller Welt vor. Vier Themenbereiche bilden die Schwerpunkte von Trauttmansdorff: Die Waldgärten mit Miniaturwäldern aus Amerika und Asien, die Sonnengärten mit Landschaftsbildern des Mittelmeerraums, die Wasser- und Terrassengärten und die Landschaften Südtirols mit Einblicken in die heimische Pflanzenwelt.

Einzigartig ist in den Gärten von Schloss Trauttmansdorff die Verbindung von Kunst und Natur mit zehn Kunstpavillons, einer thematisch verwandten Fauna sowie historischer und aktueller Architektur. Gemäß dem Leitmotiv »Gärten in Bewegung« verändert sich das Erscheinungsbild der Gärten Woche für Woche – durch den ganzen Jahreskreislauf hindurch. Jährlich kommen neue Gartenbereiche und Attraktionen hinzu.

Durch Sonderausstellungen und musikalisch-kulinarische Events – lauschige Sommernächte mit World Music vom Feinsten, ein gemütliches Frühstück bei Sisi, Abende mit exotischen Gartencocktails – und durch themenspezifische Gartenführungen wird Botanik immer als mehrdimensionales Sinneserlebnis vermittelt. Sämtliche Wege sind kinderwagen- und rollstuhlgerecht angelegt.

In Schloss Trauttmansdorff selbst, dem ehemaligen Feriensitz von Kaiserin Elisabeth, ist das erste Tourismusmuseum des Alpenraums, das **Touriseum**, untergebracht. Das romantische Schloss mit seinem herrlichen Ausblick auf Meran und die terrassenförmige Gartenlandschaft sind unbedingt einen Besuch wert (St.-Valentin-Str. 51a, 39012 Meran, Tel. +39 0473 235730 (Gärten), Tel. +39 0473 270172 (Touriseum), trauttmansdorff.it).

SCHLOSS TIROL

Schloss Tirol, das bedeutendste Schloss des Landes, thront majestätisch hoch über Meran auf einem mächtigen Moränenhügel. Die Stammburg der einstigen Grafen von Tirol hat dem Land seinen Namen gegeben und beherbergt heute das Südtiroler **Landesmuseum für Kultur- und Landesgeschichte**.
Um 1140 erbauten die Grafen von Tirol ihre Residenz, die schon bald zum bedeutendsten Schloss in ganz Tirol wurde. Der Burghügel war bereits in der Urgeschichte besiedelt. Zahlreiche Funde, darunter ein Gräberfeld aus dem Frühmittelalter sowie eine frühchristliche Kirche mit drei Apsiden, wurden freigelegt.
Seine Blütezeit erlebte Schloss Tirol unter der Herrschaft der Gräfin Margarete Maultasch von Tirol. 1363 vermachte diese ihr Land im Einvernehmen mit den Landständen ihrem Verwandten, dem Habsburger Rudolf dem Stifter. Die Burg blieb bis 1420 Residenz der Tiroler Landesfürsten. Dann verlegte Herzog Friedrich IV., genannt »Friedl mit der leeren Tasche«, diese in das verkehrstechnisch günstiger gelegene Innsbruck.
Die **Kernburg** besteht aus Südpalas mit Kapelle, Ostpalas, Wehrgang, Mushaus, Bergfried, Küchenhof und den Wirtschaftsgebäuden. Kunsthistorisch besonders interessant ist die Burgkapelle. »Die herrlichen Portale sind die hervorragendsten Beispiele romanischer Bauplastik in Tirol. In ihrem Programm um Häresie, Sündenfall und Heilsgeschehen stellen sie ein in Marmor gemeißeltes Lexikon des Weltbildes, der Symbolik und Gebärdensprache im Mittelalter dar«, erklärt Museumsdirektor Leo Andergassen.
Der Altar in der Oberkapelle ist der **älteste Flügelaltar** im Alpenraum. Das Original befindet sich seit 1938 im Museum Ferdinandeum in Innsbruck. Auch die sehr reich

↑ Schloss Tirol: Stammschloss des Landes
↓ Installation im Garten Schloss Trauttmansdorff

AUSFLUG

GREIFVOGEL-FLUGSCHAU

In der Falknerei neben Schloss Tirol befindet sich eine Pflegestation für Greifvögel mit täglichen Flugvorführungen und Botaniklehrpfad entlang der Volieren (Pflegezentrum für Vogelfauna, Tel. +39 0473 221500, gufyland.com).

↑ Andreas-Hofer Museum in St. Leonhard
↓ Kalmtaler Wasserfall in St. Martin in Passeier

ausgearbeiteten und der lombardischen Tradition verpflichteten Kapitelle im Rittersaal zählen zu den Hauptwerken romanischer Steinmetzkunst des 12. Jahrhunderts. Über dem Eingang zur Kapelle befindet sich die älteste erhaltene Darstellung des Tiroler Adlers aus dem 13. Jahrhundert (Schloss Tirol, Schlossweg 24, 39019 Tirol, Tel. +39 0473 220221, schlosstirol.it).

IM PASSEIERTAL

Das Passeiertal nördlich von Meran ist ein Tal voller Gegensätze. Die Heimat des Tiroler Volkshelden Andreas Hofer zählt zu den urigsten und landschaftlich vielfältigsten Tälern Südtirols. Eine weitgehend noch unberührte Natur sowie eine selbstbewusste, lebendige Kultur prägen Landschaft und Alltag.
Am besten kommt man ins Passeiertal von Meran aus. Man kann aber auch den Weg vom Norden her wählen. Dafür nimmt man auf der Brennerautobahn A22 die Ausfahrt Sterzing und fährt auf der SS44 Richtung Jaufenpass über Walten nach St. Leonhard und St. Martin im Passeiertal. Die kurvige Passstraße über den Jaufenpass ist allerdings nur bei schönem Wetter und geübten Fahrern empfehlenswert. Es besteht ein Fahrverbot für alle Fahrzeuge mit Gespannen von über 4,5 Meter Länge.

FREIHEITSHELD HOFER

Andreas Hofer (1767–1810), Tirols Held und Anführer in den Freiheitskriegen um 1809 gegen Franzosen und Bayern, hat sein eigenes Museum. In seinem Geburtshof in St. Leonhard in Passeier, im historischen Sandhof, werden die einschneidenden Ereignisse der ersten Jahrzehnte des 19. Jahrhunderts anschaulich dargestellt. »Helden & Hofer« – unter diesem Motto nähert sich die

Lazins Alm am Talschluss des Pfelderer-Tales

Dauerausstellung dem Tiroler Viehhändler, Wirt, Rebellenführer und Held und zeigt auf, wie es 1809 zum Aufstand der Tiroler gegen Napoleon kam.

AUSFLUG

WANDERN IM PASSEIERTAL

Der Norggensteig entführt die Besucher in die Sagenwelt der Kobolde. Der Themenweg mit bebilderten Sagenerzählungen, Unterhaltsamem, Sinnlichem und vielen Spielen startet am MuseumPasseier und mündet auf der Höhe von St. Leonhard in einen Lehrpfad über Fischerei und Imkerei (museum.passeier.it).
Der Passerdammweg führt zum Kalmtaler Wasserfall, dem wohl schönsten im Passeiertal. Die 40-minütige und gut beschilderte Wanderung startet am Parkplatz an der Hauptstraße von St. Martin in südliche Richtung (passeier.it).

Passeiertal
Museum Passeier, St. Leonhard
Kalmtaler Wasserfall
Pfelders Panoramawanderung Pfelders-Lazins
Meran

Auf dem Freigelände steht ein für das Passeiertal typischer Haufenhof samt Wohnhaus, Scheune und Nebengebäuden: Mühle, Schmiede, Backofen, Getreidekasten, Lodenwalke und Bienenstand. Die 2015 eröffnete Dauerausstellung »Mièr Psairer« stellt die zahlreichen Objekte der Volkskundesammlung – Exponate zum Thema Tracht, Volksmedizin, Urgeschichte und zu alten Handwerksberufen – in ein neues Licht und verbindet sie mit den ausgeprägten Charakterzügen der Bewohner des Tals. Unmittelbar neben dem MuseumPasseier befindet sich die Andreas-Hofer-Gedächtniskapelle (1899) mit der Darstellung des Tiroler Aufstandes von 1809 und von Hofers Tod. Etwas unterhalb liegt eine zweite Kapelle, das Heilig-Grab-Kirchlein, das 1691 vom Urgroßvater Hofers nach einem Besuch in Jerusalem errichtet wurde (MuseumPasseier, Passeirerstr. 72, 39015 St. Leonhard in Passeier, Tel. +39 0473 659086, museum.passeier.it).

Herbstwanderung im Wandergebiet Hirzer an der Stafell Alm

PFELDERS, EIN PARADIES

Im hintersten Winkel des Passeiertals, auf über 1620 Meter Meereshöhe, liegt das 150-Seelen-Dorf Pfelders. Das Dorf, übrigens die höchste Dauersiedlung im Tal, ist in den **Naturpark Texelgruppe** eingebettet. Eine beeindruckende Gipfelkulisse mit Texelspitze (3318 m), Roteck (3337 m), Hoher Weiße (3281 m), Hoher Wilde (3481 m), Karlesspitze (3462 m) und Hinterer Schwärze (3624 m) umrahmt das Tal wie ein natürliches Amphitheater.

Das Pfelderer Tal ist knapp 23 Kilometer lang und zweigt bei Moos in Passeier nach Westen ab. Die kurvenreiche Straße führt vorbei an tiefen Schluchten und durch bewaldete Hänge, bis sich die Strecke am Ende des Tals angenehm weitet.

Pfelders hat sich voll und ganz dem sanften Tourismus verschrieben und gehört seit 2010 zur Vereinigung der **Alpine Pearls**: eine länderübergreifende Kooperation zwischen Ferienorten, die größten Wert auf sanfte Mobilität, Klima- und Umweltschutz sowie die Förderung der regionalen Kultur legen.

Das von traditionellen Holzbauten und alten Bauernhöfen geprägte Ortszentrum ist autofrei. Ein großer Parkplatz steht vor dem Dorfeingang zur Verfügung. Von dort aus können vielfältige Almen- und Gipfeltouren in den Naturpark Texelgruppe unternommen werden. Mit dem Grünboden-Express lässt man sich ganz bequem auf über 2000 Meter bringen. Im Winter punktet das schneesichere Skigebiet mit Rodelbahnen und Langlaufloipen und vielen Kilometern an Wanderwegen.

Sehr empfehlenswert ist die drei- bis vierstündige **Panoramawanderung nach Lazins**. Vom Parkplatz in Pfelders geht es mit der Kombibahn zur Günbodenhütte (2000 m) und von da über den atemberaubenden Meraner Höhenweg mit großartigem Panoramablick zur Faltschnal-Alm (Einkehrmöglichkeit). Dort führt links ein Waldweg abwärts zur Lazins-Alm und schließlich gemütlich zurück nach Pfelders zum Aus-

Tipp

PASSEIRER GAUMENKITZEL

Die Psairer Bio-Bergkäserei produziert eine gute Auswahl an Biokäse aus Milch von den Passeirer Bauernhöfen (Lahne 7/1, 39010 St. Martin in Passeier, Tel. +39 0473 448710, psairerbergkaeserei.com). In der Passeier Bergkellerei keltert Konrad Pixner die Trauben aus seinen Weinbergen an den warmen Südhängen der Bergketten (Dorfstr. 37, St. Martin in Passeier, Tel. +39 347 9982554, bergkellerei.it).

gangspunkt. Eine Stärkung zum Abschluss gibt's bei Familie Hofer: Sie überrascht in ihrem Hofschank am **Steinerhof** in Pfelders mit hofeigenen Produkten und einer reichhaltigen Speisekarte mit traditionellen Produkten und innovativ interpretierten Gerichten (Pfelders 10d, 39013 Moos in Passeier, Tel. +39 340 5478603, steinerhof.eu).

LANA UND DAS VIGILJOCH

Von Meran aus ist es gerade mal ein Katzensprung hinüber nach Lana auf der südlich gegenüberliegenden Talseite. Die Gemeinde am Eingang in das Ultental reicht von den Toren Merans bis hinauf zum Hochplateau von Völlan und auf das Vigiljoch.
Die knapp 13 000 Einwohner zählende Gemeinde Lana hat zwar den Charakter einer Kleinstadt, ist aber die größte Obstbaugemeinde Südtirols. Das **Südtiroler Obstbaumuseum** am Brandiswaalweg erzählt vom Obstbau ab dem 19. Jahrhundert. Im 1301 erstmals urkundlich erwähnten Ansitz Larchgut werden die Besucher auf einer Ausstellungsfläche von 1000 Quadratmetern über die Geschichte und die wirtschaftliche Bedeutung des Obstbaus in Südtirol informiert. Die ältesten Ausstellungsstücke im Museum stammen aus dem Weinbau, dem Ackerbau und der Viehzucht. Darunter befindet sich die älteste Weinpresse Südtirols aus dem Jahr 1570. Trachten, Gebrauchsgegenstände und religiöse Kleinkunst spiegeln die einstige bäuerliche Lebensform wider. Der Aufschwung des erwerbsmäßigen Obstbaus in Südtirol erfolgte erst nach der Urbarmachung des versumpf-

Meran
39 km
(bis St. Gertraud Ulten)
Lana/Ulten
Südtiroler Obstbaumuseum
Pfarrkirche Niederlana
Vigiljoch
Erlebnis Kränzelhof
Ultental
Urlärchen
Zoggler Stausee
Meran

↑ Après-Ski auf der Grünbodenhütte
↓ Apfelernte im Meraner Land

ten Etschtals im 19. und 20. Jahrhundert. 60 informative Schautafeln führen durch das Museum, erläutern die Entwicklung des Obstbaus und erzählen vom Brauchtum und Alltagsleben im 19. Jahrhundert. Im Stadel des Anwesens werden Transportmittel, Geräte und Maschinen im Wandel der Zeit vorgestellt (Brandiswaalweg 4, 39011 Lana, Tel. +39 0473 564387, obstbaumuseum.it).
Die alte **Pfarrkirche Mariä Himmelfahrt von Niederlana** zählt zu den schönsten Werken der Südtiroler Spätgotik und steht unter Denkmalschutz. Der aus dem 16. Jahrhundert stammende prächtige Flügelaltar von Hans Schnatterpeck ist weit über die Landesgrenzen hinaus bekannt.
Das autofreie **Vigiljoch** am Nördersberg oberhalb von Lana ist ein kleines, naturbelassenes Wanderparadies auf 1700 Meter Höhe. Mit der Seilbahn geht es von Lana aus in wenigen Minuten hinauf auf die 1490 Meter hoch gelegene Bergstation. Die Gegend ist bei Familien, Naturliebhabern und Mountainbikern gleichermaßen beliebt (vigiljoch.com).

Tipp

RESTAURANT MIIL

In der alten Mühle des bezaubernden Kränzelhofs, nur etwa vier Kilometer von Lana entfernt, lädt der passionierte Küchenchef Othmar Raich zu Geschmackserlebnissen der besonderen Art. Die Speisekarte wird von den Jahreszeiten geschrieben (Gampenstr. 1, 39010 Tscherms, Tel. +39 0473 563733, miil.it).

INS ULTENTAL

Das Ultental hat durch die Jahrhunderte hindurch seinen ursprünglichen Charakter bewahrt. Unberührte Natur, Traditionsverbundenheit und alte Bauernkultur geben hier den Ton an. Von St. Pankraz am Eingang des Tals entlang der Talsohle nach St. Walburg, St. Nikolaus bis nach St. Gertraud im Nationalpark Stilfserjoch fasziniert das Tal mit seiner intakten Natur und der ursprünglichen Lebensart seiner Bewohner.

Rundweg um den Zoggler Stausee im Ultental

Das Tal zweigt bei Lana ab und zieht sich parallel zum Vinschgau rund 40 Kilometer von Westen nach Osten. Die Gemeinde Ulten erstreckt sich von 940 bis 1800 Meter Meereshöhe. Die höchste Erhebung ist die Hintere Eggenspitze mit 3442 Metern. Die Gemeinde mit knapp 3000 Einwohnern umfasst die Ortschaften St. Gertraud, St. Nikolaus, St. Walburg und Kuppelwies. St. Pankraz am Anfang des Tals bildet eine eigene Gemeinde.

Bei St. Gertraud, auf 1425 Meter Meereshöhe, stehen am Rande eines Bannwaldes drei knorrige, riesige **Urlärchen**, deren Alter auf mindestens 850 Jahre geschätzt wird. Die drei gehören zu den ältesten Nadelbäumen Europas. Die höchste von ihnen ist 36,5 Meter hoch und hat einen Stammumfang von sieben Metern. Der Umfang der dicksten Lärche misst 8,34 Meter. Nachdem die drei Lärchen auch als Unterschlupf für Marder und Fledermäuse dienen, werden sie im Volksmund »Fledermauslarch« genannt. 1979 unter Schutz gestellt und stabilisiert, zählen sie heute zum Weltnaturerbe. Unterhalb von St. Gertraud beginnt ein 30-minütiger Spaziergang, der zu den Urlärchen führt. Eine dreisprachige Schautafel erzählt von den uralten Bäumen. Über den **Ultner Höfeweg** gelangt man von Kuppelwies aus in 2,5 Stunden zu den Urlärchen.

SONNENVERWÖHNTES NATURNS

Auf dem Weg von Meran in Richtung Vinschgau kommt man an einem kurzen Zwischenstopp in der **Bierbrauerei Forst** kaum vorbei. Gleich nach Algund beherrschen zu beiden Straßenseiten die Gebäude der Bierbrauerei Forst das Landschaftsbild. Die »Forst«, wie sie landauf, landab genannt wird, wurde 1857 hier gegründet. Inzwischen hat sie sich zu einer der größten Brauereien Italiens entwickelt. Im neu errichteten Forst-Shop findet der Besucher alle Produkte aus der Welt der Spezialbier-Brauerei. Braureiführungen laden zur Besichtigung und der große Braugarten zum Verkosten und Genießen (Vinschgauerstr. 8, 39022 Forst/Algund, Tel. +39 0473 260111, forst.it; Braugarten: braugartenforst.com). Im **Schlosswirt** nebenan laden ein gemütliches Wirtshaus und Luis Hallers Sterneküche im Restaurant Luisl Stube zur Einkehr (schlosswirt-forst.it).
Nach knappen 15 Kilometern – ab Meran – erreichen wir **Naturns**. Das schmucke Dorf im unteren Vinschgau liegt 526 Meter hoch. An 315 Tagen im Jahr scheint hier, unter normalen Bedingungen, die Sonne. Anscheinend regnet es nirgendwo sonst in

Burghügel von Juval am Eingang des Schnalstals

Meran
15 km
Naturns
St. Prokulus
Naturparkhaus Texelgruppe
Schloss Juval
Latschander Waalweg
25 km (bis Kurzras)
Schnalstal

↑ Gotische Fresken im St. Prokulus Kirchlein
↓ Burgherr zu Juval: Reinhold Messner

den Ostalpen so selten – nicht einmal zwei Ortschaften weiter. Kontrastreich, vielfältig, lebendig und bunt – mit diesen Adjektiven beschreiben die Naturnser selbst ihr Dorf, Südtirols einzigen zertifizierten »Alpine Wellness«-Ferienort.
Naturns erstreckt sich von der malerischen Ortschaft Plaus bis zu den Ortsteilen Tabland, Tschirland und Staben an der Gebietsgrenze zum Vinschgau. Mit 5500 Einwohnern gehört Naturns zu den größten Gemeinden im Tal. Im Norden erhebt sich der **Sonnenberg**, dessen südwärts gerichtete Teilflanke mit ihrer kargen Trockenrasenlandschaft im gesamten Alpenraum einzigartig ist. Traditionelle Bergbauernhöfe prägen das Landschaftsbild ebenso wie die weiten Obstwiesen und die fast 3000 Meter hohen, oft verschneiten Gipfel in der Ferne.

ST. PROKULUS IN NATURNS

Die kleine Kirche am östlichen Ortsrand von Naturns lässt von außen nicht erahnen, welchen Kunstschatz sie in ihrem Inneren verbirgt. Das im 7. Jahrhundert erbaute frühchristliche St.-Prokulus-Kirchlein wartet mit dem vollständigsten Zyklus früher Wandmalerei in Tirol und den ältesten Fresken Westeuropas auf. Die einzigartigen Fresken aus dem vorkarolingischen Zeitalter zählen zu den bedeutendsten Kunstschätzen in Mitteleuropa. Die abgelösten gotischen Fresken aus dem 14. Jahrhundert, die sich über den vorkarolingischen Wandmalereien befanden, werden im angrenzenden **Prokulusmuseum** ausgestellt. An der südlichen Außenwand ist die Schöpfungsgeschichte dargestellt (St.-Prokulus-Straße, 39025 Naturns, Tel. +39 0473 667312, naturns.it).

MESSNERS CASTEL JUVAL

Nur wenige Kilometer nach Naturns, am Eingang des Schnalstals, zieht einen der Burghügel von Juval in den Bann. Hugo von Montalban hat um 1278 auf dem prähistorischen Siedlungsplatz das Schloss erbaut. 1983 hat es die Bergsteigerlegende Reinhold Messner erworben und in ein Museum – und seinen privaten Sommersitz – verwandelt. Im Mittelpunkt des **Messner Mountain Museum Juval** steht der »Mythos Berg« mit mehreren Kunstsammlungen: Tibetika, Bilder der heiligen Berge der Welt, eine Maskensammlung aus fünf Kontinenten, eine Ausstellung zu Gesar von Ling, Tantra-Raum und Expeditionskeller.
Unterhalb des Schlosses lädt der **Schlosswirt** zum Besuch: eine gemütliche Burgschenke mit bester Südtiroler Küche aus einheimischen Produkten. Das Lokal ist bequem mit dem Juvaler Shuttlebus über die steile und enge Auffahrt zu erreichen.

Das Weingut **Castel Juval Unterortl** zählt heute zu den führenden des Landes, der Riesling, der hier auf den steilen, steinigen Weinbergen wächst, zu den besten Italiens. In der Hofbrennerei werden sortenreine Grappas und verschiedene Obstbrände gebrannt.

Am Fuße des Burghügels unten im Tal hat der **Vinschger Bauernladen** als Vermarktungs- und Vertriebsplattform für die Bauern der Umgebung seine Tore geöffnet (MMM Juval: messner-mountain-museum.it; Schlosswirt: schlosswirtjuval.it; Weingut Unterortl: unterortl.it; Bauernladen: bauernladen.it).

DIE VINSCHGAUER WAALWEGE

Der Vinschgau ist eines der trockensten inneralpinen Täler. Das Wasser zur Bewässerung der Felder und Wiesen wurde daher traditionell durch Bewässerungskanäle, die Waale, in mühsamer Arbeit von den Seitentälern und den Gletschern über viele Kilometer auf die Felder geleitet. Einst gab es in Südtirol einige Hundert Waale, die zum Teil auch Mühlen und Sägen angetrieben hatten. Die charakteristischen Waalwege begleiten die Bewässerungskanäle an den Berghängen im Vinschgau.

Heute sind diese Waalwege beliebte Wanderziele in einer einzigartigen Natur- und Kulturlandschaft. Sie sind das ganze Jahr über begehbar und zählen zu den beliebtesten Wanderwegen Südtirols. 2023 wurden die Waale im Obervinschgau in die Liste des immateriellen UNESCO-Kulturerbes aufgenommen.

AUSFLUG

LATSCHANDER-WAALWEG

Der 13 Kilometer lange Latschander-Waalweg von Latsch zum Schloss Juval führt durch Obstplantagen, Weingärten und Kastanienhaine entlang des Bewässerungskanals am Vinschger Sonnenberg hoch über dem Tal. Start ist am Parkplatz bei der Seilbahnstation in Latsch. Von hier aus geht es hinauf auf den Waalweg nach Kastelbell und Tschars und von dort weiter zum Schloss Juval von Reinhold Messner. Ein etwas steiler Weg leitet dann bergab ins Tal direkt zum Bahnhof Staben, von wo aus man mit der Vinschgaubahn zurück nach Latsch fahren kann (merano-suedtirol.it).

Eine Wanderung am Latschander-Waalweg

Schnalser Gletscherskigebiet mit der urigen Schutzhütte »Schöne Aussicht«

URIGES SCHNALSTAL

Das urige und wildromantische Schnalstal zweigt beim Schloss Juval in Kastelbell nach Norden ab und führt bis zu den mächtigen Gletschern des Hochjochferner im Talschluss. Über Jahrhunderte prägte ein karger Alltag das bäuerliche Leben im abgeschiedenen Tal. Erst mit dem Bau der **Schnalstaler Gletscherbahn** im Jahr 1972 begann allmählich der Fremdenverkehr. Nach technisch schwierigen und aufwendigen Bauarbeiten an der Grawand feierten die Schnalstaler Gletscherbahnen schließlich im Juli 1975 mit der Jungfernfahrt der Seilbahn ihre Eröffnung. Die am Fuße des Gletschers gelegene kleine Siedlung **Kurzras** bestand einst aus wenigen Bauernhöfen und wurde nun zum Sportdorf ausgebaut.
Das **Schnalser Gletscherskigebiet** am Hochjochferner an der Grenze zwischen Österreich und Italien ist ein wahres Eldorado für Wintersportbegeisterte. Zum Skifahren und Snowboarden auf einer Höhe von 2011 bis 3212 Metern stehen 42 Kilometer Pisten zur Verfügung. Elf Lifte befördern die Gäste. Die höchste Seilbahn Südtirols bringt die Gäste in nur sechs Minuten hinauf zur Bergstation Grawand mit Europas höchstgelegenem Hotel auf 3212 Metern. Ganz in der Nähe liegt dort beim Tisenjoch die Fundstelle von Ötzi.

AUF ÖTZIS SPUREN

Wer wissen möchte, wie Ötzi, der berühmte Mann aus dem Eis, vor 5300 Jahren gelebt hat, für den ist der **archeoParc** im Schnalstal genau die richtige Adresse. Hier können die Besucher selbst »jungsteinzeitlich« aktiv werden, Bogen schießen, töpfern, Leder verarbeiten oder beim Kupferschmelzen zuschauen.
Bereits die ungewöhnliche Architektur des ersten archäologischen Aktivmuseums Südtirols in dem Dorf Unser Frau auf 1500 Meter Meereshöhe fällt auf: Konstruktion, Form

und Material des Niedrigenergiehauses wurden analog zu den jungsteinzeitlichen Hausrekonstruktionen entwickelt. Im Freigelände des Museums stehen drei im Maßstab 1:1 rekonstruierte Modelle jungsteinzeitlicher Hütten (archeoParc Schnalstal, Unser Frau 163, 39020 Schnals, Tel. +39 0473 676020, archeoparc.it).

DAS KLOSTERDORF KARTHAUS

Einen Besuch lohnt das ehemalige Kartäuserkloster in Karthaus, die **Kartause Allerengelberg** auf 1300 Metern. Das Leben im Dorf spielt sich seit Jahrhunderten hinter den Klostermauern des 1535 gegründeten ehemaligen Kartäuserklosters ab, das im Zuge der Josephinischen Kirchenreform aufgelöst und in der Folge von den Bewohnern der Umgebung genützt wurde. Die Dorfgeschichte hinter Klostermauern wird vom **Kulturprojekt Silentium** aufgegriffen, das der Schnalser Kulturverein ins Leben gerufen hat. Das audiovisuelle Projekt begibt sich auf die Spuren der Mönche, die einst hier lebten, arbeiteten und beteten.
Teil von Silentium ist auch die **Via Monachorum**, ein kontemplativer Wanderweg, der aus mehreren Richtungen nach Karthaus führt. Entlang der Via Monachorum finden sich philosophische Zitate zur Stille und Ruhe, die zur Reflexion einladen. Der renovierte Kreuzgang beherbergt Kunstausstellungen. Der meditative Kräutergarten lädt zum Entspannen (Kartause Allerengelberg, Karthaus, 39020 Schnals, schnalstal.com).

Tipp

RAFFINIERT UND KÖSTLICH

Eine Einkehr lohnt sich im Oberraindlhof im Schnalstal. Die feine Südtiroler Küche kombiniert alte traditionelle Rezepte mit modernen Einflüssen, hochwertig, raffiniert und trotzdem bodenständig (Raindl 49, 39020 Schnals, Tel. +39 0473 679131, oberraindlhof.com).

Schnalstal
Schnalstaler Gletscherbahn
Hochjochferner
Kurzras
ArcheoParc
Vernagt-Stausee
Kartause Allerengelberg
Naturns
19 km
Schlanders
Vinschger Sonnenberg
7 km
Laas

SCHLANDERS & LAAS

Von Naturns aus geht die Fahrt durch den Vinschgau weiter hinauf zum 19 Kilometer entfernten Hauptort Schlanders. **Schlanders** mit seinen Fraktionen Kortsch, Göflan, Vetzan, Nördersberg und Sonnenberg ist Sitz der Bezirksgemein-

Schnalstal: Grotte und Grablegungskapelle

Blick vom Vinschger Höhenweg über der Kortscher Schuttkegel

schaft Vinschgau. Die erste schriftliche Erwähnung datiert auf das Jahr 1077, die Ursprünge der Ortschaft gehen aber bis in die Jungsteinzeit zurück.
Historische Gebäude und Ansitze, Kirchen und Klöster säumen das historische Zentrum mit seiner belebten Fußgängerzone. Die Schlandersburg und Schloss Schlandersberg sind Zeugen einer abwechslungsreichen Geschichte. Ein Teil des Gemeindegebietes gehört zum Nationalpark Stilfserjoch. Eines der Nationalparkhäuser lädt in der Fußgängerzone zum Besuch und ist der Vogelwelt gewidmet.
Nur sieben Kilometer von Schlanders entfernt lohnt das Marmordorf **Laas** einen Besuch. Die 4000 Einwohner zählende Gemeinde liegt 868 Meter über dem Meeresspiegel und besteht aus dem Hauptort Laas, den Fraktionen Allitz, Eyrs, Tschengls, Tanas und den Ortsteilen Tarnell und Parnetz. An die 15 Kirchen sind über das ganze Gemeindegebiet verstreut. Allein im Hauptort Laas stehen fünf: Maria Lourdes, St. Johannes, St. Sisinius, St. Martin und St. Nikolaus. Die Pfarrkirche Johannes der Täufer, die sogenannte Marmorkirche, wurde an der Stelle einer karolingischen Kirche um 1200 erbaut. Die kleine Kirche St. Sisinius stammt aus der Zeit um 1290 und ist dem Nonsberger Märtyrer Sisinius geweiht. Der Vorgängerbau der Kirche stammt aus dem 7./8. Jahrhundert.
Laas steht ganz im Zeichen des Marmors. Nicht nur in der Pfarrkirche, in Häusern und Ansitzen trifft man auf das edle Gestein. In Laas sind sogar die Gehsteige und Plätze mit Marmor gepflastert. Das »weiße Gold« aus Laas, der **Laaser Marmor** aus den Steinbrüchen von Laas und Göflan, gehört zum wertvollsten seiner Art. Seine Kennzeichen sind ein einheitlicher weißer Grundton und seine Frost- und Witterungsbeständigkeit.
Empfehlenswert ist ein Ausflug in das kleine Allitz oben am Sonnenberg. Hier punktet Herbert Thanei im Gasthaus Sonneck mit seiner unverwechselbar bodenständigen Küche (Allitz 11, 39023 Laas, Tel. +39 0473 626589, gasthaus-sonneck.it).

MARMORFÜHRUNGEN

Marmor ist mehr als ein Stein. »Marmor ist eine in Jahrmillionen gewachsene natürliche Schönheit, edel in Farbe und Struktur, jeder Block, jedes Stück ein Unikat.« Die Vinschgauer sind stolz auf ihren Marmor, der in der ganzen Welt verbreitet ist. Zu den bekanntesten Werken aus Laaser Marmor gehören der Monumentalbrunnen der Pallas Athene vor dem Parlamentsgebäude in Wien, das Denkmal der Queen Victoria vor dem Buckingham-Palast in London und das Heinrich-Heine-Denkmal in New York. Wer über den Hauptbahnhof von München spaziert, schlendert über Laaser Marmor. Aber auch 90 000 Grabkreuze für die im Zweiten Weltkrieg gefallenen US-Soldaten sind aus Laaser Marmor gehauen. Bei klassischen Marmorführungen können Abbau, Verwendung und Mythos rund um den Laaser Marmor hautnah erlebt werden (Laaser Marmorindustrie, Marmorstr. 4, 39023 Laas, Tel. +39 0473 626342, lasamarmo.it; Göflaner Marmor, Staatsstr. 4–6, 39028 Schlanders, Tel. +39 348 1793522, goeflanermarmor.it).

Laas
Laaser Marmor Marmorführungen
38 km (Prad – Stilfserjoch)
Prad/Stilfser Joch
Panoramastraße Nationalpark Stilfserjoch Besucherzentren
12 km
Schluderns

Tipp

MARMORSCHMUCK UND MEHR

Das Ladengeschäft Venustis in der Vinschgaustraße 10 in Laas lädt zu einer besonderen Begegnung: Schmuck, Vasen und viele weitere Geschenkideen aus Laaser Marmor treffen hier auf feinste Schokoladenkreationen (Tel. +39 0473 626585, venustis.it).

AUFS STILFSER JOCH

Das Stilfser Joch ist der höchste durch eine asphaltierte Straße, die SS38, erschlossene Gebirgspass Italiens. Die **Panoramastraße** führt auf eine Höhe von 2757 Metern und verbindet Prad in Südtirol mit Bormio im Veltlin in der Region Lombardei.

Marmorbruch über der Göflaner Alm

↑ Die letzten Serpentinen vor der Passhöhe am Stilfser Joch

↓ Wanderung im Zaytal oberhalb der Düsseldorfer Hütte vor dem Dreigestirn Königsspitze, Zebru und Ortler

Nach einer fünfjährigen Bauzeit wurde die knapp 50 Kilometer lange Passstraße im Jahr 1825 fertiggestellt. Auf Südtiroler Seite ist sie mit atemberaubenden 48 Kehren knapp 28 Kilometer, auf der lombardischen Seite mit 34 Kehren und sechs Tunnels 22 Kilometer lang. Trotz der 1870 Meter Höhenunterschied auf der Südtiroler Seite konnte die Steigung der Straße mit neun Prozent relativ gering gehalten werden. Nur an wenigen Stellen steigt sie auf elf Prozent.
Nicht nur die spektakuläre Aussicht auf den 3905 Meter hohen Ortler zieht die Besucher hinauf aufs Stilfser Joch – es ist auch die traumhafte Lage inmitten des Nationalparks Stilfserjoch mit seiner einzigartigen Flora und Fauna, die lockt. Rund um den Pass sind auch heute noch Überreste des Ersten Weltkriegs zu sehen. Die Italienfront verlief damals über das Stilfser Joch.
Die Passstraße ist normalerweise zwischen Ende Mai und November für den Verkehr geöffnet. Während dieser kurzen Öffnungszeit herrscht auf der Straße meist starkes Verkehrsaufkommen.

NATIONALPARK STILFSERJOCH

Das Gebiet um den Pass ist seit 1935 Teil des **Nationalparks Stilfserjoch.** Der hochalpine Nationalpark gehört zu den größten Naturschutzgebieten Europas und erstreckt sich mit seinen knapp 130 800 Hektar über Südtirol, das Trentino und die Lombardei. Er umfasst große Teile der Ortler-Alpen, der Livigno-Alpen und der Sobretta-Gavia-Gruppe. Der Park zieht sich von 700 auf 3900 Meter Meereshöhe und verläuft durch alle alpinen Klimazonen. Entsprechend einzigartig ist die schützenswerte Flora und Fauna! Neben Hirschen, Rehen, Steinböcken und Gämsen leben hier Adler und Geier. Auch selten gewordene Pflanzen wie Edelweiß, Arnika oder Enzianwurzel gedeihen.

In Südtirol wurden mittlerweile fünf **Besucherzentren** eröffnet: Aquaprad in Prad am Stilfser Joch mit der Dauerausstellung »Element Wasser«, Avimundus in Schlanders mit dem Thema »Die Welt der Vögel«, Culturamartell in Martell mit »Die Welt der Bergbauern im Nationalpark einst und heute«, die Lahnersäge in St. Gertraud Ulten mit dem Schwerpunkt »Der Wald als unersetzbare Ressource der Natur« sowie Naturatrafoi in Trafoi mit dem »Leben im hochalpinen Raum« (nationalpark-stelvio.it).

Schluderns
Churburg
Südtiroler Ritterspiele
Vintschger Museum
Vinschger Radweg
3 km
Glurns

SCHLUDERNS UND DIE CHURBURG

Wer keine Lust auf die Fahrt aufs Stilfser Joch hat, fährt von Laas direkt weiter nach Schluderns – das sind gerade mal zwölf Kilometer. Das 1850-Einwohner-Dorf liegt auf 920 Meter Meereshöhe am westlichen Sonnenberg. Die gotische **Katharinakirche** und die bemalten Häuserfassaden erzählen von der wechselvollen Geschichte des Oberen Vinschgaus. Die Zeit scheint hier ein klein wenig langsamer zu laufen als anderswo. Zwischen den versteckten Winkeln und Gässchen und den alten Bauernhäusern ist wenig Hektik zu spüren.
Hoch über dem Dorf thront die wehrhafte Burg der ehemaligen Churer Fürstbischöfe. Das prächtige Renaissanceschloss beherbergt die weltweit größte private Rüstkammer. Den ältesten Kern der **Churburg** bilden Bergfried, Palas und die Ringmauer, die den geräumigen Hof umschließt. Heinrich von Montfort, der Fürstbischof von Chur, hat die Burg um das Jahr 1250 erbauen lassen. Nach dem Tod des letzten Vertreters der Herren von Matsch kam sie 1504 in die Hände der heutigen Besitzer, der Grafen von Trapp.

Renaissanceschloss Churburg über Schluderns

KULTUR

’S VINTSCHGER MUSEUM

Im Vintschger Museum geht es um die Geschichte der Talbewohner und ihre Bräuche. Im Bereich »Archaischer Vinschgau« sind aus der Bronze- und Eisenzeit sowie aus römischer Zeit stammende Fundstücke ausgestellt, die bei Ausgrabungen in Ganglegg ans Licht kamen. Die der Landwirtschaft und Bewässerung gewidmete Abteilung verdeutlicht, wie sich in einer derart trockenen Region eine ertragreiche Landwirtschaft entwickeln konnte (Meranerstr. 1, 39020 Schluderns, Tel. +39 0473 615590, vuseum.it).

Es folgte die Umwandlung der alten Burg zum prächtigen Renaissanceschloss. Großartig präsentieren sich der bemalte Arkadengang mit dem Stammbaum der Grafen von Trapp und dem Renaissancegewölbe aus Laaser Marmor sowie die Burgkapelle. In der Rüstkammer befindet sich die vollständige Ausrüstung für eine komplette Burgbesatzung mit mehr als 50 erhaltenen Rüstungen, Stichwaffen und Schwertern. Die Burg wurde nie zerstört und gilt als eine der am besten erhaltenen des Landes. Voll ins Mittelalter eintauchen können Besucher alljährlich Ende August bei den **Südtiroler Ritterspielen** am Fuße der Burg (Schloss Churburg, Churburg 1, 39020 Schluderns, Tel. +39 0473 615241, churburg.com). Schluderns ist wie die meisten Vinschgauer Gemeinden im Haupttal bestens in das Radwegenetz des Vinschgaus integriert. Der rund 80 Kilometer lange **Vinschger Radweg** zählt zu den schönsten und abwechslungsreichsten Fahrradwegen Südtirols. Er ist gut ausgebaut und beschildert, startet in Meran (323 m), führt entlang der Etsch durch Wiesen, Obstanlagen und Dörfer bis nach Glurns (907 m) und von dort weiter nach Mals (1099 m) und bis zum Reschenpass (1525 m). An den Bahnhöfen von Mals, Schlanders, Latsch, Naturns und Meran werden auch Fahrräder verliehen.

MITTELALTERLICHES GLURNS

Von Schluderns ist es nur ein Katzensprung nach Glurns auf der gegenüberliegenden Talseite. Das Fahrzeug parken wir am Parkplatz vor dem Stadttor und erkunden die Stadt zu Fuß.
Glurns erhielt um 1290 zu Zeiten Meinhards II. von Tirol das Marktrecht. Als Festung und als Handelsplatz spielte das Städtchen im Laufe der Zeit eine wichtige Rolle. Heute ist Glurns die kleinste Stadt der südlichen Alpen, ein Ort voller Überraschungen und voll von kleinen, historischen Kostbarkeiten.
Die historische Kleinstadt liegt auf 907 Meter Meereshöhe unterhalb des Tartscher Bühels. Die Stadt hat sich im Lauf der Jahrhunderte kaum verändert und bis in unsere Tage ihren mittelalterlichen Charakter und Charme bewahrt. Die alten Stadtmauern mit den drei Stadttürmen und einer ganzen Reihe von Wehrtürmen umschließen die malerischen Gassen und Winkel der Stadt, die noblen Bürgerhäuser aus dem 16. Jahrhundert und die verschlafenen Laubengänge. Die Gegend war schon zur Römerzeit besiedelt, lag hier doch ein bedeutender Verkehrsknotenpunkt an der Handelsroute Via Claudia Augusta. In der Calvenschlacht im Engadiner Krieg von 1499 wurde Glurns fast vollständig zerstört. Auf Befehl Kaiser Maximilians wurde die Stadt wiederaufgebaut und mit den zehn Meter hohen Ringmauern umgeben.
Die außerhalb der Stadtmauern gelegene gotische **Pfarrkirche** ist dem **heiligen Pankratius** geweiht. Der Stadtplatz mit den beiden großen Rosskastanienbäumen ist das Bindeglied zwischen Unter- und Oberstadt und lädt zum Verweilen ein. Der **Flurinsturm** aus dem 13. Jahrhundert gehört zu den ältesten erhaltenen Gebäuden der Stadt. 2018 eröffnete Thomas Ortler im Turm ein ganz besonderes Restaurant: das »Flurin« – mit Bar und spannender

Glurns
Stadtmauern
Laubengasse
Kirchtorturm – Paul Flora
Pfarrkirche zum hl. Pankratius
2,6 km
Mals

↑ Glurns: die kleinste Stadt Südtirols …
↓ … ist gut geschützt durch die Stadtmauer.

↑ Mals mit seinen fünf Türmen
↓ Ein mystischer Platz: der Tartscher Bühel

traditionell-kreativer Küche (Laubengasse 2, Tel. +39 0473 428136, flurin.it).
Im **Kirchtorturm** wurde 2011 eine Dauerausstellung des berühmten Glurnser Künstlers und Karikaturisten Paul Flora (1922–2009) unter dem Motto »Paul Flora – Leben und Werk« eingerichtet. Im **Torturm** wird die Geschichte von Glurns anschaulich dokumentiert und thematisiert (glurns.eu).

MALS UND DER TARTSCHER BÜHEL

Auf der Weiterfahrt nach Mals erhebt sich kurz vor Mals in der Malser Haide ein kahler, felsiger Rundhügel: der **Tartscher Bühel** oder Bichl, wie die Tartscher ihren Hügel nennen. Der mystische Platz war schon in vorrömischer Zeit besiedelt und ist historisch und botanisch in jeder Hinsicht bemerkenswert. Seine abgerundete Form hat der 1077 Meter hohe Glimmerschiefer-Rundbuckel durch Gletschereinwirkung während der letzten Eiszeit erhalten.
Einsam und von Weitem sichtbar steht die im romanischen Stil gestaltete **St.-Veit-Kirche** auf der Hügelkuppe. Die von einer Steinmauer eingefriedete Kirche wurde gegen Ende des 11. Jahrhunderts auf Vorgängerbauten als einfaches Langhaus mit abgesetzter Rundapsis und Steinplattendach errichtet. Kunsthistorisch bedeutend sind die nur mehr fragmentarisch erhaltenen romanischen Fresken in der Apsis aus der Zeit um 1200.
Die 5500 Seelen zählende **Marktgemeinde Mals** liegt am Fuße der Malser Haide, dort, wo die Straße zum Reschensee hin ansteigt. Die flächenmäßig zweitgrößte Gemeinde Südtirols mit ihren Seitentälern, dem Matscher Tal, dem Schlinigtal und dem Plawenntal, reicht bis weit in die Ötztaler Alpen und in den Schnalskamm hinein, wo die höchsten Punkte der Gemeinde liegen: die 3738 Meter hohe Weißkugel und die 3516 Meter hohe Innere Quellspitze. Dazu gesellen sich noch Burgeis und die kleinen Weiler Schleis, Planeil, Ulten-Alsack, Tartsch sowie Laatsch an der Abzweigung Richtung Münstertal und Schweiz. Mals war einst bekannt

Tipp

VINSCHGER UR-PAARL

In der Bäckerei Schuster in Laatsch 139, Mals, gibt es die traditionellen Ur-Paarln, die älteste Form des Vinschger Paarlbrotes (auch bekannt als Vinschgauer): Die flachen, runden und würzigen Brote mit hohem Roggenanteil werden so gebacken, dass sie paarweise zusammenhängen (Tel. +39 0473 831340, schuster.it).

als Ort der sieben Türme. Fünf Kirchtürme stehen heute noch und prägen das Dorfbild.

BURGEIS & KLOSTER MARIENBERG

Der Obere Vinschgau ist reich an kunst- und kulturhistorisch bedeutsamen Sehenswürdigkeiten. Mit dem Kloster Marienberg und der Fürstenburg besitzt das von Mals nur vier Kilometer entfernte kleine Bauerndorf Burgeis gleich zwei bedeutende Bauwerke. Die **Fürstenburg** liegt am südlichen Ortsrand und wurde im 13. Jahrhundert von den Bischöfen von Chur errichtet. Das **Kloster Marienberg**, die höchstgelegene Benediktinerabtei Europas, erhebt sich weithin sichtbar auf 1340 Metern über dem Dorf Burgeis im Oberen Vinschgau. Vor dem Kloster gibt es einen kleinen Parkplatz.

Das Kloster ist eine Gründung der Edlen von Tarasp aus dem Schweizer Engadin und wurde im 12. Jahrhundert erbaut. Beeindruckendes Zeugnis aus jener Zeit ist das unverändert erhaltene steingerahmte romanische Rundbogenportal, durch das man die Klosterkirche betritt. Ihr heutiges barockes Aussehen erhielt die Klosterkirche in der Zeit zwischen 1643 und 1648. Sie ist die einzige dreischiffige Pfeilerbasilika des Vinschgaus. Wertvoll sind die um 1400 entstandene Steinplastik Maria mit Kind, das Außenfresko neben dem Eingangsportal und die Fresken und Stuckaturen im Stil der Wessobrunner Schule im Inneren.

Kunsthistorisch einmalig ist die 1160 vom Churer Bischof geweihte Krypta mit ihren byzantinisch beeinflussten romanischen Fresken. Unter den einzigartigen Engelsdarstellungen beteten bereits die ersten Mönche

Mals
Tartscher Bühel
St.-Veit-Kirche
4 km
Burgeis
Fürstenburg
Kloster Marienberg
St. Stephanskapelle
17 km
Reschenpass

Die Fürstenburg im Burgeis

St. Valentin mit Haider See und Ortler im Hintergrund

ihr Chorgebet. Die Fresken sind eines der größten Zeugnisse romanischen Kunstschaffens im Alpenraum und bestechen durch ihren spirituellen Ausdruck.
Kloster Marienberg war durch die Jahrhunderte hindurch geistiges und kulturelles Zentrum des Oberen Vinschgaus. Seit 2007 befindet sich im Erdgeschoss des Klosters ein Museum, das Einblick in das Alltagsleben hinter den Klostermauern bietet. Kunstwerke aus verschiedenen Epochen, Texte und Filme erläutern die 900-jährige Geschichte in und um Marienberg. Die **St. Stephanskapelle** in der Nähe des Klosters stammt aus dem 11. Jahrhundert (Benediktinerabtei Marienberg, Schlinig 1, 39024 Mals, Tel. +39 0473 831306, marienberg.it).

HAIDERSEE UND RESCHENSEE

Von Burgeis geht es nun auf der Staatsstraße SS38 hinauf Richtung Reschenpass. Bis zum Pass sind es noch 17 Kilometer. Auf der Strecke dorthin gibt es aber noch einiges zu sehen. Die **Ferienregion Reschenpass** liegt im Dreiländereck zwischen Italien, Österreich und der Schweiz. Die Gemeinde Reschen am See mit ihren Dörfern St. Valentin auf der Haide, Graun, Reschen und dem Seitental Langtaufers erstreckt sich über das gesamte Gebiet rund um den natürlichen Haidersee und den künstlich angelegten Reschensee.
Auf der Fahrt über die Malser Haide kommen wir zuerst nach **St. Valentin auf der Haide**. Das Dorf mit seiner Fraktion Fischerhäuser liegt auf 1470 Meter Meereshöhe idyllisch an den Ufern des natürlichen **Haidersees** auf einem malerischen Hochplateau. Der See wurde einst »Kartäusersee« genannt, da er dem Kartäuserkloster in Schnals gehörte. Die Besiedelung des Gebietes geht bis auf das Ende der Eiszeit vor rund 7000 Jahren zurück. Die Römer hinterließen in der Gegend zahlreiche Spuren und bauten unter anderem die Handelsstraße Via Claudia Augusta, auf der heute der Radweg durch den Vinschgau verläuft.
Auf das eigentliche Highlight, das weltweit bekannte Fotomotiv am Reschenpass, stoßen wir einige Kilometer nach St. Valentin auf

der Haide. Da ragt er heraus aus dem Wasser des Reschensees: der einsame **Kirchturm des versenkten Dorfes Graun**.

Die Geschichte hinter dem bekannten Postkartenmotiv ist weniger idyllisch: Der aus dem Jahr 1355 stammende Glockenturm der alten Pfarrkirche St. Katharina ist stummer Zeitzeuge einer verantwortungslosen See-Stauung kurz nach dem Ende des Zweiten Weltkriegs. Im Jahre 1939 – in der Zeit des Faschismus – reichte der Großkonzern »Montecatini« ein Vorhaben zur Stromgewinnung ein: nämlich den Reschen- und Graunersee um 22 Meter zu stauen. Die Bevölkerung von Reschen und Graun wurde dabei völlig übergangen. 1947, nur zwei Jahre nach Kriegsende, wurden die Arbeiten am Stauprojekt wieder aufgenommen. 1950 wurden die Schleusen geschlossen und der Reschensee gestaut. 677 Hektar Grund und Boden wurden überflutet, beinahe 150 Familien ihrer Existenz beraubt. Die Bewohner von Graun wurden notdürftig in einem Barackenlager am Ausgang des Langtauferertals untergebracht.

AUSFLUG

SCHIFFSRUNDFAHRT

Von Juli bis Oktober heißt es auf dem größten Stausee in Südtirol »Schiff ahoi« mit der MS Hubertus Interregio. Auf dem Ausflugsschiff kann die eindrucksvolle Bergwelt aus einer ganz neuen Perspektive genossen werden. Der Kapitän informiert über die Naturschönheiten rund um den sechs Kilometer langen Reschensee und gibt Sagen und Geschichten zum Besten, die sich um die versunkenen Dörfer ranken (Tel. +39 347 8523590, sport-winkler.it/schifffahrt.html).

Das »neue« **Graun** mit seinen 2500 Einwohnern hat sich nach seiner gewaltsamen Übersiedlung an den höheren Rand des neuen Reschenstausees von einem alten Bauerndorf in eine moderne Tourismusgemeinde gewandelt. Graun ist sowohl im Winter als auch im Sommer ein beliebtes Urlaubsziel für Aktivurlauber und Naturliebhaber.

Reschenpass
Haidersee
St. Valentin auf der Haide
Reschensee
Graun
Museum Vinschger Oberland
Langtaufers
Reschen
Etschquelle
Reschenpass

↑ Gamsegg Hof in Melag Langtaufers
↓ Graun: Kirchturm im Stausee

Panzersperren auf dem Plamont Plateau

Besuchenswert ist das gotische Kirchlein **St. Anna**. Es liegt auf einem kleinen Hügel und bietet einen herrlichen Ausblick auf den Reschensee, mittlerweile ein Hotspot für Surfer, Kitesurfer und Segler. Im Winter wird der zugefrorene See zum Eislaufen, Snowkiten und Eissegeln genutzt. Eine schöne Seepromenade lädt zu einem Spaziergang rund um den See ein.
Das **Museum Vinschger Oberland** im alten Gemeindehaus neben der Pfarrkirche St. Katharina erzählt die Geschichte der Dörfer Alt-Graun und Reschen (39020 Graun im Vinschgau, Tel. +39 0473 633101, vinschgau.net).

DAS DORF AN DER GRENZE

Reschen liegt an der Passhöhe kurz vor dem Reschenpass an der italienisch-österreichischen Grenze. Ein Großteil von Alt-Reschen wurde wie die Nachbargemeinde Graun 1950 für den Stausee geflutet. Die Bewohner wurden in neue Häuser am Seeufer umgesiedelt. Der lebendige Grenzort am See hat sich ebenfalls zu einem beliebten Urlaubsziel entwickelt. Hier herrscht das ganze Jahr über reges Treiben.

Knapp an der Grenze Südtirols auf 1525 Metern, etwa zwanzig Minuten Fußmarsch vom Dorf Reschen entfernt, entspringt die **Quelle der Etsch**, die sich durch ganz Südtirol schlängelt, im Trentino und Veneto zu einem großen Fluss anwächst und schließlich in die Adria mündet. Mit rund 415 Kilometern ist die Etsch der zweitlängste Fluss Italiens. Der Spaziergang vom Dorfzentrum Reschen aus führt über den **Vinschger Höhenweg** mit der Markierung Nr. 2 direkt zur Etschquelle.

DER RESCHENPASS

Der Reschenpass überquert den Alpenhauptkamm und trennt die Ötztaler Alpen im Osten von der Sesvennagruppe im Westen. Er verbindet den Vinschgau mit dem Oberinntal in Tirol. Der Pass ist seit langer Zeit eine der wichtigsten Nord-Süd-Verbindungen über die Alpen. Schon in keltischer Zeit verband er als Saumpfad das Oberinntal im Norden mit dem Vinschgau. Der Reschenpass war Teil der um das Jahr 50 eröffneten Römerstraße Via Claudia Augusta. Die Passhöhe liegt vollständig auf italienischem Staatsgebiet und befindet sich auf einer Seehöhe von 1507 Metern. Die Grenze zwischen Italien und Österreich verläuft seit dem Inkrafttreten des Vertrags von Saint-Germain 1920 zwei Kilometer nördlich der Passhöhe. Die 1990er-Jahre brachten am Reschen einschneidende Veränderungen mit sich. Durch den EU-Beitritt Österreichs 1995 wurden die Zollstationen überflüssig. Wegen des Schengener Abkommens fanden auch die systematischen Grenzkontrollen am 1. April 1998 ein Ende.
Hier endet auch unsere Tour von Meran durch den Vinschgau. Für die Rückreise empfiehlt sich die 40 Kilometer lange Strecke über die Reschenstraße B180 nach Landeck. Dort geht die Fahrt dann weiter über die Inntal-Autobahn A12 Richtung Innsbruck.

PRAKTISCHE HINWEISE

TOURISTINFORMATIONEN

Kurverwaltung Meran
Freiheitsstr. 45, 39012 Meran,
Tel. +39 0473 272000,
merano-suedtirol.it

Tourismusverein Passeiertal
Passeirerstr. 40,
39015 St. Leonhard
in Passeier,
Tel. +39 0473 656188,
merano-suedtirol.it

Tourismusverein Lana
Andreas-Hofer-Str. 9/1,
39011 Lana,
Tel. +39 0473 561770,
visitlana.com

Tourismusgenossenschaft Ultental/Proveis
St. Walburg 104, 39016 Ulten,
Tel. +39 0473 795387,
merano-suedtirol.it

Tourismusgenossenschaft Naturns
Rathausstr. 1, 39025 Naturns,
Tel. +39 0473 666077,
merano-suedtirol.it

Tourismusverein Schnalstal
Karthaus 42,
39020 Schnalstal,
Tel. +39 0473 679148,
merano-suedtirol.it

Tourismusverein Schlanders-Laas im Nationalpark Stilfserjoch
Kapuzinerstr. 10,
39028 Schlanders,
Tel. +39 0473 730155,
schlanders.it

Ferienregion Obervinschgau
Tel. +39 0473 831190,
vinschgau.net

Glurns Marketing
Rathausplatz 1, 39020 Glurns,
Tel. +39 0473 831288,
glurns.eu

Ferienregion Reschenpass Informationsbüro
Hauptstr. 22, 39027 Reschen,
Tel. +39 0473 633101,
vinschgau.net

STELL- UND CAMPINGPLÄTZE

S 500 **Camperstellplatz Schneeburghof** (S. 183 H5)
Segenbühelstr. 26,
39019 Dorf Tirol/Meran,
Tel. +39 0473 923595,
schneeburghof.com
GPS: 46.67591, 11.16761
Der Camperstellplatz am Schneeburghof bietet ausreichend Platz für 55 Wohnmobile – inmitten der Natur, umgeben von Obstwiesen und Weinbergen mit Panoramablick über Dorf Tirol und das Burggrafenamt. Jeder Stellplatz verfügt über Strom- und Wasseranschluss. Einkaufsmöglichkeiten gibt es 30 Gehminuten vom Stellplatz entfernt. Von Mai bis September steht ein Freischwimmbad mit einer großen Liegewiese und ausreichend Sonnenliegen zur Verfügung. Frühstück gibt's bei Bedarf im Garni Schneeburghof.

C 501 **Live Merano Camping** (S. 183 G5)
Piavestr. 46, 39012 Meran,
Tel. +39 0473 426388,
livemeranocamping.com
GPS: 46.66437, 11.15858
Der neue Live Merano Camping im Herzen von Meran bietet 91 Stellplätze zu je 80 m² mit privatem Garten von 40 m². Dazu gesellen sich ein neuer Pool und Spa-Bereich sowie 24 kostenlos benutzbare Bäder mit WC, Dusche und Waschbecken.

C 502 **Camping Via Claudia Augusta** (S. 183 G5)
Marktgasse 14,
39022 Algund,
Tel. +39 0473 223060,

Camping Via Claudia Augusta in Algund

Waldcamping in Naturns

campalgund.com
GPS: 46.68127, 11.11421
Der Camping Via Claudia Augusta befindet sich in ruhiger und zentraler Lage, ist idealer Ausgangspunkt für eine Vielzahl von Ausflugsmöglichkeiten und nur 3 km entfernt von der Kurstadt Meran. Das örtliche Freibad ganz in der Nähe ist für Gäste während des gesamten Aufenthalts kostenlos zugänglich. Ein Tennisplatz und ein Restaurant/Pizzeria liegen etwa drei Gehminuten vom Camping entfernt.

C 503 **Luxury Camping Schlosshof** (S. 183 H6)
Jaufenstr. 10,
39011 Lana bei Meran,
Tel. +39 0473 561469,
schlosshof.it
GPS: 46.61153, 11.16810
Der familiär geführte Campingplatz in Lana bei Meran überrascht seine Gäste mit Charme und Großzügigkeit auf allen Ebenen. Alle Stellplätze mit Strom-, Frisch- und Abwasser, Kabel-TV und WLAN. Es gibt Design-Sanitäranlagen für Körper, Geist & Sinne, das Erlebnisfreibad Acquaviva mit Wasserfall und separatem Kleinkinderpool sowie einen exklusiven Saunabereich. Die Lage mitten in Obstgärten ist ruhig und doch zentral – in nur zehn Minuten Fußweg erreicht man das Ortszentrum von Lana – Meran ist gerade mal 6 km (Bus alle 15 Minuten) entfernt.

C 504 **Waldcamping Naturns** (S. 183 F6)
Dornsbergweg 8,
39025 Naturns,
Tel. +39 0473 667298,
waldcamping.com
GPS: 46.642955, 11.008774
In einem Mischwald am Rande von Naturns entstand 1969 ein Campingplatz: der Waldcamping Naturns. Auf einer Fläche von 3,3 ha bietet Familie Tribus ihren Gästen alles, was sie zu einem erholsamen Aufenthalt brauchen: unter anderem ein Lebensmittelgeschäft, einen gemütlichen Aufenthaltsraum mit Grill, saubere Dusch-, Wasch- und Toilettenräume sowie ein neues Erlebnisbad mit Abenteuerspielplatz für die Kleinen. Bis ins Dorfzentrum von Naturns sind es 500 m.

S 505 **Wohnmobilstellplatz Caravan Park Schnals**
(S. 182 D4)
Kurzras, 39020 Schnals,
Tel. +39 0473 662171,
caravanpark-schnals.com
GPS: 46.75415, 10.78371
Am Fuße des Schnalstaler Gletschers befindet sich auf 2010 Hm der höchstgelegene Camper-Stellplatz Europas. Der Caravan Park Schnals ist in die atemberaubende Berglandschaft des hinteren Schnalstals eingebettet. Besonders attraktiv ist hier Wintercamping, denn direkt vom Stellplatz kann ins Skivergnügen im Skigebiet Schnalstaler Gletscher gestartet werden.

Campingplatz »Im Park« in Glurns

Camping Latsch an der Etsch

Im Sommer ist der Platz idealer Ausgangspunkt für Familienwanderungen und hochalpine Gebirgstouren. Olympiahallenbad mit Sauna in der Nähe. Das Zentrum von Kurzras ist zu Fuß erreichbar.

C 506 Camping Badlerhof
(S. 182 D6)
Kugelgasse 4b, 39023 Laas,
Tel. +39 0473 628011,
camping-badlerhof.it
GPS: 46.61598, 10.69826
Der kleine Campingplatz liegt neben dem Bauernhof der Familie, eingebettet in eine ländliche Gegend mit Obstbäumen, direkt am Vinschger Radweg, der Via Claudia Augusta – ein idealer Ausgangspunkt für Wanderungen, Rad- und Mountainbiketouren. Das Badl-Café lädt mit Cappuccino und Apfelstrudel oder mit Speck- und Käseplatten zum Verweilen ein. In zwei Minuten kommt man mit dem Rad ins Dorf zu Bäcker und Lebensmittelmarkt.

C 507 Camping Latsch
(S. 183 E6)
Reichsstr. 4, 39021 Latsch,
Tel. +39 0473 623217,
camping-latsch.com
GPS: 46.62242, 10.86373
Camping Latsch liegt am Fuße des Vinschger Sonnenberges am legendären Radweg Claudia Augusta. Stellplätze bis 80 m^2 mit Stromanschluss (6A) freiem Wi-Fi und teilweise mit Wasseranschluss. Ein großer Außenpool mit Wasserrutsche und ein Hallenbad stehen zur Verfügung. Das Dorfzentrum ist nur fünf Minuten entfernt.

C 508 Camping im Park
(S. 182 B5)
Parkweg 1, 39020 Glurns,
Tel. +39 0473 424017,
campingimpark.com
GPS: 46.67045, 10.54659
Camping im Park ist ein kleiner, aber feiner Campingplatz mit traditionell ruhiger und familiärer Atmosphäre außerhalb der Stadtmauern des mittelalterlichen Städtchens Glurns. Den Gästen stehen moderne Sanitäranlagen, Chemietoiletten-Entsorgung, ausreichend Stromanschlüsse, Waschmaschine & Trockner zur Verfügung.

Camping Badlerhof in Laas

Bauernhof mit Blumenwiese in Corvara alta Badia

REISEINFOS VON A BIS Z

Anreise, Entsorgung, Grillen und mehr – mit den nachfolgenden Tipps gestalten Sie Ihren Urlaub noch entspannter.

Stiftgarten im Kloster Neustift: Zeugnis historischer Gartenkunst

ANREISE

Im Handyzeitalter hat sich die Reiseplanung ziemlich verändert. Man googelt sich den schnellsten, direktesten und spritsparendsten oder mautfreien Weg zu seinem Ziel. Dabei hat man die Wahl zwischen dem fest im Reisemobil eingebauten Navigationsgerät und dem Mobiltelefon. Aus eigener Erfahrung können wir sagen, dass das Mobiltelefon der zuverlässigste, schnellste und unkomplizierteste Weg ist, um ans Ziel zu kommen. Es ist von Vorteil, eine Stellplatz-App auf dem Smartphone zu haben.

CAMPING- UND WOHNMOBILSTELLPLATZ

Campingplätze sind in der Regel voll ausgestattet. Es gibt Sanitärgebäude, Ver- und Entsorgungsstationen, meist ein Restaurant und ein Geschäft, eine Rezeption und diverse Freizeitangebote. Campingplätze sind für alle geeignet: für Reisende mit Zelt, Wohnwagen und Wohnmobil.
Wohnmobilstellplätze hingegen sind nur für Wohnmobile gedacht – und sie variieren stark. Es gibt sehr moderne, die ähnlichen Komfort bieten wie die Campingplätze, und es gibt die Kategorie Parkplatz. Besonders kommunale Wohnmobilstellplätze befinden sich oftmals nur am Rande eines bereits bestehenden Parkplatzes. Hier kann man das Wohnmobil abstellen und übernachten, doch es gibt keine Infrastruktur. Autarke Wohnmobilisten brauchen manchmal auch nicht mehr.
Die meisten Plätze haben jedoch Stromanschlüsse und die Möglichkeit der Versorgung mit Frischwasser, der Entsorgung von Grauwasser und der Fäkalien. Manche Plätze sind sogar kostenfrei. Wohnmobilstellplätze sind in der Regel unkomplizierter in der Anmeldung und auch in puncto Anreisezeiten. Üblicherweise gibt es hier keine zeitlichen Begrenzungen oder Mittagspausen. In vielen

Fällen existiert auch keine Schranke. Wohnwagen sind auf den wenigsten Wohnmobilstellplätzen gestattet. Nicht autarke Camper, also ohne Toilette an Bord, sollten immer auf die Plätze mit Sanitäranlagen reisen.

ENTSORGUNG

Die meisten Wohnmobilstellplätze und alle Campingplätze bieten die Möglichkeit, Grauwasser und Fäkalien zu entsorgen. Das Entsorgen darf ausschließlich in die dafür vorgesehenen Entsorgungsstellen erfolgen. Will man nicht auf einem Campingplatz übernachten, so kann man meist trotzdem dort gegen eine kleine Gebühr sein Abwasser zurücklassen. Auf Wohnmobilstellplätzen sind die Entsorgungsstellen in vielen Fällen frei oder gegen einen Obolus erreichbar. Es ist auf jeden Fall zu unterlassen, das Grauwasser oder die Chemietoilette am Straßenrand oder in die Natur zu entleeren.

ESSEN

Verhungern oder verdursten muss in Südtirol niemand. In jedem Dorf finden sich Wirtshäuser und Gasthöfe, Restaurants und Pizzerien sowie zahlreiche Cafés. Wer sich auf ein bestimmtes Restaurant freut, sollte vorab im Internet die Öffnungszeiten recherchieren und reservieren.

FAHRRAD

Das Fahrrad sollte man auf keinen Fall im heimischen Keller vergessen. Von den Wohnmobilstell- oder Campingplätzen aus kann man zahlreiche Ausflüge mit dem Rad unternehmen. Auch in den Städten ist das Fahrrad teilweise eine gute Wahl, um vom Übernachtungsplatz zu den Sehenswürdigkeiten zu gelangen. Und selbst wenn es keine Besichtigung, sondern nur eine Fahrt durch die Natur sein soll, klappt das auf den zahlreichen Fahrradwegen wunderbar.
Aber Achtung: Seit 2024 dürfen in Italien Fahrrad-Heckträger mitsamt Fahrrädern die Breite des Wagens – ohne Seitenspiegel – nicht mehr überschreiten. Der Heckträger darf darüber hinaus nicht mehr als 1,2 Meter nach hinten über das Fahrzeugheck hinausragen und die Gesamthöhe des Fahrzeugs inklusive Fahrräder nicht 2,5 Meter überschreiten. Von diesen Regeln ausgenommen sind Dachträger.

GESCHWINDIGKEITEN FÜR WOHNMOBILE

Für kleine Wohnmobile und Kastenwagen, sprich Fahrzeuge bis 3,5 Tonnen, gelten in Italien die gleichen Regelungen wie für Pkws: Innerorts gilt ein Tempolimit von 50 km/h. Außerorts dürfen Pkws mit 90 km/h und Wohnmobile mit 80 km/h fahren. Auf

Im Restaurant Flurin in Glurns von Tomas Ortler

Schnellstraßen müssen Pkws 110 km/h und Wohnmobile 80 km/h fahren. Autobahnen sind für Pkws auf 130 km/h und für Wohnmobile auf 100 km/h begrenzt. Die vorgegebenen Tempolimits sollten beachtet werden. Die Strafen bei Nichteinhaltung sind recht hoch.
Wohnmobile bis 7,5 Tonnen dürfen außerhalb von Ortschaften nur 80 km/h und auf Autobahnen 100 km/h fahren. Größere Wohnmobile mit einem Gewicht von über 7,5 Tonnen dürfen maximal 60 km/h und auf Autobahnen nur 80 km/h schnell fahren.

GEWICHT UND HÖHE

Wohnmobile gibt es in den unterschiedlichsten Größen und Formen. Die meisten Stellplätze sind für Wohnmobile bis 3,5 Tonnen und einer Länge bis zu 7 Metern gut geeignet. Wer mit einem größeren Gefährt unterwegs ist, sollte sich individuell erkundigen. Bei einigen Touren gibt es Begrenzungen in der Durchfahrtshöhe auf 3,5 Meter.

Bäuerin im Ultental

GRILLEN UND FEUER

Feuer machen und auf Holzkohle grillen ist fast überall verboten – auf den engeren Stellplätzen in Stadtnähe allein schon aus Rücksicht auf die Nachbarn, in freier Natur wegen der immer größer werdenden Wald- und Flächenbrandgefahr. Aber ab und an gibt es besondere Picknickplätze mit Feuerstellen, wobei auch diese nur benutzt werden dürfen, wenn nicht gerade Trockenheit herrscht. Gegen Gas- oder Elektrogrills gibt es selten Einwände.

HUNDE

Besitzer von Vierbeinern sollten sich informieren, wo ihre Lieblinge gern gesehene Gäste sind. Es gibt Campingplätze, die Hundeduschen und alles, was das Hundeherz begehrt, anbieten. Andere wollen keine Hunde. Auch auf manchen Stellplätzen sind sie nicht erwünscht. Es versteht sich von selbst, dass überall alle Hundehaufen beseitigt werden, auch von einer Wiese.

INFORMATIONEN

In den meisten Ortschaften und Städten helfen Touristeninformationen bei der Planung und beim Aufenthalt vor Ort. Auch in den Rezeptionen der Campingplätze erhält man zahlreiches Material über die jeweilige Region. Ansonsten bleibt der Weg ins Internet, wo sich jede Ortschaft umfangreich vorstellt. Die Touristeninformationen werden mitsamt ihrer Adresse und Webseite am Ende jeder Route erwähnt.

KRONPLATZ
KorerExpress
33
KRONPLATZ
KorerExpress
23

Gut ausgestatteter Stellplatz in den Dolomiten

MÜNZEN

Bei den meisten Wohnmobilfahrern hat es sich bewährt, im Handschuhfach ein paar Münzen mit sich zu führen. Damit können die Ticketautomaten oder die Stromzähler auf den Wohnmobilstellplätzen gefüttert werden. Auch für die Entnahme von Wasser werden oftmals Münzen benötigt, erst recht, wenn dankenswerterweise auch kleine Wasserabgaben möglich sind.

ÖFFNUNGSZEITEN

Generell gilt für das Einkaufen, dass Supermärkte von Montag bis Samstag von 8 bis 19 Uhr geöffnet sind. Kleinere Läden schließen gegen 18 Uhr und Samstag mittags. Metzgereien und Bäckereien machen meist Mittagspausen. Museen sind montags geschlossen. Kleine, ehrenamtlich geführte Museen sind häufig nur am Wochenende oder gar nur sonntags geöffnet.

PARKEN

Mit großen Fahrzeugen kann die Suche nach einem geeigneten Parkplatz manchmal etwas dauern. Gerade an Touristen-Hotspots gibt es Engpässe, da reichen die Parkplätze nicht immer für alle. Auf keinen Fall darf man sich in Parkverbotszonen stellen oder Ein- und Ausfahrten, auch nicht die von landwirtschaftlichen Wegen, oder gar Noteinsatzwege blockieren. Besser ist es, etwas außerhalb zu parken und auf das Fahrrad oder öffentliche Verkehrsmittel für die letzte Strecke zurückzugreifen. Wichtig: Immer ein wenig Kleingeld für die Parkautomaten parat haben, auch wenn sich Parkgebühren immer öfter mit Apps wie Park Now oder EasyPark per Handy bezahlen lassen.

SEHENSWÜRDIGKEITEN

Fast alle Sehenswürdigkeiten und Attraktionen sind mit dem Wohnmobil gut erreichbar. Meist stehen ausreichend Parkplätze zur Verfügung, von denen jedoch nicht alle kostenfrei sind. Auch die Sehenswürdigkeiten selbst sind unterschiedlich zugänglich. Manche sind kostenlos, andere müssen bezahlt werden.

TELEFON UND INTERNET

Man sollte sich nicht darauf verlassen, ausschließlich mit dem Smartphone navigieren zu können oder überall über mobile Daten ins Internet zu kommen. Wer unterwegs online arbeiten möchte, muss unter Umständen länger nach einem geeigneten Stellplatz suchen. Ein kleiner Lichtblick sind die immer zahlreicher werdenden freien Stadt-WLAN-Optionen. Die führende Null der Vorwahl einer Festnetznummer muss in Italien mitgewählt werden. Für das Mobilnetz gilt dies nicht: Handynummern beginnen immer mit einer »3«.

WANDERN

Südtirol bietet zahlreiche Wander- und Freizeitmöglichkeiten. Es lohnt sich daher, die Wanderschuhe mit in das Wohnmobil zu packen. Zahlreiche Ziele lassen sich bei einer wunderbaren Tour von den Campingplätzen, Stellplätzen und Parkplätzen aus bequem erreichen. Ein Großteil der Touren ist für jeden zu schaffen, der ein wenig Wandererfahrung und Kondition mitbringt. Für alle Wanderungen gilt natürlich immer, dass man sich nur mit entsprechender Kleidung und Verpflegung auf den Weg macht. Dazu gehören in erster Linie festes Schuhwerk, Wasser und Proviant.

Abendstimmung im Drei-Zinnen-Gebiet

Wanderung zur Dreiländerspitze Piz Lad in der Sesvennagruppe über dem Reschensee

PACK- UND CHECKLISTEN

Ob Taschenlampe, Werkzeug oder Reiseapotheke: Einige Dinge sollten unbedingt mit an Bord des Wohnmobils.

CAMPING-PACKLISTE

ALLGEMEIN

DIE BORDAPOTHEKE

- ◯ Persönliche Medikamente und Salben
- ◯ Sonnenschutz und After-Sun
- ◯ Mücken-/Zeckenschutz
- ◯ Erste-Hilfe-Set/Wundpflege
- ◯ Ohrstöpsel

HYGIENE AN BORD

- ◯ Toilettenpapier
- ◯ Kosmetikartikel
- ◯ Handwaschmittel
- ◯ Hand- und Duschtücher

DER KLEIDERSCHRANK

- ◯ Kleidung für alle Einsätze
- ◯ Badesachen
- ◯ Wetterfeste Regenkleidung
- ◯ Schuhe
- ◯ Warmes, auch im Sommer

DIE AUSSTATTUNG ZUM WOHNEN AUF DEM CAMPINGPLATZ

- ◯ Essen und gemütlich sitzen
- ◯ Sonnenschutz (verspannbar)
- ◯ Windlichter und evtl. Lichterkette
- ◯ Kuscheldecke für kühle Abende
- ◯ Wäscheleine und -klammern
- ◯ Grill und Feuerschale
- ◯ Hängematte
- ◯ Strandtuch

ESSENZIELLES

- ◯ Reisepass (nur zur Sicherheit)
- ◯ Kfz-Schein
- ◯ Grüne Versicherungskarte
- ◯ Schutzbrief eines Automobilclubs oder Versicherung
- ◯ Bargeld in kleinen Scheinen
- ◯ Personalausweis
- ◯ EC- und Kreditkarten

NOTIZEN

CHECKLISTE

CAMPERKÜCHE

GRUNDAUSSTATTUNG

- ◯ Teller, Schüsseln und Schalen
- ◯ Besteck und Messer
- ◯ Trinkgefäße
- ◯ Pfannen & Töpfe

DIE KÜCHE IN VAN ODER WOHNMOBIL

- ◯ Grundausstattung Nahrungsmittel
- ◯ Gewürze, Salz, Pfeffer, Zucker
- ◯ Mülltüten (kleine und große)
- ◯ Geschirrtücher
- ◯ Aufbewahrungsdosen (stapelbar)
- ◯ Handfeger für den Innenraum
- ◯ Trinkwasser
- ◯ Ökologisches Putzmittel
- ◯ Kaffee und Tee
- ◯ Feuerzeuge für Gasherd
- ◯ Kochutensilien
- ◯ Geschirr und Besteck

PACKLISTE KÜCHE MINIMALISTISCH

- ◯ Spülmittel, 2–3 Schwämme, Stahlschwamm oder Bürste, Spülschüssel, zwei Geschirrtücher
- ◯ Schneidebrett aus Holz (auch als Untersetzer praktisch)
- ◯ großes Küchenmesser
- ◯ Messbecher mit Anzeige für Liter sowie für Mehl und Zucker in Gramm
- ◯ Taschenmesser mit Korkenzieher, Flaschen- sowie Dosenöffner, Schere
- ◯ Küchenpapier
- ◯ Alufolie oder Wachstücher
- ◯ Aufbewahrungsdose(n) für Reste
- ◯ Feuerzeug oder Streichhölzer
- ◯ Trinkflasche zum Wiederauffüllen für Ausflüge

PACKLISTE KÜCHE KOMFORTABEL

- ◯ Topflappen – zur Not nimm Handtücher
- ◯ Schneebesen – Idee siehe »Küchengeräte mit Mehrwert«
- ◯ Sieb: klein und feinmaschig
- ◯ Reibe: grob und fein
- ◯ zusätzliches Schneidebrett aus Kunststoff für bessere Hygiene
- ◯ Backpinsel
- ◯ Küchenwaage
- ◯ Knoblauchpresse
- ◯ Pfeffermühle
- ◯ Teigschaber für Bäcker/innen
- ◯ als Erweiterung zum Taschenmesser: Dosenöffner, Schere, Korkenzieher
- ◯ Gemüseschäler
- ◯ Fleischthermometer: für Fleisch sowie Omnia-Gerichte (siehe »Backen auf Reisen«)

PACKLISTEN FÜR ALLE FÄLLE

KINDER | WERKZEUG | BELEUCHTUNG

MIT KINDERN UNTERWEGS – WICHTIGER KINDERKRAM

- ○ Schnorchelzeug und Flossen und / oder Schwimmhilfen, Sonnenschutz
- ○ Neoprenanzüge machen Sinn, damit die Kids trotz kühler Temperaturen gerne und unbesorgt lange ins Wasser können
- ○ Fahrräder, Roller, Skateboards und alles andere Sportzeug
- ○ Kleine Boxen zum Sammeln von Fundstücken
- ○ Großes Reisetagebuch, in dem alle mitschreiben und -malen, Stifte
- ○ Hängematte mit Mückennetz ist fast ein Garant für Mittagsschlaf
- ○ Musik, Bücher und Hörspiele für alle
- ○ Taschenlampen (für jedes Kind eine eigene) oder besser noch Stirnlampen, denn damit lässt sich noch einfacher im Dunklen Feuerholz sammeln oder zum Strand spazieren.
- ○ Fernglas, Kompass, Taschenmesser
- ○ Reisespiele und Tablet mit Spielen und Filmen

IMMER DABEI: WERKZEUG-GRUNDAUSSTATTUNG

- ○ Ein Multitool/Bitkasten mit vielen verschiedenen Schraubenziehern, Inbus- und Steckschlüsseln
- ○ Panzertape (gewebeverstärktes Universalklebeband)
- ○ Eine Dose WD40 oder Ballistol Universalspray: Diese »Geheimwaffen« lösen verrostete Schrauben, schmieren die quietschende Markise oder verhindern das Vereisen der Türgummis u. Ä.
- ○ Kfz-Sicherungen aller Art
- ○ Sekundenkleber
- ○ Universalzange
- ○ Klappspaten (Befreiung aus sandigen, tiefschotterigen Untergründen)
- ○ Hammer
- ○ Kabelbinder und stabile Schnüre

BELEUCHTUNG ALLER ART ZUM WOHLFÜHLEN

- ○ Eine Lichterkette bzw. ein dimmbares, kleines Licht für innen, wenn es (für die Kinder) nachts nicht stockduster sein soll
- ○ Leselampen an allen Betten
- ○ Kerzen bzw. Windlichter
- ○ Lichterkette oder eine gemütliche Laterne für außen
- ○ Gute Beleuchtung für den Campingtisch zum Spielen, Essen, Lesen
- ○ Ein kleines Licht, das man sich auf die Trittstufe/neben den Zelteingang stellt, um im Dunkeln gut nach Hause zu finden

PACKLISTEN FÜR ALLE FÄLLE

BEHÄLTER | SAUBERKEIT

TIPP: VERSCHIEDENE BEHÄLTER AN BORD

- ◯ Ein kleiner Rucksack für die Fährfahrt, den Tagesausflug zum Sightseeing, den Stadtbummel oder das Picknick am etwas entfernten Strand.
- ◯ Einige Ziploc-Beutel, mit denen man beispielsweise das Handy gut gesichert an den Strand nehmen kann, in denen man Essen (Orangenschnitze) zum Picknick transportieren oder Reste im Kühlschrank aufbewahren kann (sehr oft verwendbar, weil leicht auswaschbar).
- ◯ Einen wasserdichten Beutel für die Handtasche oder den Rucksack, in dem man die wichtigsten Sachen deponiert, wenn man zum Beispiel eine Rafting-Tour, einen Regenspaziergang, eine Höhlenbesichtigung machen möchte.
- ◯ Kleine Müllbeutel für den täglichen Müll
- ◯ Große Müllbeutel für das schnelle Aufbewahren von nassem Badezeug oder noch feuchter Wäsche. Außerdem auch gut, um gesammeltes Feuerholz aufzubewahren.
- ◯ Einige kleine (ineinander) stapelbare Tupperboxen für den Kühlschrank und für Kleinkram, der sich unterwegs ansammelt (Muscheln, undefinierbare Schrauben nach der Reparatur, ausgefallene Milchzähne etc.)

SAUBERKEIT SCHAFFT FRIEDEN

- ◯ Faltschüssel zum Abspülen und Wäschewaschen in den manchmal nicht so sauberen Sanitäranlagen der Campingplätze. Damit kann man außerdem gut das Geschirr transportieren.
- ◯ Öko-Allzweckreiniger oder Fensterputzmittel
- ◯ Zwei Schwämme (für Geschirr und Grobes)
- ◯ Öko-Spülmittel
- ◯ Küchenrolle
- ◯ Fußmatte (nimmt den meisten Sand und Dreck auf und kann man schnell mal ausschütteln)
- ◯ Handwaschmittel
- ◯ Zwei Geschirrtücher
- ◯ Handfeger
- ◯ Waschmittel in Einzelportionen

NOTIZEN

....

....

....

....

CHECKLISTE

FÜR EIN GEMIETETES WOHNMOBIL

Da die Kaution für ein Mietmobil nicht unerheblich und schon im kleinsten Schadensfall verloren ist, sollte das Fahrzeug vor der Übernahme genauestens überprüft werden. Vor allen Dingen der Wohnmobil-Neuling sollte sich die Funktionen ganz genau erklären lassen, um für den Urlaub gut gerüstet zu sein. Empfehlenswert ist es folgende Checkliste mitzunehmen, Punkt für Punkt abzuhaken und vom Vermieter unterschreiben zu lassen.

AUSSEN

- ◯ Beschädigungen an Karosserie, Stoßfängern, unter den Stoßfängern, auf Scheiben
- ◯ Reifenzustand, evtl. einseitige Abnutzung, Luftdruck
- ◯ Dach, Einschläge durch herabfallende Teile
- ◯ Gepäckträger bzw. Fahrradträger auf dem Kugelkopf auf Funktion prüfen
- ◯ Warntafel vorhanden
- ◯ Umweltplaketten vorhanden
- ◯ Markise, Abspannbänder vorhanden
- ◯ Unterlegkeile

INNEN

- ◯ Gereinigter Zustand
- ◯ WC und Bad in Ordnung, WC-Kassette geleert
- ◯ Küche sauber, Kochfeld
- ◯ Besteck auf Vollständigkeit prüfen
- ◯ Töpfe und Pfannen, Gläser, Geschirr
- ◯ Kühlschrank auf Funktion prüfen bei a) Landstrom, b) Gas, c) Lichtmaschine automatische Umschaltung
- ◯ Heizung bzw. Warmwasseraufbereitung prüfen, Boiler füllen und entleeren, Funktion des automatischen Ablasses erklären lassen
- ◯ Auslasshähne im Bad, Küche auf Funktion Warm-/Kaltwasser prüfen, inkl. Duschkopf
- ◯ Elektro Sicherung und Fehlerschalter prüfen
- ◯ Sitze und Möbel auf Abnutzung, bzw. Beschädigung oder Verunreinigung prüfen
- ◯ Matratzen auf Sauberkeit prüfen
- ◯ Campingstühle und Tisch

TECHNIK

- ◯ Motoröl
- ◯ Kühlflüssigkeit
- ◯ Scheibenwaschwasser
- ◯ Bremsflüssigkeit
- ◯ 2 volle Gasflaschen
- ◯ Frischwassertank
- ◯ Abwassertank, Ablassventil
- ◯ Funktion der Scheibenheber, Spiegeleinstellung und Rückfahrkamera
- ◯ Reparaturkit für Reifen
- ◯ Warndreieck, Warnwesten, Verbandskasten
- ◯ Werkzeug
- ◯ Kompletter Schlüsselsatz, am besten zweifach
- ◯ CE-Stecker und Kabeltrommel

CHECKLISTE

BEI VERLASSEN DES CAMPINGPLATZES

AUSSEN

- ◯ Ist der Stromstecker gezogen?
- ◯ Ist die Kabeltrommel verstaut?
- ◯ Ist die Trittstufe eingefahren?
- ◯ Hast du die Fußmatte schon hineingeräumt?
- ◯ Liegt das Solarpaneel schon im Kofferraum?
- ◯ Ist die Wäscheleine eingepackt?
- ◯ Sind alle Campingmöbel im Fahrzeug verstaut?
- ◯ Hast du allen Müll vom Platz geräumt?

OBEN

- ◯ Ist die TV-Schüssel eingefahren?
- ◯ Sind die Dachboxen fest verschlossen?
- ◯ Ist das Aufstelldach geschlossen und verriegelt?

UNTEN

- ◯ Bist du von den Auffahrkeilen heruntergefahren?
- ◯ Sind die Keile auch wirklich eingepackt?
- ◯ Liegen vielleicht noch die Gummitiere unter dem Auto?

INNEN

- ◯ Ist alles fest verriegelt?
- ◯ Ist der Kühlschrank verriegelt? Bei Bedarf schon auf 12 V umgestellt?
- ◯ Sind wirklich alle Schränke und Schubladen geschlossen?

NOTIZEN

REGISTER

In der Gostner Schwaige
beim Starkoch Franz Mulser
auf der Seiser Alm

PS: WAS WIR NOCH SAGEN WOLLTEN …

»Südtirol – Magie der Vielfalt« – an diesem Südtiroler Werbespot ist was dran. Urlaub machen kann man in Südtirol das ganze Jahr über, zu jeder Jahreszeit – man wird kaum enttäuscht.

Wir waren für Sie rund um das Jahr in Südtirol mit Bulli, Kamera, Notizblock, zu Fuß und mit dem Rad unterwegs. Im Frühling zog es uns in den Süden Südtirols. Die milden Temperaturen entlang der Südtiroler Weinstraße, Apfelblüte und Naturerwachen weckten mediterrane Gefühle. Im Sommer ging es hinein in die faszinierende Bergwelt der Dolomiten, durch das Pustertal – die Heimat von Autor Herbert Taschler – bis zu den weltbekannten Drei Zinnen, durch das ladinische Gadertal hinauf zu den majestätischen Dolomitenpässen und durch das Eisacktal auf die größte Hochalm Europas. Im Herbst waren Meran und der Vinschgau – wo die Wurzeln von Fotograf Udo Bernhart liegen – mit den zahlreichen kulturellen Highlights an der Reihe. Und im Winter begann wieder alles von vorn: mit Skifahren, Rodeln, Schneewandern und Après-Ski … nicht zu vergessen die vielen kulinarischen Hochgenüsse, die das Land an der Schnittstelle zwischen Nord und Süd bietet.

Unser Südtirol-Führer lädt auf eine Entdeckungsreise in das etwas andere Südtirol, das versteckte Südtirol, das kulinarische Südtirol, hin zu kleinen Perlen der Südtiroler Kunst- und Kulturszene, zu altem Brauchtum und innovativen Projekten und Geschichten. Ein Reiseführer für alle, die etwas mehr von Südtirol sehen, erleben und genießen wollen.

Wir wünschen Ihnen viel Spaß bei Ihren Entdeckungsreisen mit dem Wohnmobil durch das »Land der Vielfalt« zwischen dem Brenner und Salurn, zwischen dem Reschen und Innichen.

Udo Bernhart & Herbert Taschler

UNSER NACHHALTIGKEITSKODEX

Die Welt birgt viele Wunder, Abenteuer und spektakuläre Aussichten, die wir gerne erkunden möchten. Doch sie ist auch leicht aus dem Gleichgewicht zu bringen. Hier ein paar Tipps, wie wir unsere Welt nachhaltig entdecken können:

- **Abfall wieder mitnehmen:** Plastikverpackungen jeglicher Art, Dosen, Flaschen und Papiertaschentücher (es dauert Jahre, bis sich ein einzelnes Taschentuch vollständig abgebaut hat!) gehören nicht in die Natur, sondern artgerecht entsorgt. Dazu zählen natürlich auch Toilettenpapier und der Inhalt von (Chemie-)Toiletten. Entsprechende Entsorgungsstationen finden sich überall.

- **Ressourcen gewissenhaft nutzen:** Manche Umweltressourcen sind bereits knapp, endlich sind auf jeden Fall alle. Um sie zu schonen, sollten wir sparsam mit ihnen umgehen, gerade in Gegenden, in denen zum Beispiel Wasser oder Strom nicht im Überfluss vorhanden sind.

- **Ein guter Gast sein:** Nachhaltig unsere Umgebung zu erkunden bedeutet auch, der hiesigen Flora und Fauna mit Respekt zu begegnen. Pflanzen sollten auf keinen Fall gepflückt werden, aber sie stehen uns bestimmt gerne Modell für das eine oder andere Foto. Das Gleiche gilt für wilde Tiere: Wir füttern sie nicht, halten Abstand und beobachten sie aus der Ferne.

- **Lokal kaufen:** Dadurch lernen wir nicht nur Land und Leute besser kennen und unterstützen die regionale Wirtschaft, sondern können auch so unsere Campingküche mit frischen Produkten nachhaltig gestalten.

- **Flexibel bleiben:** Camper sind keine Rudeltiere. Wir schonen die Natur auch, indem wir einen Ort nicht geballt belasten. Einen tollen Stellplatz entdeckt? Wir behalten es für uns und teilen ihn am besten nicht mit der Öffentlichkeit. Übrigens gibt es inzwischen vielerorts auch nachhaltige Campingplätze.

- **Umweltbewusst fahren:** Reisen mit dem Auto oder Womo sind grundsätzlich umweltfreundlicher als mit dem Flugzeug, dennoch können wir noch mehr tun und zum Beispiel den Kraftstoffverbrauch minimieren, indem wir vorausschauend fahren, so wenig Last wie möglich mit uns führen und die Umgebung vor Ort mit dem Fahrrad oder zu Fuß erkunden.

- **Nur dort parken und campen, wo es erlaubt ist:** Selbst wenn wir uns noch so vorbildlich verhalten und unseren Aufenthaltsort so hinterlassen, wie wir ihn vorgefunden haben, stören wir den Lebensraum von Wildtieren und hinterlassen Spuren und Gerüche. Auch Lagerfeuer entzünden wir ausschließlich an den dafür vorgesehenen Stellen und achten dabei auf Waldbrandstufen und Naturschutzgebiete.

So wie wir die Umwelt respektieren, wollen wir auch unseren Mitmenschen und deren Kultur Respekt entgegenbringen, gerade im Hinblick auf deren Traditionen, Religion oder typische Gebräuche. So kann ein Lächeln Berge versetzen!

Herbst am Schnatzhof am Vinschgauer Sonnenberg

STRASSEN-ATLAS

Die fünf Routen im Überblick – samt gekennzeichneten Übernachtungsmöglichkeiten mit dem Womo auf Stell- oder Campingplatz

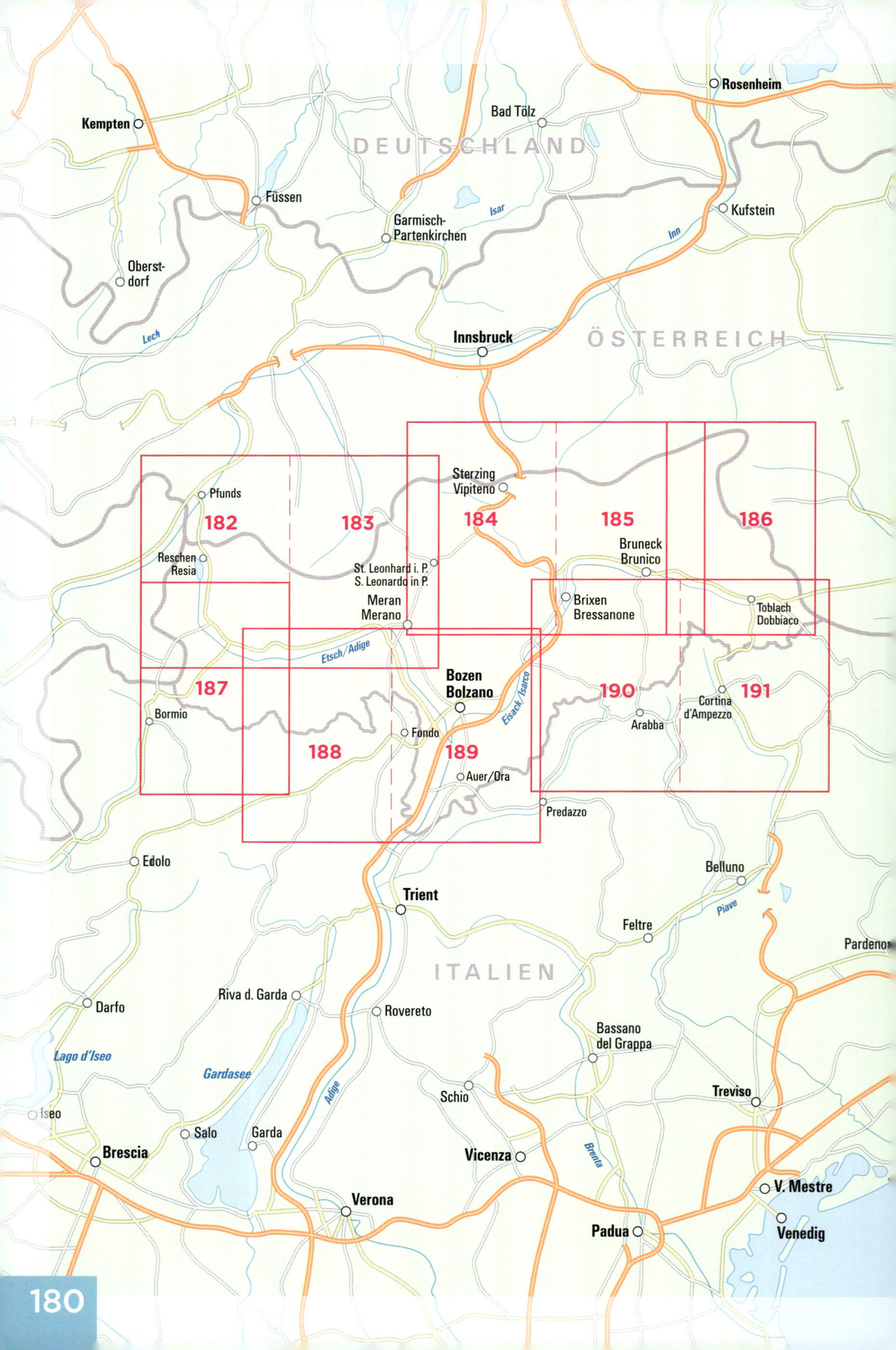
DEUTSCHLAND
ÖSTERREICH
ITALIEN
Kempten
Füssen
Oberst-dorf
Garmisch-Partenkirchen
Bad Tölz
Rosenheim
Kufstein
Isar
Inn
Lech
Innsbruck
Pfunds
Reschen
Resia
Sterzing
Vipiteno
St. Leonhard i. P.
S. Leonardo in P.
Meran
Merano
Bruneck
Brunico
Brixen
Bressanone
Toblach
Dobbiaco
Etsch/Adige
Bozen
Bolzano
Eisack/Isarco
Bormio
Fondo
Auer/Ora
Arabba
Cortina d'Ampezzo
Predazzo
182
183
184
185
186
187
188
189
190
191
Edolo
Trient
Belluno
Piave
Feltre
Pardeno
Riva d. Garda
Rovereto
Darfo
Lago d'Iseo
Gardasee
Adige
Bassano del Grappa
Schio
Treviso
Iseo
Salo
Garda
Brescia
Vicenza
Brenta
Verona
V. Mestre
Venedig
Padua

LEGENDE

1 Route 1 - DURCH DAS WIPPTAL UND DAS EISACKTAL

2 Route 2 - DURCH DAS PUSTERTAL

3 Route 3 - IM WELTNATURERBE DOLOMITEN

4 Route 4 - DIE SÜDTIROLER WEINSTRASSE

5 Route 5 - DURCH DEN VINSCHGAU

A7	Autobahn mit Anschlussstelle
75	Schnellstraße
	Fernstraße
	Nebenstraße
	Sonstige Straße
	Fahrweg
	Eisenbahn
	Flüsse
	See
	Bebauung
	Natur-, Nationalpark
	Staatsgrenze mit Grenzübergang
C 10	Campingplätze
S 10	Stellplätze
	Sehenswürdigkeit - Kultur
	Sehenswürdigkeit - Natur
	Kirche
	Kloster, Klosterruine
	Schloss, Schlossruine
	Museum
	Höhle
	Windmühle
	Leuchtturm
	Hünengrab
	Aussichtspunkt
	Flughafen

HUBER KARTOGRAPHIE

N

0 10 km

1 : 220.000

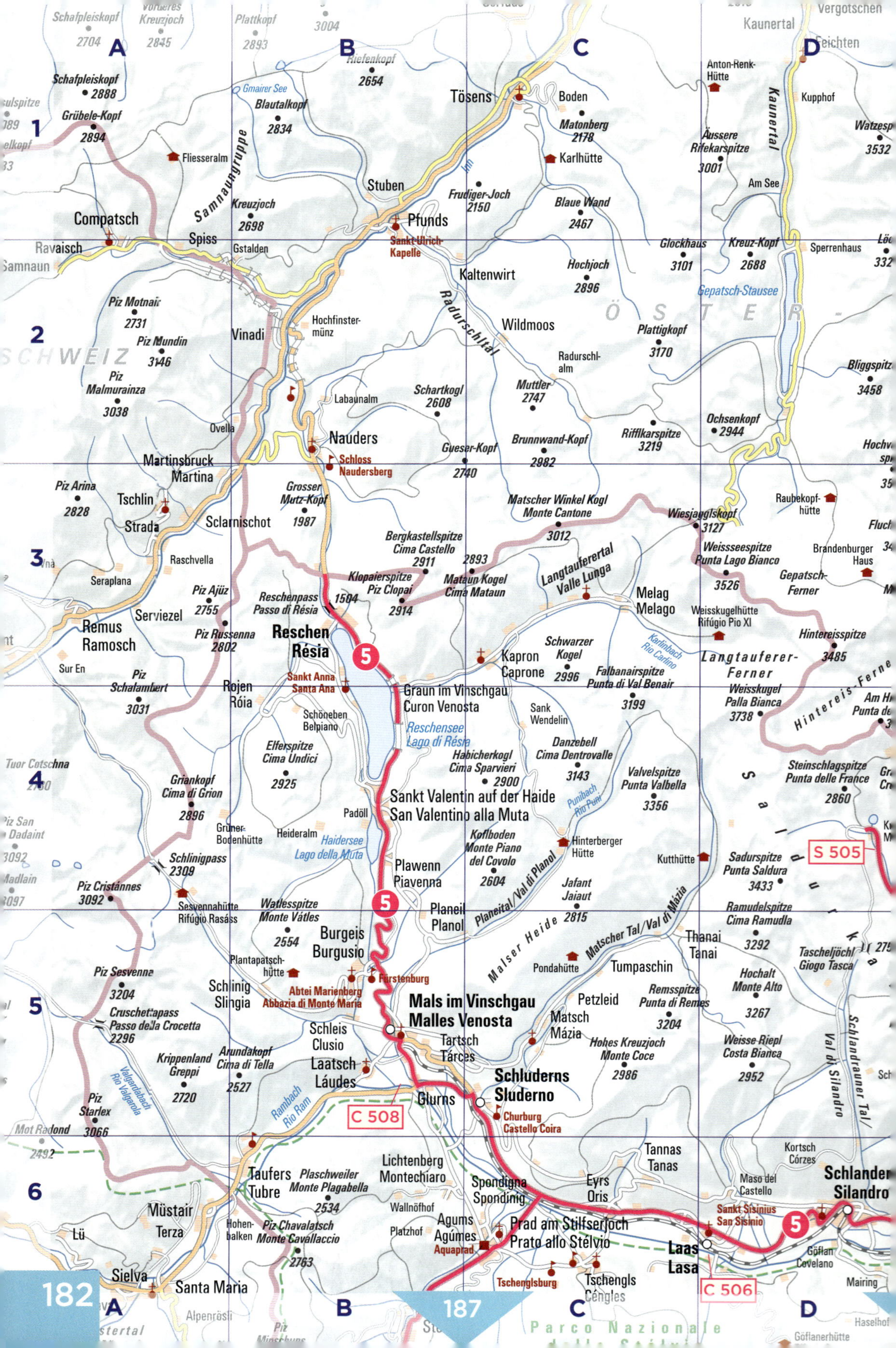
Schafpleiskopf 2888
Grübele-Kopf 2894
Compatsch
Ravaisch
Samnaun
Spiss
Gstalden
Samnaungruppe
Fliesseralm
Blautalkopf 2834
Riefenkopf 2654
Gmairer See
Kreuzjoch 2698
Tösens
Boden
Matonberg 2178
Karlhütte
Stuben
Pfunds
Sankt Ulrich-Kapelle
Frudiger-Joch 2150
Blaue Wand 2467
Kaltenwirt
Hochjoch 2896
Radurschltal
Wildmoos
Glockhaus 3101
Kreuz-Kopf 2688
Sperrenhaus
Gepatsch-Stausee
Kaunertal
Feichten
Anton-Renk-Hütte
Kupphof
Äussere Rifekarspitze 3001
Am See
Piz Motnair 2731
Piz Mundin 3146
SCHWEIZ
Piz Malmurainza 3038
Vinadi
Hochfinstermünz
Labaunalm
Schartkogl 2608
Muttler 2747
Radurschlalm
Plattigkopf 3170
ÖSTER
Bliggspitze 3458
Ovella
Nauders
Schloss Naudersberg
Gueser-Kopf 2740
Brunnwand-Kopf 2982
Rifflkarspitze 3219
Ochsenkopf 2944
Martinsbruck Martina
Piz Arina 2828
Tschlin
Strada
Sclamischot
Grosser Mutz-Kopf 1987
Matscher Winkel Kogl Monte Cantone 3012
Wiesjaglskopf 3127
Raubekopfhütte
Bergkastellspitze Cima Castello 2911
2893
Weissseespitze Punta Lago Bianco 3526
Brandenburger Haus
Gepatsch-Ferner
Raschvella
Seraplana
Piz Ajüz 2755
Reschenpass Passo di Résia 1504
Klopaierspitze Piz Clopai 2914
Mataun Kogel Cima Mataun
Langtaufererertal Valle Lunga
Melag Melago
Weisskugelhütte Rifúgio Pio XI
Remus Ramosch
Serviezel
Piz Russenna 2802
Reschen Résia
Kapron Caprone
Schwarzer Kogel 2996
Karlinbach Rio Carlino
Hintereisspitze 3485
Langtauferer-Ferner
Sur En
Piz Schalambert 3031
Rojen Róia
Sankt Anna Santa Ana
Graun im Vinschgau Curon Venosta
Falbanairspitze Punta di Val Benair 3199
Weisskugel Palla Bianca 3738
Hintereis-Ferner
Schöneben Belpiano
Reschensee Lago di Résia
Sank Wendelin
Elferspitze Cima Undici 2925
Habicherkogl Cima Sparvieri 2900
Danzebell Cima Dentrovalle 3143
Valvelspitze Punta Valbella 3356
Steinschlagspitze Punta delle France 2860
Tuor Cotschna
Griankopf Cima di Grion 2896
Sankt Valentin auf der Haide San Valentino alla Muta
Padöll
Punibach Rio Puni
Grüner-Bodenhütte
Heideralm
Haidersee Lago della Muta
Kofiboden Monte Piano del Covolo 2604
Hinterberger Hütte
Kutthütte
S 505
Sadurspitze Punta Saldura 3433
Schlinigpass 2309
Plawenn Piavenna
Planeitał/Val di Planol
Jafant Jaiaut 2815
Piz Cristánnes 3092
Sesvennahütte Rifúgio Rasáss
Watlesspitze Monte Vátles 2554
Planeil Planol
Malser Heide
Matscher Tal/Val di Mázia
Ramudelspitze Cima Ramudla 3292
Burgeis Burgusio
Thanai Tanai
Tascheljöchl Giogo Tasca
Plantapatschhütte
Fürstenburg
Pondahütte
Tumpaschin
Piz Sesvenna 3204
Schlinig Slingia
Abtei Marienberg Abbazia di Monte Maria
Mals im Vinschgau Malles Venosta
Petzleid
Remsspitze Punta di Remes 3204
Hochalt Monte Alto 3267
Cruschettapass Passo della Crocetta 2296
Schleis Clusio
Tartsch Tárces
Matsch Mázia
Hohes Kreuzjoch Monte Coce 2986
Weisse Riepl Costa Bianca 2952
Krippenland Greppi 2720
Arundakopf Cima di Tella 2527
Laatsch Láudes
Schluderns Sluderno
Val di Silandro
Schlandrauner Tal
Valgarolabach Rio Vagarola
Piz Starlex 3066
Rambach Rio Ram
Glurns
C 508
Churburg Castello Coira
Mot Radond 2492
Tannas Tanas
Kortsch Córzes
Taufers Tubre
Plaschweiler Monte Plagabella 2534
Lichtenberg Montechiaro
Spondigna Sponding
Eyrs Oris
Maso del Castello
Schlanders Silandro
Müstair
Terza
Wallnöfhof
Sankt Sisinius San Sisinio
Lü
Hohenbalken
Piz Chavalatsch Monte Cavallaccio 2763
Platzhof
Agums Agúmes
Aquaprad
Prad am Stilfserjoch Prato allo Stélvio
Laas Lasa
Göflan Covelano
Sielva
Santa Maria
Tschenglsburg
Tschengls Céngles
C 506
Mairing
Alpenrösli
Parco Nazionale
Haselhof
Göflanerhütte
5
A B C D
1 2 3 4 5 6
187

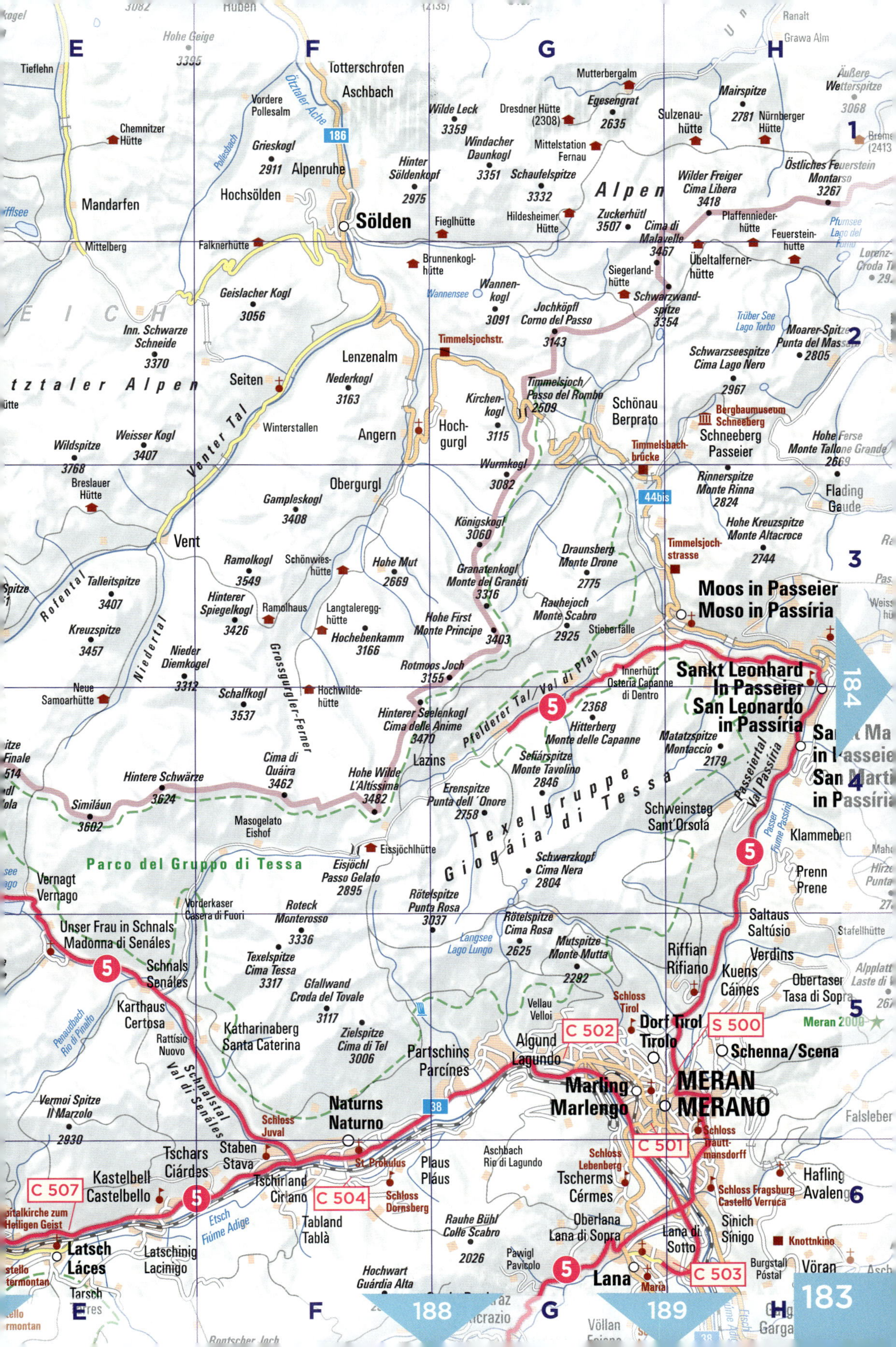

E
F
G
H
1
2
3
4
5
6
Tieflehn
Hohe Geige
3395
Totterschrofen
Aschbach
Ötztaler Ache
186
Vordere Pollesalm
Chemnitzer Hütte
Grieskogl
2911
Alpenruhe
Hochsölden
Mandarfen
Sölden
Mittelberg
Falknerhütte
Wilde Leck
3359
Dresdner Hütte (2308)
Mutterbergalm
Egesengrat
2635
Sulzenau-hütte
Mairspitze
2781
Nürnberger Hütte
Äußere Wetterspitze
3068
Windacher Daunkogl
3351
Mittelstation Fernau
Schaufelspitze
3332
Hinter Söldenkopf
2975
Fieglhütte
Hildesheimer Hütte
Alpen
Zuckerhütl
3507
Cima di Malavalle
3467
Wilder Freiger
Cima Libera
3418
Pfaffennieder-hütte
Feuerstein-hütte
Östliches Feuerstein
Montarso
3267
Pfurnsee
Lago del Fumo
Übeltalferner-hütte
Siegerland-hütte
Brunnenkogl-hütte
Wannensee
Wannen-kogl
3091
Jochköpfl
Corno del Passo
3143
Schwarzwand-spitze
3354
Trüber See
Lago Torbo
Moarer-Spitze
Punta del Masso
2805
Geislacher Kogl
3056
Inn. Schwarze Schneide
3370
Timmelsjochstr.
Schwarzseespitze
Cima Lago Nero
2967
Lenzenalm
Seiten
Nederkogl
3163
Ötztaler Alpen
Timmelsjoch/Passo del Rombo
2509
Kirchen-kogl
3115
Schönau
Berprato
Bergbaumuseum Schneeberg
Schneeberg Passeier
Hohe Ferse
Monte Tallone Grande
2669
Winterstallen
Angern
Hoch-gurgl
Timmelsbach-brücke
Wildspitze
3768
Weisser Kogl
3407
Venter Tal
Wurmkogl
3082
44bis
Rinnerspitze
Monte Rinna
2824
Flading
Gaude
Breslauer Hütte
Obergurgl
Gampleskogl
3408
Königskogl
3060
Hohe Kreuzspitze
Monte Altacroce
2744
Vent
Ramolkogl
3549
Schönwies-hütte
Hohe Mut
2669
Draunsberg
Monte Drone
2775
Timmelsjoch-strasse
Talleitspitze
3407
Rofental
Hinterer Spiegelkogl
3426
Ramolhaus
Langtaleregg-hütte
Granatenkogl
Monte del Granati
3316
Moos in Passeier
Moso in Passíria
Kreuzspitze
3457
Hochebenkamm
3166
Hohe First
Monte Principe
3403
Rauhejoch
Monte Scabro
2925
Stieberfälle
Niedertal
Nieder Diemkogel
3312
Grossgurgler-Ferner
Rotmoos Joch
3155
Innerhütt
Osteria Capanne di Dentro
Sankt Leonhard in Passeier
San Leonardo in Passíria
184
Neue Samoarhütte
Schalfkogl
3537
Hochwilde-hütte
Hinterer Seelenkogl
Cima delle Anime
3470
Pfelderer Tal/Val di Plan
5
2368
Hitterberg
Monte delle Capanne
Matatzspitze
Montaccio
2179
Lazins
Seefiárspitze
Monte Tavolino
2846
Passeiertal
Val Passíria
Cima di Quáira
3462
Hintere Schwärze
3624
Hohe Wilde
L'Altíssima
3482
Erenspitze
Punta dell´Onore
2758
Texelgruppe
Giogáia di Tessa
Schweinsteg
Sant'Orsola
Similáun
3602
Masogelato
Eishof
Passer
Fiume Passirio
Klammeben
Eissjöchlhütte
Parco del Gruppo di Tessa
Eisjöchl
Passo Gelato
2895
Schwarzkopf
Cima Nera
2804
Prenn
Prene
Vernagt
Vernago
Vorderkaser
Casera di Fuori
Roteck
Monterosso
3336
Rötelspitze
Punta Rosa
3037
Rötelspitze
Cima Rosa
2625
Langsee
Lago Lungo
Saltaus
Saltúsio
Stafellhütte
Unser Frau in Schnals
Madonna di Senáles
Texelspitze
Cima Tessa
3317
Mutspitze
Monte Mutta
2292
Riffian
Rifiano
Verdins
Kuens
Cáines
Obertaser
Tasa di Sopra
Schnals
Senáles
Gfallwand
Croda del Tovale
3117
Schloss Tirol
Vellau
Velloi
Karthaus
Certosa
Rattísio Nuovo
Pfossentalbach
Rio di Pinalto
Katharinaberg
Santa Caterina
Zielspitze
Cima di Tel
3006
Partschins
Parcines
Algund
Lagundo
C 502
Dorf Tirol
Tirolo
S 500
Schenna/Scena
Meran 2000
Schnalstal
Val di Senáles
Marling
Marlengo
MERAN
MERANO
Vermoi Spitze
Il Marzolo
2930
Naturns
Naturno
38
Schloss Juval
Schloss Trauttmansdorff
Falsleben
C 501
Tschars
Ciárdes
Staben
Stava
St. Prokulus
Plaus
Pláus
Aschbach
Rio di Lagundo
Schloss Lebenberg
Tscherms
Cérmes
Hafling
Avelengo
C 507
Kastelbell
Castelbello
Tschirland
Cirlano
C 504
Schloss Dornsberg
Schloss Fragsburg
Castello Verruca
Spitalkirche zum Heiligen Geist
Etsch
Fiume Adige
Tabland
Tablà
Rauhe Bühl
Colle Scabro
2026
Oberlana
Lana di Sopra
Lana di Sotto
Sinich
Sinigo
Knottnkino
Latsch
Láces
Latschinig
Lacinigo
Pawigl
Pavicolo
Lana
Burgstall
Póstal
Vöran
C 503
Tarsch
Tarres
Hochwart
Guárdia Alta
188
189
Völlan

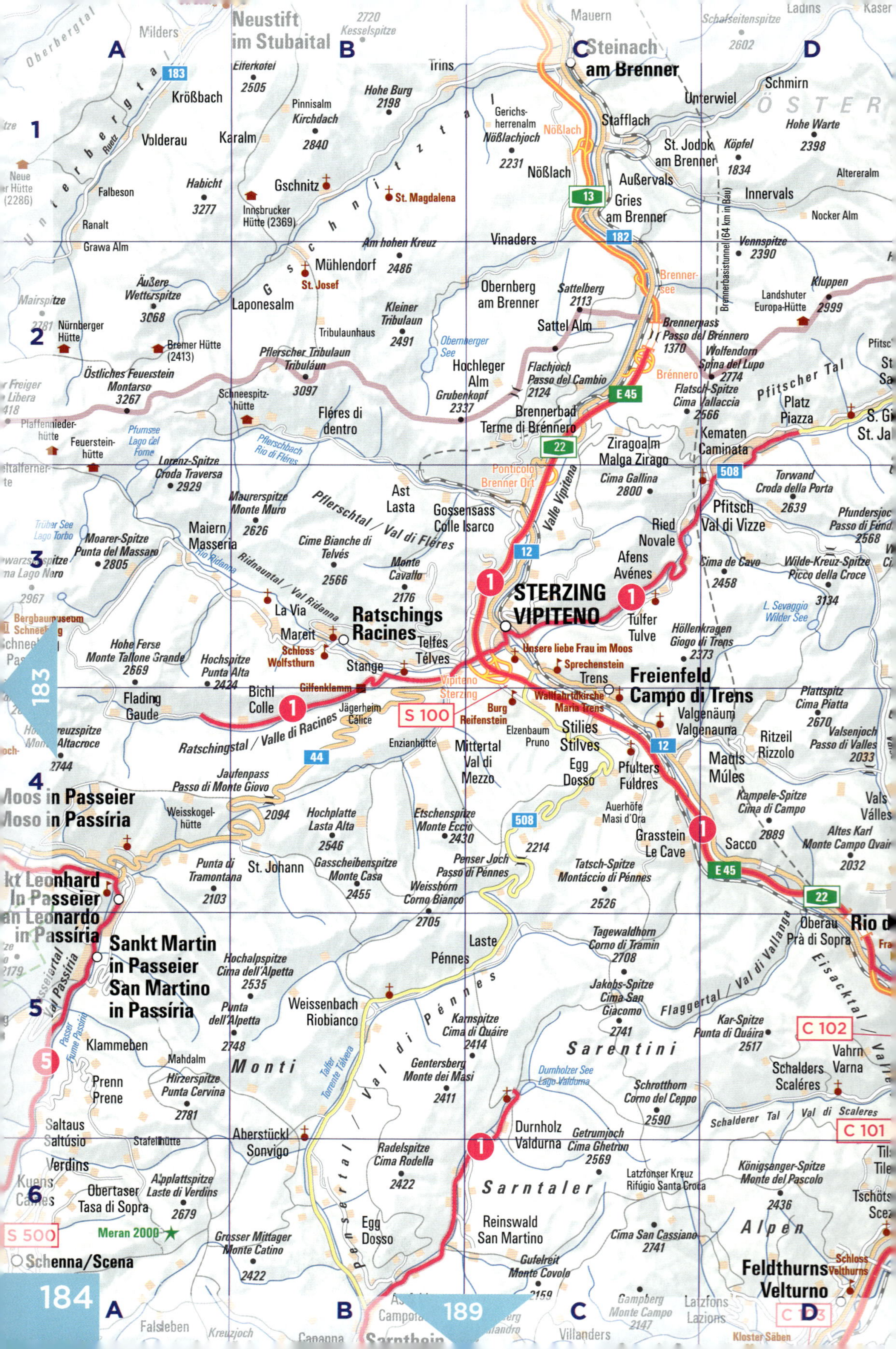
Neustift
im Stubaital
Steinach
am Brenner
Mauern
Milders
Kesselspitze
2720
Schafseitenspitze
2602
Oberbergtal
Unterbergtal
183
Krößbach
Volderau
Karalm
Elferkofel
2505
Pinnisalm
Kirchdach
2840
Hohe Burg
2198
Trins
Gschnitztal
Gerichs-
herrenalm
Nößlachjoch
2231
Nößlach
Stafflach
Unterwiel
Schmirn
St. Jodok
am Brenner
Köpfel
1834
Hohe Warte
2398
Außervals
Gries
am Brenner
Innervals
Altereralm
Nocker Alm
Neue
Hütte
(2286)
Falbeson
Habicht
3277
Innsbrucker
Hütte (2369)
Gschnitz
St. Magdalena
Ranalt
Grawa Alm
Mühlendorf
St. Josef
Am hohen Kreuz
2486
Vinaders
Vennspitze
2390
Brennerbasistunnel (64 km in Bau)
Brennersee
Mairspitze
Äußere
Wetterspitze
3068
Laponesalm
Obernberg
am Brenner
Sattelberg
2113
Landshuter
Europa-Hütte
Kluppen
2999
Nürnberger
Hütte
Bremer Hütte
(2413)
Tribulaunhaus
Kleiner
Tribulaun
2491
Obernberger
See
Sattel Alm
Brennerpass
Passo del Brennero
1370
Wolfendorn
Spina del Lupo
2774
Östliches Feuerstein
Montarso
3267
Pflerscher Tribulaun
Tribuláun
3097
Hochleger
Alm
Grubenkopf
2337
Flachjoch
Passo del Cambio
2124
Brénnero
Flatsch-Spitze
Cima Vallaccia
2566
Pfitscher Tal
Platz
Piazza
Freiger
Libera
Pfaffennieder-
hütte
Schneespitz-
hütte
Fléres di
dentro
Brennerbad
Terme di Brénnero
E 45
22
Ziragoalm
Malga Zirago
Kematen
Caminata
Feuerstein-
hütte
Pfurnsee
Lago del
Forne
Pflerschbach
Rio di Fléres
Lorenz-Spitze
Croda Traversa
2929
Ponticolo
Brenner Ort
Valle Vipitena
Cima Gallina
2800
508
Torwand
Croda della Porta
2639
Maurerspitze
Monte Muro
2626
Ast
Lasta
Pflerschtal / Val di Fléres
Gossensass
Colle Isarco
Pfitsch
Val di Vizze
Pfundersjoch
Passo di Fundres
2568
Trüber See
Lago Torbo
Moarer-Spitze
Punta del Massaro
2805
Maiern
Masseria
Cime Bianche di
Telvés
2566
Ried
Novale
Afens
Avénes
Cima de Cavo
2458
Wilde-Kreuz-Spitze
Picco della Croce
3134
Ridnauntal / Val Ridanna
Rio Ridanna
Monte
Cavallo
2176
12
STERZING
VIPITENO
L. Sevaggio
Wilder See
Bergbaumuseum
La Via
Ratschings
Racines
Tulfer
Tulve
Höllenkragen
Giogo di Trens
2373
Mareit
Schloss
Wolfsthurn
Telfes
Télves
Unsere liebe Frau im Moos
Hohe Ferse
Monte Tallone Grande
2669
Hochspitze
Punta Alta
2424
Stange
Sprechenstein
Trens
Freienfeld
Campo di Trens
Flading
Gaude
Bichl
Colle
Gilfenklamm
Vipiteno
Sterzing
Jägerheim
Cálice
S 100
Burg
Reifenstein
Wallfahrtskirche
Maria Trens
Valgenäum
Valgenauna
Plattspitz
Cima Piatta
2670
Valsenjoch
Passo di Valles
2033
Kreuzspitze
Altacroce
2744
Ratschingstal / Valle di Racines
44
Enzianhütte
Mittertal
Val di
Mezzo
Elzenbaum
Pruno
Stilfes
Stilves
Egg
Dosso
Pfulters
Fuldres
Ritzeil
Rizzolo
Mauls
Múles
Jaufenpass
Passo di Monte Giovo
2094
Moos in Passeier
Moso in Passíria
Weisskogel-
hütte
Hochplatte
Lasta Alta
2546
Etschenspitze
Monte Eccio
2430
508
2214
Auerhöfe
Masi d'Ora
Grasstein
Le Cave
Kampele-Spitze
Cima di Campo
2889
Sacco
Vals
Válles
Altes Karl
Monte Campo Quair
2032
St. Leonhard
in Passeier
San Leonardo
in Passíria
Punta di
Tramontana
2103
St. Johann
Gasscheibenspitze
Monte Casa
2455
Penser Joch
Passo di Pénnes
Weisshorn
Corno Bianco
2705
Tatsch-Spitze
Montáccio di Pénnes
2526
Oberau
Prà di Sopra
Sankt Martin
in Passeier
San Martino
in Passíria
Hochalpspitze
Cima dell'Alpetta
2535
Laste
Pénnes
Tagewaldhorn
Corno di Tramin
2708
Eisacktal
Passeiertal
Val Passíria
Punta
dell'Alpetta
2748
Weissenbach
Riobianco
Val di Pénnes
Karnspitze
Cima di Quáire
2414
Jakobs-Spitze
Cima San
Giacomo
2741
Flaggertal / Val di Vallaga
Kar-Spitze
Punta di Quáira
2517
C 102
Klammeben
Passer
Fiume Passíria
Mahdalm
Monti
Talfer
Torrente Tálvera
Gentersberg
Monte dei Masi
2411
Sarentini
Durnholzer See
Lago Valdurna
Schrotthorn
Corno del Ceppo
2590
Vahrn
Varna
Schalders
Scaléres
Prenn
Prene
Hirzerspitze
Punta Cervina
2781
Schalderer Tal
Val di Scaleres
C 101
Saltaus
Saltúsio
Stafellhütte
Aberstückl
Sonvigo
Radelspitze
Cima Rodella
2422
Durnholz
Valdurna
Getrumjoch
Cima Ghetrun
2569
Verdins
Kuens
Caines
Obertaser
Tasa di Sopra
Alpplattspitze
Laste di Verdins
2679
Latzfonser Kreuz
Rifúgio Santa Croce
Königsanger-Spitze
Monte del Pascolo
2436
Sarntaler
Alpen
Sarntal
Egg
Dosso
Reinswald
San Martino
Tschötsch
S 500
Meran 2000
Grosser Mittager
Monte Catino
2422
Cima San Cassiano
2741
Schenna/Scena
Gufelreit
Monte Covolo
2159
Feldthurns
Velturno
Schloss
Velthurns
Gampberg
Monte Campo
2147
Latzfons
Lazfons
Falsleben
Kreuzjoch
Villanders
Kloster Säben
A
B
C
D
1
2
3
4
5
6
183
189

E
F
G
H
1
2
3
4
5
6
Dornauberg
Realspitze
3039
Hoher Riffler
3231
Ginzling
Maxhütte
Floitental
Stilluptal
Zillergründl
2937
2453
Rosswandspitze
3157
Rauchkofel
Monte Fumo
3251
Monte Arc
2264
169
Zemmtal
Kellerkopf
2722
Friesenberg-haus
Toxachalm
Hinter-Stangenspitze
3225
Napfspitze
Cima Cadini
3144
Hauptling
Gr. Ingent
2917
Zillertaler
Gigalitz
3001
Kasseler Hütte
Zamser Tal
Ochsner
3107
Schwarzen-see
Greizer Hütte
(2227)
Grosser Löffler
Monte Lovello
3378
Wollbachspitze
Punta di Valle
3210
Cima Faden
2186
Kasern
Casere
Prettau
Predoi
Alpenrose
1878
Alpen
Keilbachspitze
Punta di Conio
3093
Sankt Peter
San Pietro
Schlegeis-speicher
Berliner Hütte
(2042)
Schwarzensteinkees
Pizzo Cella
2123
Schönbichler Horn
3133
III. Hornspitze
3165
Schwarzenstein
Sasso Negro
3369
Steinmandl
2634
Mühleck
Costa Molini
621
Haupenhöhe
Monte Lavizza
3041
Furtschagl-haus
Gr. Möseler
Mesule
3479
Hornkees
Valle di Aurina
Steinhaus
Cadinietra
Parco Naturale
Vedrette
di Ries-Aurina
Hochpfeiler
Gran Pilastro
3510
Gelenknock
Cima della Costa
2879
Sankt Johann
San Giovanni
C 200
Schönberg
Montebello
Ahrntal
Durreck
Cima Dura
3135
Eisbruggjoch
Passo Punte di Ghiaccio
2584
Neveser Joch-Hütte
Rifúgio Giovanni Porto
Weissenbach
Riobianco
Sankt Martin
San Martino
Oberluttach
Lutago di Sopra
Rein in Taufers
Riva di Túres
Valle di Riva
Eisbruggsee
Lago Ponte di Ghiaccio
Neves-Stausee
Lago di Néves
Luttach
Lutago
Sand in Taufers
Campo Túres
Burg Taufers
Hochgallhütte
Rifúgio Roma
Rote Riffl
Scóglio Rossa
2874
Riggelstein
Sasso Tondo
2551
Speikboden
Monte Spico
2523
Reintal
Gatternock
Monte Quadra
2887
Rieserferner
Vedrette
Lappago
Lappach
Taufers
Túres
Winkelbad
Bagni di Cantuccio
Reinbachfälle
Cima delle Otto
2667
Ruthner Horn
Monte Nevoso
3358
Pfunders
Fúndres
Passenjoch
Il Passo
2410
Mühlwald
Selva dei Molini
Kematen in Taufers
Caminata di Túres
Schalders
Le Laste
Lago del Passo
2808
Mühlwalder Tal / Valle dei Molini
Mühlen
Molini di Túres
Tauferer Tal
Grosser Windschar
Cima del Vento Grande
3041
Schwarze Wand
Croda Nera
3105
Antholz
2566
H.-Grubbach-Spitze
Monte Gruppo
Camporsino
Mutenock
Monte Mutta
2484
Knapphenne
Cima Valperna
2452
621
Uttenheim
Villa Ottone
Mühlbach Bad
Bagni Riomolino
La Cima
2528
Antholz-Mittertal
Anterselva di Mezzo
186
Gitsch
Monte Cuzzo
2512
Weitental
Vallarga
Auf der Platten
Monte Plat
2174
Schloss Neuhaus
Dörfl
Villa
Innerast
Lasta di Dentro
Gais
Gáis
Rammelstein
Montone
2483
Margen
Marga
Terenten
Terento
Sankt Georgen
San Giórgio
Tesselberg
Montassilone
Pirstling-A.
Malga Piristi
Vintl
Vandóies
Sankt Sigmund
San Sigismondo
Pfalzen
Fálzes
Greinwalden
Grimaldo
Rasen
Rasun
Solero
Solerno
49
Kiens
Chiénes
Landesmuseum für Volkskunde
BRUNECK
BRUNICO
Oberwielenbach
Vila di Sopra
Rienz
Fiume Rienza
Getzenberg
Monghezzo
1747
Tanzlhof
Masso Danza
Ehrenburg
Stegen
Stegona
Unterwielenbach
Vila di Sotto
Rudhorn
Monte Luta
2145
Antholzer Tal
Sonnenburg
Wielenberg
Montevila
Ober Rasen
Rasun di Sopra
Nauders
Gadertal
Pflaurenz
Floronzo
Sankt Lorenzen im Pustertal
San Lorenzo di Sebato
Unter Rasen
Rasun di Sotto
Rodeneck
Rodengo
Astjoch
Cima Grava
2196
Montel
Mantana
C 201
Reischach
Riscone
Olang
Valdaora
Schabs
Sciaves
Val Badia
Bad Rahmwald
Bagni di Selva
Stefansdorf
Santo Stéfano
Geiselsberg
Sorafúrcia
-di Sopra
Ried
Novale
Natz
Naz
Luesen
Lusòn
Gampil
Monte Campigno
2192
244
Pfaffenberg
Prádes
Kronplatz
Plan de Corones
2273
Pustertal
Onach
Onies
Zwischenwasser
Longega
Messner Mountain Museum Corones
-di Mezzo
Bad Bergfall
Bagno di Pervalle
Brunstriedel
Regoia Brusada
2028
BRIXEN
BRESSANONE
Sankt Nikolaus
San Nicola
Welschellen
Rina
1759
Enneberg-Pfarre
Pieve di Marebbe
Furkelsattel
Passo di Furcia
Maurerkopf
Monte Muro
2567
Lüsener Joch
Passo di Luson
1120
Maurerberg
Monte Muro
2326
Untermoi
Antermóia
Sankt Vigil
San Vigilio
Sankt Veit
San Vito
Prags
Telegraph
Monte Telegrafo
2504
Gabler
Monte Forca
2652
Kurtatsch
Monte Curtázzes
2117
Piccolein
Piccolino
Enneberg
Marebbe
Parco Naturale
Fánes-Sénnes-Bráies
Kreuztal
Valeroce
Bad Untermoi
Bagni di Antermóia
Würzjoch
Passo delle Erbe
2004
Sankt Martin in Thurn
San Martino in Badia
Pragser Wildsee
Lago di Bráies
Monte Sella
di Sénnes
Kafel-Joch
Passo di Eores
Museum
Riedberg
Afers
Eores
Peitlerkofel
Sass de Pútia
190
2787
Tamers
Tamóres
Sennes-Hütte
Rifúgio Sénnes

A
B
C
D
1
2
3
4
5
6
Zillergrund
Großer Geiger
3360
3666
3129
2453
Napfspitze
Cima Cadini
3144
Rauchkofel
Monte Fumo
3251
Heilig Geist Jöchl
Punta Val del Vento
2867
Monte Arca
2264
Dreiherrenspitze
Picco dei Tre Signori
3499
Rosshuf
Pie di Cavallo
3200
Nationalpark
Defregger Hütte
Weiß-Spitz
3300
Hohe
Johannishütte
Hoher Eichham
3371
Nördl. Malhamspitze
3368
Niklaskogel
2791
Säulspitze
3209
Kasern
Casere
Schaubergwerk Prettau
Sankt Peter
San Pietro
Prettau
Predoi
Neuhaus
Canova
Monte Riva di Predoi
2891
Cima Faden
2186
Quirl
3251
Göriacher-alm
Wallhornalm
Nillalm
Rötspitze
Pizzo Rosso di Predoi
3495
Gabelspitze
Cima Forca
3073
Löffelspitze
3132
Clara-Hütte
Gumpachfall
Sankt Andrä
Bichl
Nilljoch-hütte
Hinterbichl
Ströden
Prägraten am Grossvenediger
Bobojach
Obermauern
Hohe Kreuz
3159
Nationalpark
Schwarzerspitz
Punta Nera
2862
Parco Naturale Vedrette di Ries-Aurina
Steinhaus
Cadinietra
Hörnle
2744
Törfspitze
3052
Rosenspitze
3060
Gösleswand
2912
Stampfles-kopf
3071
Lasnitzen-hütte
Berge-See-Hütte
Lasörling
3098
Gries
Melhamalm
Stadler-hütte
Klammljöchl
Passo di Gola
2288
Jagdhausalm
Keesegg
3173
Reichenberger Hütte
Lasörlinggruppe
Durreck
Cima Dura
3135
Rein in Taufers
Riva di Túres
Valle di Riva
Seebachalm
ÖSTERREICH
Steingrubenhöhe
2895
Donnerstein
2725
Hochgallhütte
Rifúgio Roma
Lenkstein
Gasso Lungo di Callalto
3237
Seespitze
3021
Weisses Beil
2766
Gritzersee
Hutnerspitze
2885
Patscher Hütte
Rieserfernergruppe
Vedrette di Ries
Gatterneck
Monte Quadra
2887
Sant Jakob in Defereggen
Innere Grossrotte
Gritzeralm
Sankt Veit
Erlsbach
Mariahilf
Gritzen
Osing
Barmer Hütte
Grosse Ohrenspitze
3101
Hochgall
Collalto
3436
Cima delle Otto
2667
Ruthner Horn
Monte Nevoso
3358
Naturpark Rieserferner-Ahrn
Sankt Leonhard
Bruggen
Stallealm
Langschneid
2688
Leppetalalm
Stemmering-alm
Deferegger Pfannhorn
Corno Fánar
2819
Jesachalm
Bruggeralm
Schwarze Wand
Croda Nera
3105
Antholz-Obertal
Anterselve di Sopra
Staller Sattel
Passo di Stalle
2052
Obersee
Hochkreuzspitze
Mone Altacroce
2739
Weisse Spitze
2962
Grosses Degen-Horn
2946
Grosser Windschar
3041
Antholz-Mittertal
Anterselve di Mezzo
C 202
La Cima
2528
Hinterbergkofl
Monte di Dentro
2726
Rote Wand
Croda Rossa
2818
Unterstalleralm
Ochsenfelder
Campobove
2609
Sankt Magdalena
Santa Maddalena
Riepenspitze
Monte Ripa
2774
Stallerbach
Rotes Ginggele
2763
Remassee
Hochgrabe
2951
Dörfl
Villa
Rammelstein
Montone
2483
Karbacher Berg
Monte Quáira
2518
Kreuzspitze
2624
Grumauerberg
2670
Antholz-Niedertal
Anterselve di Sotto
Kapaiern
Capaia
Valle di Casies
Hochstein
Sass'Alto
2464
Lahnberg
Gabesitten
2665
Rasen Antholz
Rasun Anterselve
Monte Novale die Fuori Eisatz
2495
Preindl
Prateria
Sankt Martin in Gsies/ San Martino
Lipper-alm
Innervill-graten
Ahornalm
Alfner-alm
Villgratental
Unterfeld
Rudhorn
Monte Luta
2145
Rudlhorn
Roda di Scàndola
2448
Ausserpichl
Colle di Fuori
Oberplanken
Planca di Sopra
2163
Tafinalm
Pfannhorn
Corno Fana
2663
Marchginggele
Cornetto di Confine
2545
Ober Rasen
Rasun di Sopra
Wiesen
Prati di Tesido
Gsieser Tal
Innerpichl
Colle di Dentro
Rosskogel
Monte Cavallo
Unter Rasen
Rasun di Sotto
Taisten
Tésido
Schloss Welsberg
Unterplanken
Planca di Sotto
Silvestertal
Valle San Silvestro
Innichen/ San Cándido
Sillian
49
Welsberg
Monguelfo
Niederdorf
Villabassa
Winnebach
Prato alla Drava
100
Ried
Novale
Rienz
Fiume Rienza
Stiftskirche zu den Heiligen Candidus und Korbinian
Arnbach
Erlach
Bad Bergfall
Bagno di Pervalle
Brunstriedel
Regoia Brusada
2023
Bad Maistatt
Bagni di Piandimáia
Toblach
Dobbiaco
Innichen
Karnische Dolomitenstr.
Forcher Kaser
Obervierschach
Versciaco di Sopra
Maurerkopf
Monte Muro
2567
Pustertal
C 203
Neu-Toblach
Dobbiaco Nuovo
Sexten
Sesto
Ornischeck
Monte Arnese
2551
52
Prags Tal
Sankt Veit
San Vito
Schmieden
Ferrara
Morte Serla
2378
Neunerkopf
Cima Nove
2581
Bad Alt-prags
Toblacher See
Lago di Dobbiaco
C 204
Parco Naturale Tre Cime
Grosser Rosskofl
Campo Cavallo
2559
Sextental
San Giuseppe
Moos
Parco Naturale Fanes-Sennes-Bráies
Pragser Wildsee
Lago di Bráies
Brückele
Ponticello
Dürrenstein
Picco di Vallandro
Birkenkofel
Croda dei Baranci
2943
Bad Moos
Bagni di San Giuseppe
Monte Sella
51
2839
Dreischusterspitze
Cima Tre Scarperi
3145
C 206
Seekofelhütte
Rifúgio Biella
Grosse Dolomitenstrasse
Plätzwiesen
Rautkofel
Rotwand
1636
Kreuzberg
Passo di Monte Croce di Comelico
Sextenbach

185
191

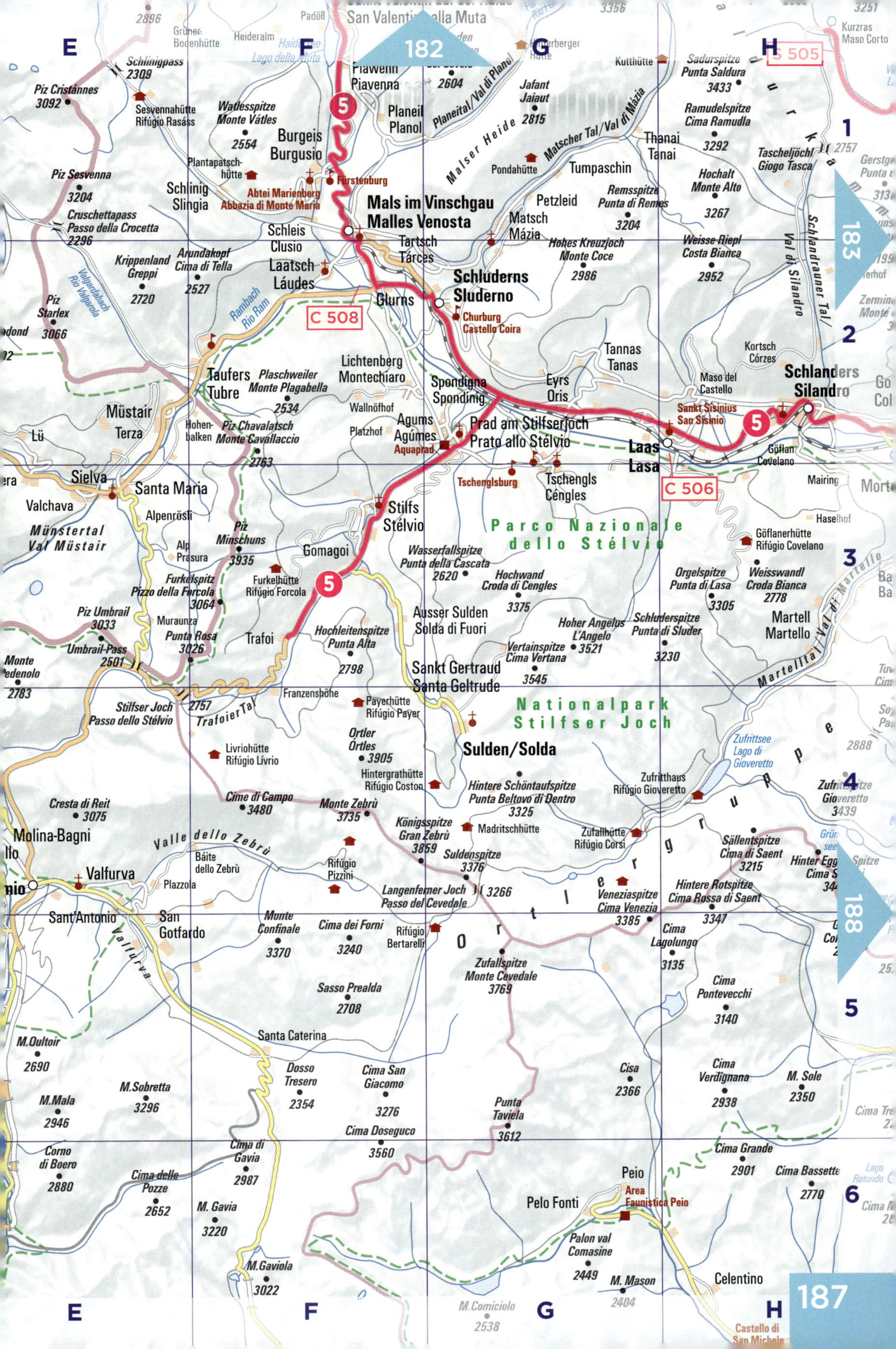

182
183
188
E
F
G
H
1
2
3
4
5
6
San Valentino alla Muta
Kurzras
Maso Corto
Schlinigpass
2309
Piz Cristánnes
3092
Sesvennahütte
Rifúgio Rasáss
Watlesspitze
Monte Vátles
2554
Burgeis
Burgusio
Planeil
Planol
Planeital/Val di Planol
Jafant
Jaiaut
2815
2604
Kutthütte
Sadurspitze
Punta Saldura
3433
Ramudelspitze
Cima Ramudla
3292
Tascheljöchl
Giogo Tasca
Malser Heide
Matscher Tal/Val di Mázia
Thanai
Tanai
Pondahütte
Tumpaschin
Piz Sesvenna
3204
Plantapatsch-hütte
Schlinig
Slingia
Abtei Marienberg
Abbazia di Monte Maria
Fürstenburg
Mals im Vinschgau
Malles Venosta
Petzleid
Matsch
Mázia
Remsspitze
Punta di Remes
3204
Hochalt
Monte Alto
3267
Cruschettapass
Passo della Crocetta
2296
Schleis
Clusio
Tartsch
Tárces
Hohes Kreuzjoch
Monte Coce
2986
Weisse Riepl
Costa Bianca
2952
Val di Silandro
Schlandrauner Tal
Krippenland
Greppi
2720
Arundakopf
Cima di Tella
2527
Laatsch
Láudes
Schluderns
Sluderno
Glurns
C 508
Churburg
Castello Coira
Piz
Starlex
3066
Rambach
Rio Ram
Tannas
Tanas
Kortsch
Córzes
Schlanders
Silandro
Maso del Castello
Taufers
Tubre
Plaschweiler
Monte Plagabella
2534
Lichtenberg
Montechiaro
Spondigna
Spondinig
Eyrs
Oris
Sankt Sisinius
San Sisinio
5
Müstair
Terza
Wallnöfhof
Agums
Agúmes
Aquaprad
Prad am Stilfserjoch
Prato allo Stélvio
Laas
Lasa
Göflan
Covelano
Lü
Hohen-balken
Piz Chavalatsch
Monte Cavallaccio
2763
Platzhof
Sielva
Santa Maria
Valchava
Tschenglsburg
Tschengls
Céngles
C 506
Mairing
Haselhof
Münstertal
Val Müstair
Alpenrösli
Stilfs
Stélvio
Parco Nazionale dello Stélvio
Göflanerhütte
Rifúgio Covelano
Alp Prasura
Piz Minschuns
3935
Gomagoi
Wasserfallspitze
Punta della Cascata
2620
Hochwand
Croda di Cengles
3375
Orgelspitze
Punta di Lasa
3305
Weisswandl
Croda Bianca
2778
Furkelspitz
Pizzo della Forcola
3064
Furkelhütte
Rifúgio Forcola
Martell
Martello
Val di Martello
Piz Umbrail
3033
Muraunza
Ausser Sulden
Solda di Fuori
Hoher Angelus
L'Angelo
3521
Schluderspitze
Punta di Sluder
3230
Umbrail-Pass
2501
Punta Rosa
3026
Trafoi
Hochleitenspitze
Punta Alta
2798
Vertainspitze
Cima Vertana
3545
Monte
2783
Sankt Gertraud
Santa Geltrude
Martelltal
Franzenshöhe
Payerhütte
Rifúgio Payer
Nationalpark Stilfser Joch
Stilfser Joch
Passo dello Stélvio
2757
Trafoier Tal
Ortler
Órtles
3905
Sulden/Solda
Zufrittsee
Lago di Gioveretto
2888
Livriohütte
Rifúgio Lívrio
Hintergrathütte
Rifúgio Coston
Hintere Schöntaufspitze
Punta Beltovo di Dentro
3325
Zufritthaus
Rifúgio Gioveretto
Cresta di Reit
3075
Cime di Campo
3480
Monte Zebrù
3735
Königsspitze
Gran Zebrù
3859
Madritschhütte
Zufallhütte
Rifúgio Corsi
Molina-Bagni
Valle dello Zebrù
Báite dello Zebrù
Rifúgio Pizzini
Suldenspitze
3376
Sällentspitze
Cima di Saent
3215
Valfurva
Plazzola
Langenferner Joch
Passo del Cevedale
3266
Venezíaspitze
Cima Venezia
3385
Hintere Rotspitze
Cima Rossa di Saent
3347
Ortlergruppe
Sant'Antonio
San Gotfardo
Monte Confinale
3370
Cima dei Forni
3240
Rifúgio Bertarelli
Cima Lagolungo
3135
Zufallspitze
Monte Cevedale
3769
Sasso Prealda
2708
Cima Pontevecchi
3140
M.Oultoir
2690
Santa Caterina
Dosso Tresero
2354
Cima San Giacomo
3276
Cisa
2366
Cima Verdignana
2938
M. Sole
2350
M.Mala
2946
M.Sobretta
3296
Punta Taviela
3612
Cima Doseguco
3560
Corno di Boero
2880
Cima di Gavia
2987
Cima Grande
2901
Cima delle Pozze
2652
Peio
Area Faunistica Peio
Pelo Fonti
Cima Bassette
2770
M. Gavia
3220
Palon val Comasine
2449
M.Gaviola
3022
M. Mason
2404
Celentino
M.Comiciolo
2538
Castello di San Michele

183
182
178
188
A
B
C
D
1
2
3
4
5
6
Schlanders
Silandro
Goldrain
Coldrano
Kastelbell
Castelbello
Tschirland
Cirlano
Naturno
Schloss Juval
Plaus
Pláus
St. Prokulus
Schloss Dornsberg
C 507
C 504
C 506
5
Tannas
Tanas
Kortsch
Córzes
Maso del Castello
Sankt Sisinius
San Sisinio
Laas
Lasa
Göflan
Covelano
Spitalkirche zum Heiligen Geist
Latsch
Láces
Latschinig
Lacinigo
Etsch
Fiume Adige
Tabland
Tablà
Rauhe Bühl
Colle Scabro
2026
Pawigl
Pavicolo
Castello Untermontan
Castello Obermontan
Mairing
Morter
Tarsch
Tárres
Haselhof
Hochwart
Guárdia Alta
2608
Sankt Pankraz
San Pancrazio
Göflanerhütte
Rifúgio Covelano
Orgelspitze
Punta di Lasa
3305
Weisswandl
Croda Bianca
2778
Bad Salt
Bagni di Salto
Tarscher Pass
Passo di Tarres
Hoher Djeb
Il Gran Ladro
2718
Rontscher Joch
Monte dei Romici
2734
Peilstein
Il Sasso
2542
Ortler
Tschaha
Mitterbad
Bagni di Mezzo
Schluderspitze
Punta di Sluder
3230
Martell
Martello
Martelltal / Val di Martello
Flimberg
Monte Flim
2359
Hasenöhrl
L'Orecchia di Lepre
3257
2517
Hohe Marchegg
Monte Corfinale
2551
Sankt Walburg
Santa Valburga
Egg
Dosso
Laugenspitze
Monte Luco
2433
Arzkersee
Lago di Quaira
Tuverspitze
Cima di Tovo
3097
Soy Scharte
Passo di Soi
Ulten
Ultimo
Ultental
Zoggler Stausee
Lago di Zoccolo
Ober Alach
Alago di Sopra
Monte Cornicolo
2311
Gampenjoch
Passo delle Palade
Malga Castrin
Zufrittsee
Lago di Gioveretto
2888
Sankt Nikolaus
Santa Nicólo
Kuppelwies
Pracúpola
Hochwart
Vedetta Alta
2626
Mandelspitz
Monte Ometto
2396
Malgasot
Zufritthaus
Rifúgio Gioveretto
Urlärchen
Zufrittspitze
Gioveretto
3439
Weissbrunner See
Spiel
Dosso
2178
Ilmenspitz
Monte degli Olmi
2656
Malga di Brez
Monte Ori
1877
Sankt Gertraud
Santa Gertrude
Sällentspitze
Cima di Saent
3215
Grünsee
Hinter Eggen Spitze
Cima Sternai
3443
In den Wänden
Le Crode
2773
Stübele
Stubele
2671
Proveis
Proves
Ris. Nat. Palù Longa
Hintere Rotspitze
Cima Rossa di Saent
3347
Langsee
Wilder Pludersee
Cima Trenta
2636
Sinablana
Tanna
Castelfondo
Veneziaspitze
Cima Venezia
3385
Cima Lagolungo
3135
Gleck
Colecchio
2957
Rabbijoch
Passo di Rabbi
2527
2295
Klapfbergjoch
Passo di Val di Clapa
Lanza
Laurein
Lauregno
Marcena
Carnalez
Santa Barbara Hütte
Rifúgio Santa Bárbara
Monte Pin
2419
Mione
Ris. Nat. Palù Tremole
Rivo
Cima Pontevecchi
3140
Malga Bordolona
Cima Zoccolo
2561
Torrente Barnes
Fontana
Baselga
Monte Ózol
1559
Cloz
Malga Malgazza
Piazzola
Preghena
Sankt Bernhard
San Bernardo
Le Màndrie
2583
Livo
Cima Verdignana
2938
M. Sole
2350
Cima Candei
2190
Cagnò
Romallo
Cima Lac
2431
San Giácomo
Cassana
Revò
Málgolo
Casèz
Cima Tremenesca
2726
Lago di Santa Giustina
Cima Grande
2901
Cima Bassette
2770
Lago Rotondo
Cima Carnucina
2287
Caldès
Cavizzana
Cles
Dos dei Barbustel
1712
Cima Mezzana
2845
Terzolàs
Malè
Méchel
Maiano
Córedo
Croviana
Pradella
Seiva
Rallo
Ris. Nat. Palù di Tuenno
Tassullo
Celentino
Presson
Monclàssico
Malga Mezzolo
Tuenno
M. Mason
2404
Ortise
Mezzana
Mestriago
Mastellina
Dimaro
Castèl Valèr
Nanno
Táio
Monte Péller
2319
42
Caste lo di San M chele
Cusiano
Térres
Segno
Ossana
M. Salvat
1677
Castellazzo
2205
Val di Tóvel
Monte Sabbionare
1655
Mollaro
Flavòn
Cunevo
Pallon
2361
Dárdine
Tovi
Balardi
2192
Monte Vigo
2179
Malga Scale
Sasso Rosso
2655
Monte Corno
1962
Denno
Toss di Ton
Malga di Presson alto
Pizzo Montanel
2611
Pizzo del Mezzod
2577
Lago Malghette
Cima Sassara
2892
Lago di Tóvel
Termòn
Campodenno
Quetta
Vigo Anáunia
Ris. Nat. La Rocchetta
Madonna di Campíglio
Passo Campo Carlo Magno
1681
Pietra Grande
2936
Lóver
Dércolo
Mási di Vigo
Cima di Bon
Carno dello Piozze
2600
Campo Carlo Magno
Monte Spinale
2093
Cima di Val Scura
2675
Sporminore
Rocchetta
M. Ritort
2411
239
Malga di Flavona
Rifúgio Grostè
Spormaggiore

184
190
E
F
G
H
1
2
3
4
5
6
Meran
Schloss Trauttmansdorff
Falsleben
Kreuzjoch
Giogo della Croce
Capanna
Sarentino
Villanderer Berg
Monte Villandro
Villanders Alpe
Gravetscher Berg
Monte di Graveccio
Kloster Säben
Monastero di Sabiona
Hafling
Avalengo
Schloss Fragsburg
Castello Verruca
Sankt Cyprian
San Cipriano
Schloss Reinegg
Sarntal / Val Sarentino
Putzen
Pozza
Bad Dreikirchen
Tre Chiese
Villanders
Villandro
Klausen
Chiusa
Lana di Sotto
Sinich
Sinigo
Knottnkino
Möltner Joch
Monte di Méltina
1734
Bad Schörgau
Bagni Serga
Tanzbach
Rio Danza
Rittner Horn
Corno di Renon
2260
Barbian
Barbiano
Lajen/
Laion
Tschövas
Ceves
Villnader
Burgstall
Póstal
Vöran
Verano
Aschl
Éschio
Kampidell
Campitello
Gissmann
Madonnina di Renòn
Kollmann
Colma
Tagusa
C 503
Gargazon
Gargazzone
Mölten
Méltina
Flaas
Valas
Schwarzseespitze
Cima Lago Nero
2070
Trostburg
Grödner Tal
Fiume Adige
Etsch
Schlaneid
Salonetto
Versein
Vallesina
Langfenn
Lavena
Talfer
Talvera
Tre Vie
Saubach
San Ingenuino
E 45
Sankt Michael
San Michele
Tisens
Tésimo
C 407
Verschneid
Frassineto
Afing
Avigna
Erdpyramiden
Piramidi di terra
12
Sankt Oswald
San Osvaldo
Kastelruth
Castelrotto
Hinternobls
Montóppio di Dentro
508
Wangen
Vanga
Eisack / Valle Isarco
Seis
Siusi
Kreut
Novale
Prissian
Prissiano
Vordernobls
Montóppio di Fuori
Sankt Johann
San Giovanni
Kematen
Lengstein
Lengmoos
C 104
Sankt Valentin
San Valentino
Gfrill
di Caprile
Ritten
Nals
Nalles
Terlan
Terlano
Locher
Jenesien
San Genésio
Wolfsgruben
Costalovara
Klobenstein
Collalbo
22
Ruine Salegg
Castel Salegg
Burg Neuhaus
L´Assunta
Burg Rafenstein
Schlern
Monte Sciliar
2564
Burg Wolfsthurn
Hofbichl
Monte Salomo
Siebeneich
C 105
Südtiroler Archäologiemuseum
Schloss Runkelstein
Unterinn
Auna di Sotto
Völs am Schlern
Fiè allo Sciliar
1818
Andrian
Andriano
Moritzing
San Maurizio
Rencio
Bolzano Nord
Bozen Nord
Prösels
Présule
Ums
Úmes
Naturpark Schlern-Rosengarten
Parco Naturale Sciliar-Catinaccio
Gaitkofel
Monte Macaion
1866
Messner Mountain Museum Firmian
Karneid
Cornedo all´Isarco
Aicha
Aica
Schloss Prösels
Tschafon
Monte Cavone
1743
Steinegg
Collepietro
Breien
Brie
Tiers
Tires
Burg Hocheppan
Schloss Korb
Schloss Sigmundskron
S 107
S 106
Sankt Pauls
San Páolo
BOZEN/BOLZANO
Kohlern
Aichnerstall
Tierser Tal / Val di Tires
Rio della Malga
Monte Dentro
1508
Bolzano Sud
Bozen Sud
S 108
Berg
Monte
Eppan
Appiano
Stern
Untereggerhof
Nigerpass
Passo Nigra
1690
Penegal
Monte Pénegal
1737
Sternwarte
Zipperle
Eggental / Val d'Ega
Sankt Jakob
San Giácomo
Schreckbichl
Colterenzio
Obergummer
Tatbühel
Montallo di Nova
Ganda
Gand
Gummer
San Valentino di Campo
1759
Welschnova
Nova
Pineta
C 400
Ponte Nova
Planbühel
Monte Quaira di Nova
1648
Sankt Nikolaus
San Nicolò
Montiggl
Monticolo
Leifers
Laives
1363
Pfatten
Vádena
Mendelpass
Passo di Mendola
Ruffrè
Kaltern
Caldaro
E 45
Branzoll
Bronzolo
Deutschnofen
Nova Ponente
St. Helena
Dorfen
Villa
Karersee
Lago di Carezza
Sankt Anton
Sant´António
Kalterer See
Lago di Caldaro
Pievalle
Dorfer
Obereggen
San Floriano
Maria Weissenstein
S 405
Sankt Josef am See
San Giuseppe al Lago
St. Jakob
Rauth
Novale
Bacher
Latemar
2846
Aldein
Aldino
Eggenwald
Selva di Ega
C 402
Göllersee
Lago di Colle
S 403
Monte Pausabella
1791
C 401
Bletterbachschlucht
Monte Roen
2116
Söll/Sella
Reiterjoch
Passo di Pampeago
C 406
Auer/
Ora
Sonne
Corno Bianco
2316
Passo di Lavazè
1996
Fölser
Niggl
1805
St. Jakob in Kastelaz
Mezzavalle
Tramin/Termeno
Montan
Montagna
Monte Cisión
1563
48
Radein
Pala di Santa
2492
Egna-Ora
Neumarkt-Auer
Schloss Enn
Kaltenbrunn
Fontanefredde
Corno Nero
2439
Monte Agnello
2357
Kurtatsch
Cortaccia
Pinzon/Pinzano
Truden
Tródena
2077
La Cugola
Passo di Pramadiccio
Dosso Branchi
2274
Val di Fiemme
Glen/Gleno
1431
C 404
Neumarkt/Egna
Naturpark
Il Solombo
1412
Varena
Corno di Tres
1812
Horn-Spitz
Monte Corno
Solaiolo
Daiano
Carano
Cavalese
Tésero
Panchia
Zano
48
Margreid
Magrè
22
Parco Naturale
1781
Trudner Horn
Sankt Florian
San Floriano
Monte Corno
Altrei
Anterivo
Castello-Molina
Lego
Zanolin
Ziano di Fiemme
Kurtinig
Cortina
Stramentizzo
Masi di Cavalese
Salorno
Capriana
Halseck
Dosso del Colle
1616
Dos di Mezzodì
1847
Dorà
Malga Prati del Salice
Corona Alta
2224
Catena
Etsch / Fiume Adige
Buchholz
Poch
Valle
Rifúgio Paion
Cima di Litegosa
Piscine
Montalbiano
Haderburg
Salurn
Salorno
Gráuno
Molina Cadino
Sovèr
Cima dell Inferno
2333
12
Grumès
Gresta
Montesovèr
Busa Grana

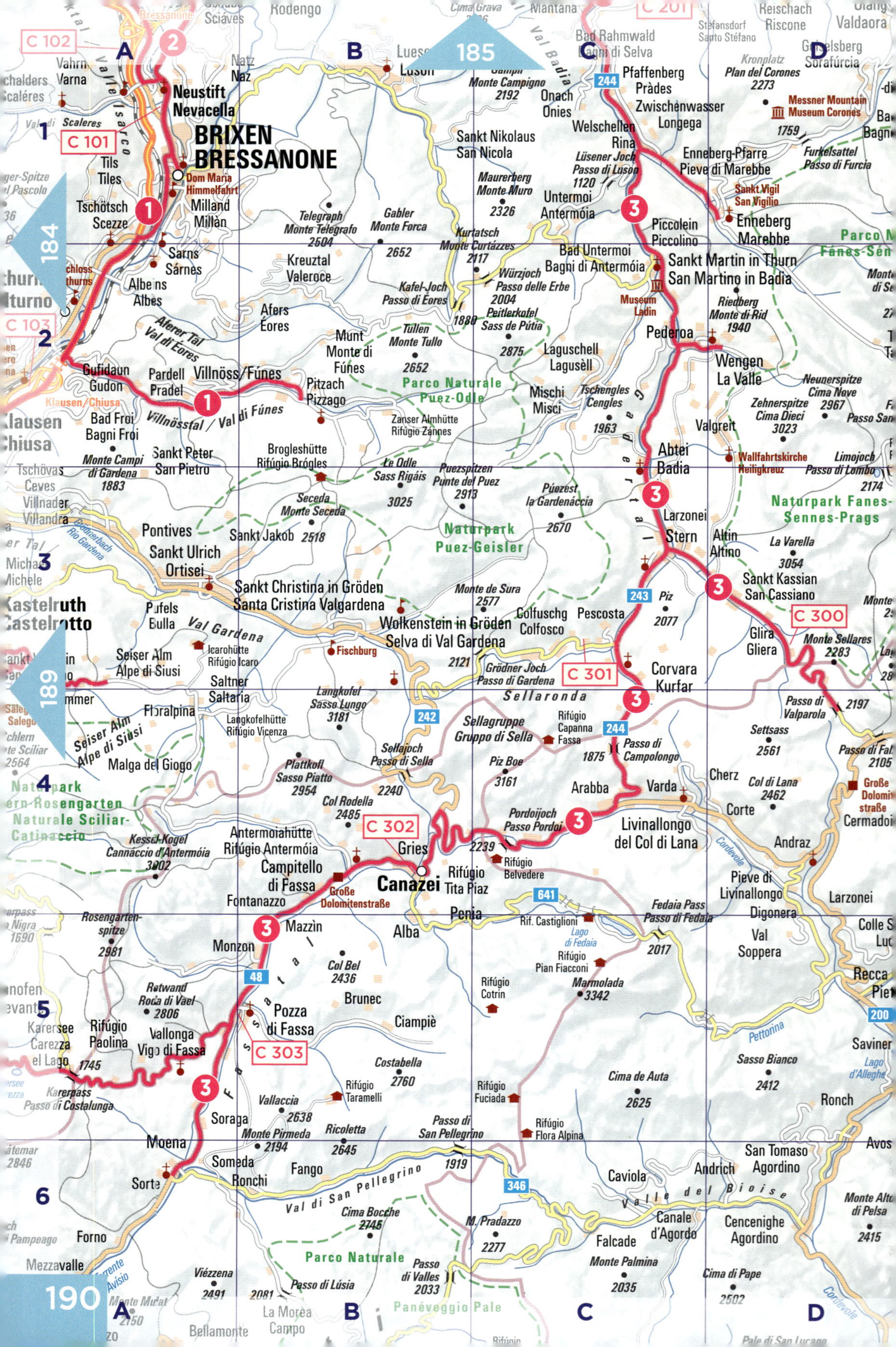
185
184
189
190
A
B
C
D
1
2
3
4
5
6
C 102
C 101
C 103
C 201
C 300
C 301
C 302
C 303
Neustift
Nevacella
BRIXEN
BRESSANONE
Dom Maria Himmelfahrt
Milland
Millan
Sarns
Sarnes
Albeins
Albes
Afers
Eores
Kreuztal
Valeroce
Telegraph
Monte Telegrafo
2504
Gabler
Monte Forca
2652
Kurtatsch
Monte Curtàzzes
2117
Würzjoch
Passo delle Erbe
2004
Kofel-Joch
Passo di Eores
1888
Peitlerkofel
Sass de Pútia
2875
Tullen
Monte Tullo
2652
Munt
Monte di Fúnes
Villnöss/Fúnes
Pitzach
Pizzago
Gufidaun
Gudon
Pardell
Pradel
Klausen/Chiusa
Bad Froi
Bagni Froi
Villnösstal / Val di Fúnes
Zanser Almhütte
Rifúgio Zannes
Parco Naturale
Puez-Odle
Sankt Nikolaus
San Nicola
Maurerberg
Monte Muro
2326
Monte Campigno
2192
Onach
Onies
Luson
Natz
Naz
Rodengo
Sciaves
Vahrn
Varna
Scaleres
Tils
Tiles
Tschötsch
Scezze
Bad Rahmwald
Bagni di Selva
Pfaffenberg
Prades
Zwischenwasser
Longega
Welschellen
Rina
Lüsener Joch
Passo di Luson
1120
Untermoi
Antermóia
Bad Untermoi
Bagni di Antermóia
Piccolein
Piccolino
Sankt Martin in Thurn
San Martino in Badia
Museum Ladin
Pederoa
Riedberg
Monte di Rid
1940
Wengen
La Valle
Enneberg-Pfarre
Pieve di Marebbe
Sankt Vigil
San Vigilio
Enneberg
Marebbe
Furkelsattel
Passo di Furcia
1759
Messner Mountain Museum Corones
Kronplatz
Plan del Corones
2273
Reischach
Riscone
Stefansdorf
Santo Stéfano
Valdaora
Gaiselsberg
Sorafúrcia
Parco Naturale Fanes-Sennes
Neunerspitze
Cima Nove
2967
Zehnerspitze
Cima Dieci
3023
Valgreit
Wallfahrtskirche Heiligkreuz
Limojoch
Passo di Limo
2174
Abtei
Badia
Larzonei
Stern
Altin
Altino
Naturpark Fanes-Sennes-Prags
La Varella
3054
Sankt Kassian
San Cassiano
Mischi
Misci
Tschengles
Cengles
1963
Laguschell
Lagusèll
Puezspitzen
Punte del Puez
2913
Püezest
la Gardenáccia
2670
Naturpark Puez-Geisler
Le Odle
Sass Rigáis
3025
Seceda
Monte Seceda
2518
Brogleshütte
Rifúgio Brógles
Monte Campi di Gardena
1883
Sankt Peter
San Pietro
Tschövas
Ceves
Villnader
Villandra
Pontives
Sankt Ulrich
Ortisei
Sankt Jakob
Sankt Christina in Gröden
Santa Cristina Valgardena
Kastelruth
Castelrotto
Pufels
Bulla
Val Gardena
Icarohütte
Rifúgio Icaro
Fischburg
Seiser Alm
Alpe di Siusi
Saltner
Saltaria
Monte de Sura
2577
Wolkenstein in Gröden
Selva di Val Gardena
Colfuschg
Colfosco
Pescosta
Piz
2077
Grödner Joch
Passo di Gardena
2121
Corvara
Kurfar
Gliera
Monte Sellares
2283
Passo di Valparola
2197
Sellaronda
Langkofel
Sasso Lungo
3181
Langkofelhütte
Rifúgio Vicenza
Floralpina
Malga del Giogo
Naturpark Rosengarten
Parco Naturale Sciliar-Catinaccio
Sellagruppe
Gruppo di Sella
Rifúgio Capanna Fassa
Piz Boe
3161
Sellajoch
Passo di Sella
2240
Plattkofl
Sasso Piatto
2954
Col Rodella
2485
Passo di Campolongo
1875
Arabba
Varda
Settsass
2561
Passo di Falzarego
2105
Große Dolomitenstraße
Cherz
Col di Lana
2462
Corte
Cermadoi
Pordoijoch
Passo Pordoi
2239
Rifúgio Belvedere
Livinallongo del Col di Lana
Andraz
Pieve di Livinallongo
Cordevole
Larzonei
Digonera
Kessel-Kogel
Catinaccio d'Antermóia
3002
Antermoiahütte
Rifúgio Antermóia
Campitello di Fassa
Fontanazzo
Gries
Canazei
Rifúgio Tita Piaz
Penia
Alba
Fedaia Pass
Passo di Fedaia
2017
Rif. Castiglioni
Lago di Fedaia
Rifúgio Pian Fiacconi
Marmolada
3342
Val Soppera
Rosengartenspitze
2981
Mazzin
Monzon
Col Bel
2436
Brunec
Rifúgio Cotrin
Rotwand
Roda di Vael
2806
Pozza di Fassa
Ciampiè
Vallonga
Vigo di Fassa
Karersee
Carezza
Rifúgio Paolina
1745
Karerpass
Passo di Costalunga
Fassatal
Costabella
2760
Rifúgio Taramelli
Vallaccia
2638
Soraga
Rifúgio Fuciada
Cima de Auta
2625
Sasso Bianco
2412
Pettorina
Saviner
Lago d'Alleghe
Recca
Ronch
Moena
Monte Pirmeda
2194
Ricoletta
2645
Passo di San Pellegrino
1919
Rifúgio Flora Alpina
Avos
Sorte
Someda
Ronchi
Fango
Val di San Pellegrino
Caviola
Andrich
San Tomaso Agordino
Valle del Biois
Canale d'Agordo
Cencenighe Agordino
Monte Alto di Pelsa
2415
Falcade
Cima Bocche
2745
M. Pradazzo
2277
Monte Palmina
2035
Cima di Pape
2502
Forno
Mezzavalle
Parco Naturale Panevéggio Pale
Passo di Valles
2033
Viézzena
2491
2081
Passo di Lúsia
La Morea
Campo
Bellamonte
Monte Mulat
2150
Avisio

186

Schloss Welsberg
Welsberg
Monguelfo
Unterplanken
Planca di Sotto
Innichen/
San Cándido
Winnebach
Prato alla Drava
Sillian
Strassen
Ried
Novale
Niederdorf
Villabassa
Toblach
Dobbiaco
Stiftskirche zu den Heiligen Candidus und Korbinian
Innichen
Karnische Dolomitenstr.
Erlach
Arnbach
Hollbruck
St. Oswald
Bad Maistatt
Bagni di Piandimáia
Neu-Toblach
Dobbiaco Nuovo
Obervierschach
Versciaco di Sopra
Forcher
Kaser
Sankt Veit
San Vito
Schmieden
Ferrara
C 203
Morte Serla
2378
Bad Alt-
prags
C 204
Toblacher See
Lago di Dobbiaco
Neunerkopf
Cima Nove
2581
Sexten
Sesto
Ornischeck
Monte Arnese
2551
Weißer Knoten
2202
Grosser Rosskofl
Campo Cavallo
2559
Bruckele
Ponticello
Parco Naturale
Tre Cime
San Giuseppe
Moos
Eisenreich
2666
Pragser Wildsee
Lago di Braies
Dürrenstein
Picco di Vallandro
2839
Birkenkofel
Croda dei Baranci
2943
Bad Moos
Bagni di San Giuseppe
Dreischusterspitze
Cima Tre Scarperi
3145
Pfannspitze
2679
Seekofelhütte
Rifúgio Biella
Grosse Dolomitenstrasse
Grande Giro delle Dolomiti
Höhlensteintal
C 206
Sextenbach
Kreuzbergpass
Passo di Monte Croce
di Comelico
1636
Strada delle Dolomiti Carniche
Plätzwiesen
Prato Piazza
Rautkofel
Monti Rudo
2800
Naturpark
Drei Zinnen
Rotwand
Croda Rossa
2939
Rifúgio Sala
Col Rosson
2304
Lago Grande
Hohe Gaisl
Croda Rossa
3139
Parco
L. di Landro
Dürrensee
Drei Zinnen
Tre Cime di Lavaredo
2998
Elferkofel
Cima Undici
3092
Rifúgio Berti
Zwölferkofel
Croda di Toni
3094
Hochbrunner
Monte Popera
3045
Rufreddo
Cimabanche
Monte Cadin
2367
S 205
Rifúgio Lavaredo
Castello Sant'Uberto
Punta del Forama
2443
San Biágio
Monte Cristallino
2786
Monte Piana
2324
Pie d. Palla
Croda di Ligonto
2793
Comelico Superiore
Dosoledo
Candide
Col Rosa
2166
Gruppo del
Cristallo
Col
S. Angelo
Misurina
Lago di Misurina
Cima Cadini di
San Lucano
2839
Giralba
Ampezzo
Pale di Menotto
2248
Monte Rusiana
1767
Passo del Zovo
1476
La Costa
2239
Passo Tre Croci
1809
Casa
Orsolina
Cosdernóibe
Somprade
Villa-
grande
Auronzo
Monte Piedo
1681
CORTINA
D'AMPEZZO
Alverà
Casa San
Marco
Stabiziane
Palus San Marcò
Piazza del
Gobo
Lago di Santa Caterina
Verver
Coianna
Zuèl
La Cesta
2767
Riserva
Naturale
Somadida
Bivacco
Tiziano
2932
Cimon del
Froppa
Monte
Ciastelin
2570
Cima
Gogna
Acquabona
Punta Sorapis
3205
Pala di
Meduce
2850
Somaquoilo
1689
Socol
Valle d'Ampezzo
Rifúgio
Palmieri
Cima
Bastioni
2926
Lozzo di
Cadore
Croda
da Lago
2701
Boite
Praciadelan
Lorenzago
di Cadore
Chiapuzze
Monte
Ciauderona
2589
Croda
Mandrin
2278
Domegge
di Cadore
San Vito di
Cadore
Antelao
3264
Calalzo di
Cadore
Toffol
Rifúgio
Citta di Fiume
Pescul
Borca di Cadore
Lago di Pieve
di Cadore
Monte
Montanel
2461
Cridola
(Cima Ovest)
2561
M. Pelmo
3168
Col de
Zervina
1708
Tai di
Cadore
Valle di
Cadore
Pieve di
Cadore
Forcella
Staulanza
1770
Vodo di
Cadore
Venas di
Cadore
Rifúgio
Sonino
Pecol
Mareson
Masariè
Cibiana di
Cadore
Perarolo
di Cadore
Caralte
Picco di
Roda
2229
Cadin Degli
Elmi
2424
Valle di Zoldo
Fusne
Zoppè di
Cadore
Col Duro
2033
Rifúgio
Torrani
Cimma Sella
2334
Moiazza
Chiesa
Dont
Fornesighe
Spiz de
San Piero
2084
Sassolungo
di Cibiana
2413
Col Tonde
1465
Punta
Patera
2555
Forno di
Zoldo
Pralongo
Piave
Rifúgio
San Sebastiano
Passo
Duran
1605
Spiz Di
Mezzodi
Nord
Sasso di
Toanella
2419
Ospitale
di Cadore
Spalla del
Duranno
2234
Rifúgio
Bruto
Carestiato
E
F
G
H
1
2
3
4
5
6
49
100
52
51
48bis
48
38
51bis

IMPRESSUM

Verantwortlich: Kerstin Thiele, Tabea Rheinert
Redaktion und Lektorat: Michaela Zelfel
Layout- und Reihengestaltung: Mathias Frisch
Satz: Elke Mader
Repro: LUDWIG:media
Kartografie: Huber Kartographie GmbH
Herstellung: Alexander Knoll
Printed in Poland by CGS Printing

Sind Sie mit diesem Titel zufrieden? Dann würden wir uns über Ihre Weiterempfehlung freuen. Erzählen Sie es im Freundeskreis, berichten Sie Ihrem Buchhändler, oder bewerten Sie bei Onlinekauf. Und wenn Sie Kritik, Korrekturen, Aktualisierungen haben, freuen wir uns über Ihre Nachricht an Bruckmann Verlag, Postfach 40 02 09, D-80702 München oder per E-Mail an lektorat@verlagshaus.de.

Unser komplettes Programm finden Sie unter www.bruckmann.de

In diesem Buch wird aus Gründen der besseren Lesbarkeit das generische Maskulinum verwendet. Weibliche und anderweitige Geschlechteridentitäten werden dabei ausdrücklich mitgemeint, soweit es für die Aussage erforderlich ist.

Bildnachweis: Alle Abbildungen des Umschlags und des Innenteils stammen von Udo Bernhart, mit Ausnahme von:
S. 43 o. Camping Seiser Alm; S. 43 u. Sabine Turker/Camping Moosbauer KG; S. 71 o. l. und r. Rotwild/ Camping Antholz; S. 71 m. Klaus Peterlin/Caravan Park Sexten; S. 71 u. Camping Olympia

Umschlagvorderseite: Grödner Joch/Passo Gardena © Shutterstock/gagula
Umschlagrückseite: Kloster Neustift

Die Deutsche Nationalbibliothek verzeichnet diese Publikation in der Deutschen Nationalbibliografie; detaillierte bibliografische Daten sind im Internet über http://dnb.d-nb.de abrufbar.

ISBN 978-3-7343-2997-5